Roland Barthes
罗兰·巴尔特文集

L'aventure Sémiologique
符号学历险

[法]罗兰·巴尔特 (Roland Barthes) /著
李幼蒸/译

中国人民大学出版社
·北京·

总　序

　　罗兰·巴尔特（1915—1980）是已故法兰西学院讲座教授，法国当代著名文学思想家和理论家，结构主义运动主要代表者之一，并被学界公认为法国文学符号学和法国新批评的创始人。其一生经历可大致划分为三个阶段：媒体文化评论期（1947—1962）、高等研究院教学期（1962—1976）以及法兰西学院讲座教授期（1976—1980）。作者故世后留下了5卷本全集约6 000页和3卷本讲演录近千页。这7 000页的文稿，表现出了作者在文学、文化研究和人文科学诸领域内的卓越艺术品鉴力和理论想象力，因此可当之无愧为当代西方影响最大的文学思想家之一。时至今日，在西方人文学内最称活跃的文学理论及批评领域，巴尔特的学术影响力仍然是其他文学批评家和理论家难以企及的。

1980年春，当代法国两位文学理论大师罗兰·巴尔特和保罗·萨特于三周之内相继谢世，标志了第二次世界大战后法国乃至西方两大文学思潮——结构主义和存在主义的终结。4月中旬萨特出殡时，数万人随棺送行，场面壮观；而3月下旬巴尔特在居住地Urt小墓园下葬时，仅有百十位朋友学生送别（包括格雷马斯和福科）。两人都是福楼拜的热爱者和研究者，而彼此的文学实践方式非常不同，最后是萨特得以安息在巴黎著名的Montparnasse墓地内福楼拜墓穴附近。萨特是雅俗共赏的社会名流，巴尔特则仅能享誉学界。

1976年，巴尔特以其欠缺研究生资历的背景（据说20世纪50年代末列维-斯特劳斯还曾否定过巴尔特参加研究生论文计划的资格），在福科推荐下，得以破格进入最高学府法兰西学院。1977年1月，挽臂随其步入就职讲演大厅的是他的母亲。8个月后，与其厮守一生的母亲故世，巴尔特顿失精神依持。在一次伤不致死的车祸后，1980年，时当盛年的巴尔特，竟"自愿"随母而去，留下了有关其死前真实心迹和其未了（小说）写作遗愿之谜。去世前两个月，他刚完成其最后一部讲演稿文本《小说的准备》，这也是他交付法兰西学院及留给世人的最后一部作品。而他的第一本书《写作的零度》，则是他结束6年疗养院读书生活后，对饱受二战屈辱的法国文坛所做的第一次"个人文学立场宣言"。这份文学宣言书是直接针对他所景仰的萨特同时期发表的另一份文学宣言书《什么是文学？》的。结果，30年间，没有进入过作为法国智慧资历象征的"高等师范学院"的巴尔特，却逐渐在文学学术思想界取代了萨特的影响力，后者不仅曾为"高师"哲学系高材生，并且日后成为法国二战后首屈一指的哲学家。如今，萨特的社会知名度仍然远远大于巴尔特，而后者的学术思想遗产的理论价值则明显超过了前者。不过应当说，两人各为20世纪文学思想留下了一份巨大的精神遗产。

如果说列夫·托尔斯泰是19世纪"文学思想"的一面镜子，我们不妨说罗兰·巴尔特是20世纪"文学思想"的一面镜子（请参阅附论《罗兰·巴尔特：当代西方文学思想的一面镜子》）。欧洲两个世纪以来的社会文化内容和形成条件变迁甚巨，"文学思想"的意涵也各有不同。文学之"思想"不再专指作品的内容（其价值和意义须参照时代文化和社会整体的演变来确定），而须特别指"文学性话语"之"构成机制"（形式结构）。对于20世纪特别是二战后的环境而言，"文学实践"的重心或主体已大幅度地转移到批评和理论方面，"文学思想"从而进一步相关于文学实践和文学思想的环境、条件和目的等方面。后者遂与文学的"形式"（能指）研究靠近，而与作为文学实践"材料"（素材）的内容（"所指"）研究疏远。而在当代西方一切文学批评和文学理论领域，处于文学科学派和文学哲学派中间，并处于理论探索和作品分析中间的罗兰·巴尔特文学符号学，遂具有最能代表当代"文学思想"的资格。巴尔特的文学结构主义的影响和意义，也就因此既不限于二战后的法国，也不限于文学理论界，而可扩展至以广义"文学"为标志的一般西方思想界了。

中国人民大学出版社编选的这套"罗兰·巴尔特文集"，目前包括10卷12部作品，它们在一定程度上反映了罗兰·巴尔特文学思想的基本面貌。由于版权问题，出版社目前尚不能将他的其他一些重要作品一一收入。关心巴尔特文学思想和理论的读者，当然可以参照国内其他巴尔特译著，以扩大对作者思想学术的更全面了解。此外，文集还精选了菲利普·罗歇（Philippe Roger）的著名巴尔特评传:《罗兰·巴尔特传》(1985),作为本文集的附卷。

现将文集目前所收卷目及中译者列示于下:

1. 写作的零度(1953)·新文学批评论文集(1972)·法兰西学院就职讲演(1977):李幼蒸
2. 米什莱(1954):张祖建
3. 文艺批评文集(1964):张智庭(怀宇)
4. 埃菲尔铁塔(1964):李幼蒸
5. 符号学原理(1964):李幼蒸
6. 符号学历险(1985):李幼蒸
7. 罗兰·巴尔特自述(1976):张智庭
8. 如何共同生活(讲演集1)(2002):张智庭
9. 中性(讲演集2)(2002):张祖建
10. 小说的准备(讲演集3):李幼蒸

附卷:罗兰·巴尔特传:张祖建

讲演集是在法国巴尔特专家埃里克·马蒂(Eric Marty)主持下根据作者的手写稿和录音带,费时多年编辑而成的。这三部由讲演稿编成的著作与已经出版的5卷本全集中的内容和形式都有所不同,翻译的难度也相对大一些。由于法文符号学和文学批评用语抽象,不易安排法中术语的准确对译,各位译者的理解和处理也就不尽相同,所以这部文集的术语并不强求全部统一,生僻语词则附以原文和适当说明。本文集大致涉及罗兰·巴尔特著作内容中以下五个主要方面:文本理论、符号学理论、作品批评、文化批评、讲演集。关于各卷内容概要和背景介绍,请参见各卷译者序或译后记。

在组织翻译这套文集时,出版社和译者曾多方设法邀约适当人选共同参与译事,但最后能够投入文集翻译工作的目前仅为我们三人。张智庭先生（笔名怀宇）和张祖建先生都是法语专家。张智庭先生为国内最早从事巴尔特研究和翻译的学者之一，且已有不少相关译作出版。早在1988年初的"京津地区符号学座谈会"上，张智庭先生对法国符号学的独到见解即已引起我的注意，其后他陆续出版了不少巴尔特译著。张祖建先生毕业于北京大学法语文学系，后在美国获语言学博士学位，长期在法国和美国任教至今，并有多种理论性译著出版。我本人在法语修养上本来是最无资格处理文学性较强的翻译工作的，最后决定勉为其难，也有主客观两方面原因。一方面，我固然希望有机会将自己的几篇巴尔特旧译纳入文集，但更为主要的动力则源自我本人多年来对作者理论和思想方式的偏爱。大约30年前，当我从一本包含20篇结构主义文章的选集中挑选了巴尔特的《历史的话语》这一篇译出以来，他的思想即成为我研究结构主义和符号学的主要"引线"之一。在比较熟悉哲学性理论话语之后，1977年下半年，我发现了将具体性和抽象性有机结合在一起的结构主义思维方式。而结构主义之中，又以巴尔特的文学符号学最具有普遍的启示性意义。这种认知当然也与我那时开始研习电影符号学的经验有关。我大约是于20世纪70年代末同时将巴尔特的文学符号学和克里斯丁·麦茨、艾柯等人的电影符号学纳入我的研究视野的。1984年回国后，在进行预定的哲学本业著译计划的同时，我竟在学术出版极其困难的条件下，迫不及待地自行编选翻译了那本国内（包括港、澳、台）最早出版的巴尔特文学理论文集，虽然我明知他的思想方式不仅不易为当时长期与世界思想脱节的国内文学理论界主流所了解，也并不易为海外主要熟悉英美文学批评的中国学人所了解。结果两年来在多家出版社连续碰壁，拖延再三之后，才于1988年由三联书店出版（这要感谢当时刚设立的

"世界与中国"丛书计划，该丛书还把我当时无法在电影界出版的一部电影符号学译文集收入）。这次在将几篇旧译纳入本文集时，也趁便对原先比较粗糙的译文进行了改进和订正。我之所以决定承担巴尔特最后之作《小说的准备》的译事工作，一方面是"从感情上"了结我和作者的一段（一厢情愿的）"文字缘"，即有意承担下来他的第一部和最后一部书的译事，另一方面也想"参与体验"一段作者在母亲去世后心情极度灰暗的最后日子里所完成的最后一次"美学历程"。我自己虽然是"不可救药的"理性主义者，但文学趣味始终是兼及现实主义和唯美主义这两个方向的。

中国人民大学出版社在"列维-斯特劳斯文集"之后决定出版另一位法国结构主义思想家的文集，周蔚华总编、徐莉副总编、人文分社司马兰社长，表现了对新型人文理论的积极关注态度，令人欣慰。本文集策划编辑李颜女士在选题和编辑方面发挥了重要的判断和组织作用。责任编辑姜颖昳女士、翟江虹女士、李学伟先生等在审校稿件方面尽心负责，对于译文差误亦多所更正。对于出版社同仁这种热心支持学术出版的敬业精神，我和其他两位译者均表感佩。

最后，我在此对中国人民大学出版社再次约请我担任一部结构主义文集总序的撰写人一事表示谢意。这不仅是对我的学术工作的信任，也为我提供了再一次深入研习罗兰·巴尔特思想和理论的机会。巴尔特文学思想与我们的文学经验之间存在着多层次的距离。为了向读者多提供一些背景参考，我特撰写了"附论"一文载于书后，聊备有兴趣的读者参阅。评论不妥之处，尚期不吝教正。

李幼蒸（国际符号学学会副会长）
2007 年 3 月，于美国旧金山湾区

译者前言

在这套 10 卷本的《罗兰·巴尔特文集》中，《符号学原理》和本书《符号学历险》，是比较偏于符号学方法论技术性讨论的。实际上法文原版中，前书本来是后书第一篇中的部分内容，考虑到《符号学原理》内容的独立性和篇幅的长度，我们才决定像该书德译本和英译本的做法一样，将其抽离出来，单独出版。《符号学历险》是在作者故世后，由其好友哲学家兼专职编辑弗朗索瓦·瓦尔（François Wahl，《什么是结构主义》一书的作者。他们两人均参加过 1974 年著名的"法国左派知识分子访华团"）选编的。由于巴尔特大部分作品均为中短篇，主题比较分散，这部选集不仅内容较为丰富全面，而且编选精当，便于读者系统地把握作者的思想，所以在 1985 年出版后相当流行，并被译成多种文字。这部选编，实际上包括了两大部分内容：叙事符号学的原理和实践，以及根据符号学方法对历史思想和现代文化进行的意义构成分析（包括古典修辞学史的构成分析）。如果说《符号学原理》主要从横向或系统的角度，论述"文学符号学"和"文化符号学"的基本概念和原理，《符号学历险》则侧重于将符号学知识运用于思想史、文学史和文化史的结构分析和文本分析实践。本书各篇均为作者讲稿辑录，显示出师生对话的文体和风格。换言之，讲演者作为结构主义"作者"，甚至于是通过讲述过程来呈现其本人思想探索的历程的，其讲课过程，也即思想创造过程，也就自然流露出任何精神创造初始阶段中所含有的探索性或"冒险性"（指对传统、主流、权威的批评和背离部分）。

被编辑者选为本书"导论"的文章，原为作者在 1974 年米兰首届"国际符号学学会（IASS）大会"的讲演稿。我在了解了此文背景后曾向上届学会会长德国罗兰·波斯纳询问情况。他告诉我确曾亲自参加该会。IASS 自 1969 年创建后，包括欧美和东西方各国符号学家，但因当时东欧政治情况复杂，未能顺利召开大会。于是，当时仅为"助理教授"的年轻学者艾柯（Eco），毅然倡导在米兰举办了首届国际大会。艾柯是新闻记者出身，据说自 60 年代初有一次在听过巴尔特讲演后，对自己先前的文化分析文章不免有些"自惭形秽"，从此积极转入符号学研究。巴尔特在此次国际大会上的发言，反映出当时西方不同学者对于"符号学"身份的看法存在着分歧。波斯纳在来信中感慨说，他们当时与会的各国青年人文学者都被大会煽起的"科学革命"热情所感染（遂于次年在德国发起创建了德国符号学学会），而巴尔特在此公然反对一种符号学"科学观"。巴尔特这篇讲演稿，以及收入本书的各篇文字，多为其在各相关课题领域内的"开山之作"，而相关主题其后几十年自然继续有发展和变化。但作为这些研究课题的创始人之一的巴尔特，在各篇中特别表现出了如何根据新的视角来处理旧的论题的构想和尝试。这对于我们今日的东方人文学者如何从新的视角来思考旧的题材来说，意义自然特别重要（甚至于比西方人更重要）。作者在这篇导论中简要回顾了相关问题、背景、构想和展望的方方面面。虽然是"一家之言"，一向温文尔雅的作者，却在此讲演中把符号学看成了法国人的专利。为什么？编者瓦尔在回忆好友巴尔特时曾说："他最不喜欢与人争执！"但我们都知道，60年代中期，当时尚非正教授的巴尔特，曾因拉辛研究方法问题与大学名教授皮卡尔之间发生了尖锐的争论。这是有关学术方向的"大是大非"问题，于理于义，岂容回避？（事过境迁，今日来看，实际上双方各有其理，各有其用。但不同意见均应公之于众，以使后人得以了解全面。）巴尔特对自己和法国同事的符号学方向的绝对肯定，其自信来自哪里呢？本导论特别对"符号学历险"的意思做了说明。这部讲稿汇编，也较清楚地展现了作者的"符号学创新实践"涉及范围之广、之深，因此他确可当之无愧地被称作法国符号学的"创始人"——比如说，列维-斯特劳斯第一身份一定是"人类学家"，格雷马斯（Greimas）的第一身份多半是"语义学家"，只有巴尔特是以"符号学家"名义受聘为法兰西学院教授的。这个比喻意义上的"创始人"究竟是什么意思呢？实际上，作者坦承，他的理论知识和历史知识无不来自他人，他所做的工作只是将甲的理论方法"恰当地"施用于乙的文本上去；他只是理论的"综合实践者"而不一定是理论的创造者。时人比高比低，"专业"成为"排比"的物质性依据，而巴尔特强调的是总体学术方向,这个有关方向的学术判断,必须"集众家之言而有以超越之"。这正是人类社会的共同需要。学术生产不应该是像商品生产那样以最终让各家均"获一己之利"为目标,而应着眼于人类集体的真知探求。为此必然需要在万千专业深耕的基础上进行横向贯通,以成就解释学上"临门一脚"的总体实效。在此意义上,"巴尔特学术现象"不过是因缘际会、水到渠成而已。他和列维-斯特劳斯共同领衔所代表的法国结构主义运动,可视作人类学术发展史上的一种认识论、方法论探讨方面的阶段性"集大成"工作。

巴尔特是思想和文化的"意义分析家",他将新的视角、方法和目标施用于旧有的文本材料上去。巴尔特的"价值"正体现在此创造性的"意义分析实践"之上。这样,他就对世人理解传统文本的意义和价值的方式产生了一种冲击效应。巴尔特不是要在各个传统学科领域内部去营建什么新的理论体系,而是通过"贯通"文史哲艺各科理论,来重新读解各个领域内文本的多重意义结构,以图系统地提升人类对传统文化的"可理解性"。所谓学术思想的"革新",首先是"价值标准"的革新;如果延续传统旧标准,满足于在某一学科专业内的技术学之成,自然不会接近巴尔特之类的"学术新思维"。学科内容的意义和理解都是在传统学科结构和程序中"钉死"的,学习了学科"专业"就是接受这些既定的专业内容及其结构和程序,不存在什么按新方法寻求历史文化之意义和理解的需要。简言之,学科"专家"习惯于历史纵向内形成的定式思维,"符号学家"则强调横向的"理解"贯通。而跨学科、跨文化的"理解",不是指学科内容的简单并列和比较,而是指在一般思想层面上的打通、提升、深入。为什么有此需要?两百年专业现代化过程之后的新时代，要求学术贯通的根本理由在于学科专业内学术思想机构的局限性已被日益感受到，而专业权威们以专业为职业利益之根基，所重视的是对专业技术面的"掌握"、运用和传播，遂体现为技术面上的以"量"取胜，因此忽略了一般思想之质量提升的问题。符号学家由于跨越专业藩篱，倾向于综合运用多学科材料和方法的资源，以便重新组织思维和学术，他们的观察、思考、目的，也就与专家型学者拉开了距离。其直接结果是，观察到和分析出传统学术思想本身的混乱、呆滞、保守和无效。（泥执古典者的痼疾在于不知道古典遗产只是"材料"，不是价值和方法的来源。在此问题上，虽领域不同，顾颉刚氏与巴尔特氏，何其相似乃尔！）结构主义运动最积极的成果在于使我们认识到："学问"不再是指对社会传承的学科资料本身进行的记诵，而是依据现代认识论、方法论对古典资料进行的分析和理解。而今日对古典学问的"深入理解"则必须超出本专业之格局。因此从方法论角度看，学问的高级目标在于探索学科之间的"关系"和"互动"。法国结构主义者所说的"文本间性"，不必像他们所说的那样理解作"意义的永恒流动"，而不妨理解作一种"学科间性"，即学科间理论的互动关系。

当然，迄今为止，"符号学"的主要成效，仍然是表现在批评性方面，也就是批评传统学术思想内部的大量历史存留问题。在此意义上，巴尔特符号学，就是一种学术、思想、文化的批评学。为了使此批评实践提升效力，需要先组织一套（甚至于只是临时性的）分析原则和程序，置于分析实践开头，这不仅是为了自己的研究思考方便，也是为了读者的读解方便。这样就产生了若干符号学"理论"，所谓理论不过是具体意义分析实践的程序性总结、前提和运作框架，其内容大量取自其他学科成果，其中符号学家的工作主要体现在其对不同材料进行"搭配"的方式或设计上。在本书各篇中,以及在当代电影符号学文本分析中,随时会看到文本分析之前的理论性前导。符号学家的分析实践是自下而上的,是在文本细节字面上具体地去"感觉、分解、拼合、理解"。关键的是对文本内容意义结构进行多层次、多方面、一致性的探索。符号学实践是一种意义读解法,是一种理论层次上相当谦逊而读解层次上相当细致的实验。经过符号学的意义分析实践,我们会发现传统文本的意义结构比专家们理解的深广复杂得多。这往往是古典文本"制造者"的"旧心智形态"和现代读者的"新心智形态"之间的触碰、冲突、调节、理解的过程。不要忘了,今日符号学实践只能发生于索绪尔之后,而索绪尔只能发生于近代科学之后。而古典学科的专家们,却因偏重学科历时性过程中的传统方法论积累和其专业运作的固定技术性条件,所以才对新学术、新思维的合理要求视而不见(一些西方哲学家,或以哲学为基础的文学理论家,特别欠缺对法国结构主义的同情,此因他们一来囿于"理论即系统"的偏见,二来因为都不曾"感受"索绪尔"二分法"的奥妙之所在。顺便指出,不懂"所指—能指"的意涵,自然也就不可能理解巴尔特的文化理论思想的价值)。

巴尔特和法国后结构主义时期的普遍功利主义学术心态不同,其思想探索的创造性动力来自其对生存、意义和价值的思考本身。巴尔特是"为思想而思想"的时代大思想家,其真纯的思想家人格(绝非皮卡尔等传统型学者所讥刺的哗众取宠之辈)是其思想学术产生全面持久影响力的原因之一。但是巴尔特符号学思想的成就绝不是没有缺点,或只能盲目加以遵循的。我们应该理解此处所说的历险、探索或挑战的符号学实践,必然包含着其自身的局限和弱点。所谓提倡深入研究巴尔特学术思想，必然是指同时关注其学术探索中包含的正面和负面两方面的结果。在此意义上，研究巴尔特不仅要按照他希望我们接受的方式进行，也须适当地超脱巴尔特的思想背景来更客观地理解和评价他的思想成果（这也是一个普遍原则：第一要正确读解原典，第二要分析批评原典。而各种偶像崇拜者的共同特点是：他们既不深入研究原典，也不分析批评原典，而是将其"利用"作个人肤浅崇拜之工具）。在我看来，巴尔特学术中最具有持久性价值的是其文本意义结构分析技术方面，与此相伴产生和宣表的许多"准哲学性"智慧，如其时时流露的反实证论、反实在论、思维安纳奇主义、美学乌托邦主义等等，主要含有一种"批评学"价值。因此在其文本分析实践中反复读到他对所指、所指者、实在、因果性等概念的明确否定，和对"唯写作论"、写作快乐论、意涵论（signifiance）以及对文学唯美主义独断论的颂扬，这些都应当从解释学角度加以整体把握。加之巴尔特对哲学和社会科学各学科并非均有同样深入的研究，其得其失均在于此。一方面他不致因此受限于传统学科框架，另一方面也在高层理论层次上尚有待深入。我们在作者的社会批评（如对"资产阶级"的套式批评，对马克思主义、精神分析学、现象学的立场，都仅属于"从外部"对哲学知识之片面性"借用"，而非独立深入研究的结果）和认识论批评（如对历史"实在"的否定）话语中，随时可看到流于口号式的武断评论。这些武断评论，与其视之为作者的学术性结论，不如视之为一种操作性的临时"工具"或"思维边界"。这是巴尔特推动自身结构主义实践的一种操作论"修辞学"（当然这完全是我个人的独立看法）。但是，我们也要注意，作者一生从未卷入同时代人的任何极端言行中去。例如对密友索莱尔斯、克莉斯特娃（Julia Kristeva）和德里达（Derrida）等"极端主义者"，他虽然不时表达敬意和欣赏，却从不实际上介入他们的各种（兼及政治和哲学）极端性言行。在被问到彼此的思想联系时，他常"顾左右而言他"（抽象肯定，具体回避）。我认为这并非暗示了他习于隐讳的心态，而是显示了他的思想"边界"。他把各种当代极端言行视作自己的思考"边界"（反映着他对一种"理论乌托邦"的憧憬，因为不属其研究核心，故相当于通过"提示其理论之存在"以表现对当前某种主流思想之批评态度而已：即通过推崇"不在"来批评"存在"的一种批评修辞学手法），而使自己的思想运作局限于"文本意义分析"本身。正是在此主要实践领域内的"一以贯之"风格，创造了独具一格的巴尔特思想。这是他的思想成果最终将远远超出萨特的原因之一。巴尔特对人生、社会、历史、文学的敏锐"触觉"，可视为其思想的"原动力"，但并非其深入研究的"结论"。而这类论断确可间接揭示传统文本意义构造本身的混杂性；他不过以反实在论方式对简单化的实在论话语的固有缺欠表达了批评之意。而此批评正有助于我们在高层认识论领域继续思考实在论问题（尼采的作用亦应如是看待）。因此，当我们读到作者表面上的"反科学"、"反理性"之论时，应该注意其在特定语境中的具体"所指"，不妨说，他有时习惯于用某种"一般表达"来传达某种"特殊表达"。

中国研究者最可注意的应该是他的广义历史文本意义分析和广义文学文本意义分析。历史，实际上就是广义的思想史，这是巴尔特符号学实践的中心领域。仅此一项，我们就可以想到巴尔特思想遗产对于中国传统学术方法论现代化的任务是多么具有启示性了。我甚至倾向于断言，在一切西方人文学术成果中，没有其他人的学术成果对于中国传统学术思想研究的现代化更有"用处"了。此处所说的"用处"是从非常具体的、技术性的角度说的。读者在阅读了本书之后就会理解为什么古典文本不能再按其"直意"来领会的缘故。古典文本的表面意思是一回事，其深层、旁涉、引申、效果等等的意思是另一回事。同一文本，在不同时代，必然需要不同的读解和利用方式。所以，我个人特别认为巴尔特著作，特别是本书，对于研究传统文史哲艺的中国新一代学者，是最需要研读的。那种西学家研究西学，国学家研究国学的时代，即将一去不复返了。国学家中，我还特别想指出，最具民族传统特色的文献学专业者，将可从符号学意义分析中体察到，古典"文本"的多重、多层意义构造，今日必须加以精确分析、解释，而不是像传统上那样直观、笼统、实用主义地加以处理。为此，研究者需要同时增加现代方法论学习，而现代方法论的掌握不是可以在"国学"或"汉学"内部自然办到的。

巴尔特作为作家和学者的双重性格，当然使其符号学思想最接近文学和文学批评领域。在特定意义上，巴尔特符号学就是文学符号学。而本书由于侧重于叙事学和修辞学，也就特别与中国现代小说实践"全方位地"发生了关系。中国现代小说是舶来品，百年来却自然跃升为中国社会中"第一"重要的"文化产品"（兼指其社会影响力和社会地位而言）。巴尔特对西方"小说世界"的意义结构解剖，对于中国文化界理解自己的百年来小说世界的性质和功能，具有直接启发作用。不妨说，"叙事学"的主要社会学功能就是"剖析"小说形式的"吸引力机制"（"神秘化作用"），并直逼一个根本性问题：人们为什么要阅读凭想象力任意编造的"故事"或"情节"呢？（换言之，"情节"有那么重要么？）通过编造故事的方法，能不能再提升、深化我们对社会人生的理解和选择？也就是，新世纪的"小说"能不能继续成为表达严肃思想的工具？为什么"告别小说宣言"要在20世纪后半叶陆续出现？我个人认为，社会人文科学的发展和社会政治结构自主体的成形，已经根本改变了小说写作的社会文化环境和思想前提。当然，作为通俗娱乐的"畅销书"（武侠、侦探、科幻、言情）将会和电影电视、漫画、歌舞等大众娱乐品一样，永远存在，正像"食色"永远存在一样。但它们不属于此处所谈的人类高级精神产物的"文学"，或严格意义上的文学（中国古代文学世界则属于严格文学范畴）。随着社会文化的进步，那种用"编织情节、引发激情"手段来维持一种现代小说艺术类别的习俗，将不得不成为批评思考的课题。"大众文化"和"人文科学"是两个越来越分离的文化范畴，二者绝不可混为一谈。[而今日人文科学发展正深受此"雅俗混淆"之害，其根本原因是无孔不入的"全球商业化"（而不是法国左派思想家所理解的"资产阶级制度"，二者不是一回事）正在系统地"瓦解着"人文科学的动力和品质。人文世界需要"仁学精神"！]

巴尔特的"怀疑主义"首先是指其"文学怀疑主义"。作者的怀疑主义实践含一币之两面：舍弃和期待。作者当然也属于"后先锋派时代"的"未来小说幻想家"行列。从早年的戏剧现代派关怀到后来对"新小说"的颂扬，以至于晚年幻想转攻小说写作，作者实际上毕生为其迷恋的"小说美学"问题所困扰。作者的"解决"之道，属于"艺术乌托邦"一类。此"解决"不过是代表着一种对过去之不满和对未来之"憧憬"。对此我们当然要从更深、更广的（跨学科、跨文化的）文化学术视角，来思考小说和文学的问题。然而巴尔特却为我们准备了无比丰富深刻的观察和思考经验。与我们这些从外部"客观地"研究文学的人不同,巴尔特是"双面人",他能从内外两侧体验、实践、分析文学现象。本书特别着重讨论的叙事学问题,虽然已成为当代西方文学界的"显学",但我们迄今为止所获得的实质知识,仅是小说或故事结构和意义构成方面的偏于技术性的成果。这一点与电影叙事学研究类似。我们知道,克里斯汀·麦茨(Metz)正是在巴尔特研究班的启发下,大约与巴尔特等人文学叙事学形成的同时,率先开创了电影结构主义研究时代。由此可见,叙事学是今日文本分析的基本方法。但是从文学和电影这两大"故事系统"的结构分析中,我们是否在"小说美学"领域达到了认识论突破呢?结构主义乃是人文科学前进的一个具有里程碑意义的重要阶段,但它只是我们相关探讨的开始,而非终结。当完全独立于文史哲艺传统的大量"汉语话语和文本"参与人类学术世界后,人类文史实践前景将大为改观。"符号学历险"也就进入了另一个更具有"冒险性"的阶段。这却绝不是西方理论家仅凭其"禅、无、天、虚、空"等浪漫主义汉字玄想所能悟会的思想境界了。他们感受到了"跨文化"学术交流的魅力,但此交流必须在同时兼顾实践和理论的"跨学科"层次上才能进行。我们今日有理由说,这是主要有待于中国新一代学人来参与推进的人类集体学术事业目标。

最后来谈一下本书翻译的问题。西译中的理论翻译,同西文之间的互译,甚至于同广泛利用假名直接译音的西文日文之间的翻译,都极为不同。这不仅是一种需要多方面准备的创造性的工作,而且是一种直接关系到中国社会文化思维方式未来演变的思想活动。如果说文学作品翻译涉及的是修辞学方面的语言类创造,那么理论性翻译涉及的就是思维单位和单位连接方式的系统性调整,这也是涉及思想内容和思想方式"双改变"的一种民族思维革新的问题。这种思维方式的变革又是通过语言单位的拆解分合之翻译实践来完成的。因此，理论翻译本身就是一种符号学实践。这一情况在翻译现代西方理论作品时尤其突出。为什么一些老一辈的西学理论研究者胜任于西方古典理论作品的翻译，却不一定胜任现代理论翻译？此即因现代西方理论方式本身发生了明显变化，系统地改变了思想的单位和论述方式（西方古典类文史哲文本内容较偏重自然性、直观性，所以较易于找到汉语中的对应词）。此外，有关中西之间语义学结构分歧问题，20世纪初中国学界相当受益于当时日本学界有关东西比较研究在汉语词汇现代化方面的创造性实践。这就是为什么没有经过此类语义学调整的翻译（如严复的翻译）难以流传的本质原因。因此中译者面临的挑战有两个阶段：先是了解原作的特殊思考方式，然后在母语世界进行"再创造"。相应的翻译表达有时需要借助特殊术语的创造，有时须借助于上下语境的"限定"。为什么说现代理论翻译会对中国文化思想本身进行"冲击"，就是因为中译者"发明了"许多新名词、新表达法。这些一开始读起来不免别扭的词语，经长期文化碰撞拣选过程后，一部分会存留在新文化世界之内，丰富和改造了固有语言环境。一些不明实情者认为理论翻译应该尽量表达民族语言风格。这是不一定可行的。理论翻译只应尽量设法忠实于原著，因此也就是只能对中译文进行词汇学和修辞学方面的"语义学创造或调整"。不言而喻，这种创造和调整，是纯粹尝试性的，需要在社会学界广泛、长期阅读实践中经受考验的，并准备不断进行修订和再尝试的。理论翻译的困难根本上是源于两种语言系统的语义学组织不一样，也可以说源于两种词汇学组织间的巨大差异性（欧美语言之间的互译则绝大部分没有这种根本性困难。他们的理论翻译家所支付的"辛苦",比我们要少若干倍。而没有跨文化知识的西方学者对此并不清楚)。其中最大的困难在于,中西语言之间在词语的意素构造方面存在着系统的差异性。西方现代理论话语对词语中的多义性的运用要比古典理论话语多得多,所以在译成中文时就构成了更多的挑战。这就是说,有些常用词(如 recit,object,communication,discourse)的不同意义方面,随语境不同而有不同的显示,而该词的书写形态不变(因为作者要使这类常用词担负扩大的和多层次的意义负载)。但在不同语境中中文词必须有所改变,从而失去了用一个书写单元承载若干意义的方便,并必然因此带来概念理解和用法方面的混淆。就此而言,对现代理论翻译文本的理解离不开译文的整体环境。读者应该与译者配合,按照他所试译的方式去把握原著意义。这对于理解文学理论类的翻译尤其必要,因为现代西方文艺理论话语比现代西方哲学话语和社会科学话语,在词语的歧义性和多义性方面又要复杂得多(现代西方哲学比西方古典哲学难翻译,现代西方文艺理论又比现代西方哲学难翻译,主要是彼此所使用的术语之词义多重化程度不同,牵扯到的中文语义调整复杂性也就不同)。有鉴于此,我改变了早先喜欢制作术语表的做法,而是在文内必要时加添原文或简单注解,以提供读者临时理解文义的方便,而不再奢求所谓"名词确译"的效果。

关于本书第一篇古典修辞学分析,其重要性不言而喻。其实它相关于一切文化传统中的文本修辞学的意义结构问题。对于此篇的翻译,译者必须承认,由于不懂希腊文、拉丁文和不熟悉古典修辞学本身,其中难免出现理解的错误。而且在该文中,以及在其他篇章中,作者的口语文体和随兴行文的习惯导致颇多省略式表达。为了读者理解方便，译者在个别地方的字词有所增添，不当和错误之处，自然由译者负责。关于修辞学术语，凡属于文中出现拉丁文原文之处，在与出版社商定后，决定大多数拉丁文字词照录原文，而不另行翻译。一来因为这些用语均已非今日所习见；二来因为这些词语的意义及其在不同历史学科制度分划中的内容，也一直在改变中（如 *elocutio*），因此同一个词形可能包含着不同的意义侧重。对于少数专门读者来说，他们本来不需要阅读中译文；对于多数读者，满足了解"大意"即可（有深入了解西方古典修辞学史需要者自然需要去读西文专著）。在中文中这样大量地出现不翻译的修辞学名词，好像日文中大量出现假名西方术语一样，阅读起来或有不适宜之感，希望读者谅解。

笔者在进行罗兰·巴尔特作品翻译时，进一步体会到自己的"长处"和短处所在。法语语言本身修养不够，不免使我对一些细致的词语表达未能把握确义并因而可能产生理解偏误的问题。在翻译本书时，译者有德译本和英译本参照的方便。但是理论概念的把握只能依据法文原文进行。在对比过程中，作者不时发现英译本的不大严格的译法。例如英译者对巴尔特行文中 langue 和 langage 的译法竟然不加区别，应该说是一个专业性的失误。在中文译本中，我则不得不宁肯采取笨拙的办法，如用"语言结构"译"langue"，虽然后者中的"结构"意思没有那么明显或突出。此外我自 1977 年开始翻译结构主义文本起，就特别感觉到中文读者未必充分领悟结构主义的一个最显著思维变化：在"产品、个体"和"作用、过程、关系"之间的观念性区别。这样就产生了我经常选择的"意指作用"（signification）这样的译法。因为在通常用法中，此词在表达"个别意义"和"意义作用"之间并无区别。而结构主义者在以同样词语来强调此新意义时,连法国非结构主义者们往往都不能习惯其意义差别的缘由(更不要说一些美国习惯于行为主义思维的学者了,他们不能了解法国结构主义,可以从此例中体会一二)。像"所指"、"所指者"这类专有名词,更须在译文整体内把握,不必将其随意与"汉语世界"的整体环境内的词语用法相混淆。

此外,应该注意到存在有"两个巴尔特":作为理智分析家和作为美学艺术家。对前者而言,我们会惊叹其观念的清晰和准确;对于后者而言,如他对"快乐"、"色情"、"意涵"等词的故意反常用法,连西方专家的读解都难以一致,我们也只能勉强示意了。为了方便读者阅读,中译本对一些表达特殊的中文词语,自行添加了引号,以方便读者把握中文专门词语间的区隔。

———— ❦ ————

译者在2006年出乎意外地接受了"罗兰·巴尔特文集"翻译任务之后,很想在此表达一下个人的一种体验。我们这类"以书为生"之人,同出版社的关系可以说是最重要的人际关系之一。经过一段时间的接触之后,我才渐渐相信今日还真出现了在"出版社、编辑、著译者、读者"之间的全面态度一致的关系。出版社不需要为特定社外学术关系服务,而只需为广大读者服务;这样我也才不必再对"相关方"的"诚意"和"动机"之可能变化时时花费心力,才能够相信在我的学界人际关系中真会出现这样的正常状况:自己的工作做得越好,就越会受到合作方各层次的真诚欢迎。这种新时期的正常出版人事环境的存在,无疑使我更有动力、更愿支付代价来完成这项本来于我的年龄来说有所"不合时宜"的工作。只是限于个人条件,最后完成的译作质量,未必符合预期。不可避免的误译之处，尚祈读者不吝指正。

最后，让我对中国人民大学出版社领导、人文分社司马兰社长、"文集"策划编辑李颜，以及责任编辑胡颖、翟江虹，表示深切的感谢。他们不仅使我个人获得了继续研习和判断罗兰·巴尔特学术思想的机会，也使我远在万里之外能继续对中国新时期的理论建设事业贡献一己之力。

李幼蒸
2007年9月9日
于迁美十周年之日

编者说明

本书所收文章，完全来自罗兰·巴尔特的研究和教学活动的记录。这就是：老师任教于一个小班（研究班），研究班由程度较高的学生和年轻教授组成，他们中间大多数人按照各自不同的愿望和各自的出版成果参加研究班，后来重新走向同样也是开放性的继续前进之路。其后也有其他学科的专家们加入，如我们将看到的，巴尔特也为他们提供符号学方法的帮助。我们这位研究者当时正处在他一生的某一确定阶段，也即在作为"导论"的讲演中所提到的三个不同阶段之一：这个阶段不再是他称作"惊叹"的第一时段，也不是在"文本"题目下称作超越性的第三时段；这个居于中间的主要时段，可以说，是作为系统学科的符号学之建设的时段。因此此处所收集的所有作品几乎均完成于1963年至1973年之间。

罗兰·巴尔特在本书范围内的论述包含三种类型。<u>原理篇</u>内，各部分表述平实，它们有关于过往经验的说明和系统学科的建立或奠基。这些论述都曾是并始终是真正基本性的。<u>领域篇</u>是关于在多种多样研究领域内可能是（已不是，或不再是）称作符号学的对象之特征描述。因此符号学总是非常清楚地相关于诸可能探索的构想、概要，而非相关于探索的结果。这些同样具有开创性的探索，其中每一次都含有一个产生某种颠覆作用的特点，对此我们可能会询问，它们后来是否真的被继续探索过。最后是<u>分析篇</u>，对某些文本的分析，不是从写作的角度——像在别处那样——完成的，即不是从无限大量被书写的意义的角度，而是从证明一种方法的角度来完成的：如何按照其结构来认识使一个故事具有可理解性的东西是什么。

在所有这些篇章背后都存在着一种愿望；以及与文本愉悦相对称地，存在着一种有关行动智慧之善："他永远把理智活动与一种欢乐联系在一起……对他来说，什么是思想呢？除了一种快乐之萌生外，还能是别的什么吗？"① 于是我们在其工作中觉察到了作者的幸福感。

但是这个智慧之善，罗兰·巴尔特并非视其为当然；他的一切教学活动正好显示为一种存于记号道德性实践证明中的欢愉性：永远不要把意义当作"自然的"，当然（在整个语言范围内）不让它在一种语言状态的能力内，更不要在一种分析水平的范围内，去重

---

① 《罗兰·巴尔特自述》（Seuil, *Écrivains de toujours*），1975，p. 107。比较同书 56 页："二元制对他来说是一种真正的爱情对象。"

复（再失去）自身。永远不要屈从于意义之裂解。① 我们对本书一切内容读解之关键在于：把意义重新理解作价值。

最后，对于符号学未能再一次使其活动获得"戏剧化"之展开，人们提出了严厉谴责，"没有看到它的发展"：它停滞不前、对其对象"漠不关心"，没有觉察到它的生命跃动；与此态度相反，罗兰·巴尔特不停地反驳说："怎能忘记符号学与意义之激情具有着密切关系：它的终极使命，以及（或者还有）它的乌托邦理想？"②

弗朗索瓦·瓦尔（François Wahl）

---

① 《罗兰·巴尔特自述》(Seuil, Écrivains de toujours)，1975, p.107。比较同书101页："二元制对他来说是一种真正的爱情对象。"

② 同上书，163页。

目　录

导　论 ………………………………………… 1

Ⅰ.原理篇

旧修辞学
　——记忆术 ……………………………… 11
叙事结构分析导论 …………………………… 102
行动序列 ……………………………………… 145

Ⅱ.领域篇

索绪尔、记号和民主 ………………………… 159
意义的调配 …………………………………… 165
社会学和社会逻辑
　——关于列维-斯特劳斯的两部近著 ………… 168
广告信息 ……………………………………… 181

物体语义学 ………………………………………………… 187
符号学和城市规划 ………………………………………… 199
符号学和医学 ……………………………………………… 210

Ⅲ．分析篇

叙事结构分析
　　——关于《使徒行传》第10～11章的分析 ………… 223
与天使摔跤
　　——《创世记》第32章第23～33节的文本分析 …… 255
爱伦·坡一则故事的文本分析 …………………………… 271

附　论 ……………………………………………………… 306

导　论[*]

几天前一个学生来看我。她想对下述主题准备一份第三级的博士学位论文。她颇带讥讽而非持有敌意地提出的论文主题是："符号学的意识形态批判"。

在这个小小"场景"中，我看到了一切我们可以用于形容符号学处境及其最近历史的因素：

首先，由于符号学经常发出的意识形态的也就是政治的抱怨，人们将其称为一门反动的学科，或者至少是一门与意识形态承诺无关的科学：不只是

---

[*] 此为罗兰·巴尔特在第一届国际符号学学会（IASS）大会（意大利米兰，1974，6月2—6日）的讲演稿，重印于 Le Monde，1974年6月7日。中译者根据法文版《罗兰·巴尔特全集》第4卷第526页作了增补。

结构主义，还有之前的新小说（也是在意大利，如果我的记性不错的话），不是被谴责为一门与技术统治甚至是与戴高乐主义合谋的科学吗？

其次，这位学生视之为对话者的我，正是那样一种符号学的代表之一，该符号学正应当被加以揭露（在双重的意义上：分析和使之无言以对，即分解和击碎）——由此出现了我的对话者的轻微嘲讽：她通过所提出的主题，在激怒着我（我将不对此场景进行精神分析学的解释）。

最后，在把我归为准官方的符号学家角色时，直观地以为，这位符号学家正经受着某种不安、某种双重性格、某种符号学的不诚，这使作为这位学生对话者的我，不无讽刺地既处于符号学之内，又处于符号学之外——随之却流露出了某种温馨的友谊（也许我对此有所误解），这一充满思想美妙感的场景，也就留存在我的记忆中了。

在返回引生出这个微型心理剧场面的问题之前，我必须说我并不代表符号学（也不代表结构主义）：世界上没有人能够代表一种观念、一种信仰、一种方法，尤其是一位书写者，他选择的实践，既不是言说也不是报道，而是写作。

思想社会可以使你成为你所愿是者，所需要的不是别的，只是一种社会游戏的形式；但是我不能使自己体现为一种形象：符号学之形象（imago）。相对于此形象而言，我处于双重状态中：无拘无束和逃避。

一方面，对我来说没有比和符号学家群体相处更适宜的了，没有什么比和他们一起应答他们的攻击者更好的了：唯灵论者、生机论者、历史主义者、自发主义者、反形式主义者、原始马克思主义者等等。这样一种合群感比我去体验任何宗派主义冲动要更为容易。我并不想像宗派主义者通常做的那样,去反对我周围的人物(弗洛伊德在有关战斗兄弟神话中所充分分析过的一种自恋冲动)。但是另一方面,符号学对我来说并非一种事业;它不是一种科学,一个学科,一种学派,一种我与之认同的运动(赋予它一个名字已经相当够了:对我来说,任何情况下它都是一个随时可撤销的名字)。

那么,对我来说符号学究竟是什么呢?它是一种<u>历险</u>(aventure),也就是指<u>我所遭遇者</u>(ce qu'il m'advient)("能指"使我遭遇者)。

这个历险是个人性的,而非主观性的,因为此历险指主体的一种置换运作,而不是指主体的表现。此一历险对我来说分为三个时段。

第一个时段是惊叹。语言,或更准确说"话语",是我的工作的经常对象,自从我的第一部书《写作的零度》出版以来。1956年我将一批关于消费社会的神话文章以《神话学》的名字编辑成书,这些文章发表在 Nadeau 的期刊《新文学》(Les Lettres Nouvelles)上。那时我第一次读索绪尔。读过索绪尔后我执著于这样的希望:赋予我对自以为是的小资产阶级神话的谴责以一种科学说明的手段。这种手段就是符号学对意义过程所做的精细分析,借此方式资产阶级将其历史的阶级文化转化为普遍自然;那时的符号学,及其计划和任务,在我看来是一种意识形态批判的基本方法。我在《神话学》一书后记里表达了这种惊叹和希望,那篇文章可能因其科学观而过时,但它是一篇令我欣快的文本,因为通过赋予其一种分析工具而重申了思想的介入,并通过赋予其一种政治影响而使意义研究担负起责任。

自1956年以来符号学在发展着，某种意义上其历史趋于奔放不羁。但是我仍然相信，任何意识形态批判，如果要摆脱对自身必然性的迷执，就必须是符号学的：分析符号学的意识形态内容，如我的学生那天打算去做的，可能仍然须借助符号学手段来进行。

第二个时段是科学时段，或者至少是科学性时段。在1957年和1963年间我对最富意指性的对象"时装"做了符号学分析。那本书是非常个人化的、禁欲主义式的，如果我可以这样说的话：对一种人们熟知而尚未被分析过的语言结构之文法进行详细构造。我不在乎这项工作的论述会有劳而无功之虞。我所乐于做的是将其完成，使其运作。

同一时期，我在试图构想某种教授符号学的方法（在《符号学原理》中）。

围绕着我，符号学科学，按其起源、运动、每一研究者的独立性（我首先想到的是我的朋友和同伴格雷马斯和艾柯），获得了提升和发展；与某些伟大前辈的联系建立了起来，像雅克布森（Jakobson）和本维尼斯特（Benveniste），以及较年轻的研究者，像布雷蒙（Bremond）和麦茨；一个学会和一份国际符号学杂志也被创建。对我来说，支配我这一阶段工作的与其说是建立一种作为科学的符号学之计划，不如说是实行一种系统学（Systématique）之快乐：在分类学活动中存在有一种一些大分类学家所熟悉的创造性陶醉，如萨德（Sade）和傅立叶（Fourier）。在科学性时期，对我来说，符号学就是这种陶醉化过程：我重构着、我拆拼着（bricolais）（赋予此词以某种崇高意义）诸系统、诸游戏；我写书只为了快乐：在我身上，对系统的快乐取代了"科学"之超我；于是这种情况已经为此历险准备了第三时期；最后，对不偏不倚科学的漠不关心（adiaphorique，如尼采所说的那样），我以快乐之心进入"能指"、进入"文本"。

第三时段实际上是"文本"阶段。各种话语在我周围编织起来，话语取代了偏见，质询着显而易见之物、提出着新的概念。

由列维-斯特劳斯发现的普罗普（Propp），使我们有可能严格地将符号学应用于文学对象——叙事；

朱丽叶·克莉斯特娃，深刻地重绘了符号学形势图，她以个人方式并在原则上给予我关于副语法（paragrammatisme）和文本间性（intertextualité）的新概念；

德里达有力地置换了记号概念本身，假定了所指的退却和结构的去中心化；

福科通过赋予记号过程以往昔历史的地位来使其突出；

拉康（Lacan）提供了一种关于主体分裂的成熟理论，如无此理论，科学注定要对主体据以言说的位置茫然无知和沉默不语；

最后，《泰凯尔》（Tel Qual）刊物提出了一种甚至在今日也是独一无二的企图，用以在马克思主义辩证唯物主义领域内将一切相关的变化予以置换。

对我来说，这一阶段体现在《叙事结构分析导论》（1966）和《S/Z》之中，后一作品，某种意义上，通过放弃结构模式和诉诸无限差异的文本之实践，否定了前一作品。

那么文本（Texte）是什么呢？我将不通过提出定义来给予回答，那样就会倒回到"所指"的立场了。

文本，在我们企图赋予此词现代的实际意义上，基本上应当区别于文学作品：

它不是一种美学产品，而是一种意指性实践；

它不是一种结构，而是一种结构化作用；

它不是一种对象，而是一种工作和一种游戏；

它不是一组封闭记号，具有待发现的意义，而是一套置换中的记号；

文本的个例不是意指作用而是"意涵"，按其在此词的符号学的和精神分析学的意义上；

文本超出了旧文学作品，例如存在一种生命文本（Texte de la Vie），我企图通过关于日本的写作进入此生命文本。

那么，这三种符号学经验——希望，科学，文本——今天在我身上有何表现呢？

据说，路易十八这位皇室美食家让其管家准备几个叠在一起的肉卷，只吃最底下的，其上流淌着从上面所有肉卷滴下来的汁液。同样的，我想使我的符号学历险的目前时段，去接受前两个时段留下的"汁液"，就如皇家肉卷例子所示，过滤器掺有它沾上的残迹，因为过滤的介质就是过滤器本身，有如所指是能指一样。于是你们将在我目前的工作中发现一种冲动，它使整个符号学历险的历史活跃化：把我自己和一些严格的研究者群体联结起来的意志，以及对政治的和符号学的顽强归属感之忠诚。

但是，我今日承认这两种遗产时，却须首先对其有所修正：

——关于第一点，即符号学的科学性，今日我不可能再相信了，而且我不期待符号学会是一种简单的科学，一种实证科学。其首要理由是，符号学，也许今日一切人文科学中只有符号学，要去质问它自身的话语：符号学，作为一种语言科学，多种语言的科学，它不能把它自己的语言当作一种材料、一种透明性、一种工具，简言之一种元语言；借助精神分析学的力量，它质询自己在其中说话的位置，如无此质询，任何科学和任何意识形态批评都是滑稽可笑的；至少我希望，对于符号学不存在主体对其话语的治外法权（exterritorialité），即使这位主体是一位科学家。换言之，最后，科学并不承认安全区域的存在，因此它必须认定自己仅是一种写作。

——关于符号学的意识形态承诺这第二点，我相信危险正在逐渐加大之中：符号学必须攻击的，像在《神话学》时期，不只是小资产阶级的良知，而且是我们整个文明的象征系统和语义学系统；企图改变内容是不够的，我们必须首先设法裂解意义系统本身：我们必须超越西方封闭区，如我在关于日本的文章中提出的。

作为结束，让我来谈一下这篇导论：它是被一个我所说出的。自然，这个第一人称是想象的（在此词的精神分析学意义上）；如果他不是这样，如果诚挚不是一种误解，就不值得去写作，只说话就够了。写作正是这样一个空间，在这里，语法的人称和话语的始原，相互融和、缠结，并消失在不可辨识的状态中：写作是语言的真理，而不是个人的（作者的）真理。因此写作永远比言语走得更远。同意把自己的写作说出，就像我们现在做的这样，这就只是在告诉他人，他的言语是被需要的。

I

原理篇

符 号 学 历 险

◎ 旧修辞学
　　——记忆术
◎ 叙事结构分析导论
◎ 行动序列

旧修辞学
——记忆术

本文根据1964—1965年间在法国高等研究院举办的研究班记录整理而成。对于本研究班的资料来源——或范围——来说,通常应该已有的现代文本还不存在。通向这个新文本的一种方法就是决定应从何处出发,以及相对于什么来进行探索,并因此去面对一门新的"写作符号学"和旧的文学语言实践,后者即是几个世纪以来所说的"修辞学"研究。这样就产生了关于旧修辞学观念的一个研究班:旧的一词并不意味着今日存在一门新的修辞学;反之,与旧修辞学形成对立的可能是尚未完成的新修辞学:实际上世界仍然不可思议地充斥着旧修辞学。

如果已经存在某种有关这种旧修辞学的历史和系统的发展图景之书籍、手册、概览的话,这份研究班记录就不会被接受发表了。遗憾的是,就我所知,并不存在这类资料(至少在法文出版物中)。因此我不得不自行建立一套我的知识系统，此处所呈现的就是一份我个人的预备知识笔记：它是一本手册，以方便我开始探索"修辞学之死"时找到所需要的事实内容。它只不过是一个初级知识体系，是对于一定数量的名词和分类法的初步知识准备——这并不意味着在研究班的进程中，我不会经常被这种旧修辞学所秉具的力量与精致、其某些命题的现代性所激动，并因而对其产生某种崇敬之感。

抱歉的是我不再能（出于实际理由）确认这些学术文本的出处了：我不得不部分地根据记忆来编写这本讲义。我的理由是，所谈论的都是普通知识；人们虽然对修辞学所知不多，有关的知识却并不需要专深学问。所以任何人都不难找到这里未提供的图书材料。在此搜集的（有时也许是以随意形式征引的）材料主要来自：(1) 几种古典修辞学论述；(2) 关于"Guillaume Budé"丛书的学术性导论；(3) 屈尔蒂斯（Curtius）和鲍德温（Baldwin）的两部基本书籍；(4) 几篇专门论文，特别是关于中世纪的；(5) 几部参考书，包括莫里耶（Morier）的《修辞学词典》，布吕诺（F. Brunot）的《法语史》，以及布雷（R. Bray）的《法国古典学术的形成》；(6) 某些辅助读物，它们不甚完全，只是偶尔涉及我们的主题（Kojève, Jaeger）。①

---

① Ernst R. Curtius, *La Littérature européenne et le Moyen Age latin*, Paris, PUF, 1956, traduit de l'allemand par J. Bréjoux (1re ed. allemande, 1948).

Charles S. Baldwin, *Ancient Rhetoric and Poetic Interpreted from Representative Works*, Gloucester (Mass.), Peter Smith, 1959 (1re ed. 1924); *Medieval Rhetoric and Poetic (to 1400) Interpreted from Representative Works*, Gloucester (Mass.), Peter Smith, 1959 (1re ed. 1928).

René Bray, la Formation de la doctrine classique en France, Paris, Nizet, 1951.

Ferdinand Brunot, *Histoire de la langue française*, Paris, 1923.

Henri Morier, *Dictionnaire de poétique et de rhétorique*, Paris, PUF, 1961.

本书脚注中，凡未标注"中译者注"、"法文版编者注"的均为作者原注。

1. 修辞学实践

此处讨论的修辞学是西方从公元前 5 世纪到公元 19 世纪期间所流行的那种元语言(其语言对象是"话语")。我们将不讨论时代更远的研究(印度、伊斯兰),而且就西方而言,我们将限于研究雅典、罗马和法国。这种元语言(关于话语的话语),按照时期的不同,牵扯到在"修辞学"内几种同时出现的或相继出现的实践:

(1)一种技巧,即一种"技艺"(art),在此词的古典意义上;劝说的技艺,一组规则或要诀,它在演说中的应用能够说服听众,即使被说服的对象是"虚假的"。

(2)一种教学:修辞学技艺最初以个人性方式传播(辩论术教师、他的学生和他的顾客),很快就被引入学习机构;在学校里它构成了今日所说的中等和高等教育的基本课程;并被转变为考试(练习、授课、测验)。

(3)一种科学,或者说一种原型科学,即:a. 一个限制某种同质性现象的自主研究领域,即语言的"效果";b. 对这些现象的分类法〔它的最有名遗产是"修辞格"(figure)表〕;c. 在叶姆斯列夫(Hjelmslevien)意义上的一种"运作"(operation),这就是一种元语言,一组修辞学特征,其质料(matiére)——或所指——是一种修辞学对象〔论辩语言和"比喻的"(figuré)语言〕。

(4)一种道德:作为一个"规则"体系,修辞学具有该词的含混性:它既是一种由实用目标引发的要诀手册,又是一种典则,一组道德规范,其作用是监督(也就是允许或限制)情绪语言的"偏离"。

(5)一种社会实践:修辞学是那样一种特权技巧(因为必须付钱才能掌握),它容许统治阶级获得言语所有权。语言是一种权力,达到此权力的选择性规则被颁布后使其成为一种准科学。语言对于"不知如何说话者"是封闭的，并索取一种昂贵代价。修辞学开端于2500年前的财产诉讼活动中，而在资产阶级文化最初认可的"修辞学"课程内衰败和死亡。

（6）一种*游戏实践*：一切有关实践构成了一个可怕的（今日所说"压制的"）制度性系统，因此自然发展出了一种对于修辞学、对于一种"黑色"修辞学的嘲弄（怀疑、轻蔑、嘲讽）：游戏，戏仿，色情的和淫秽的暗示①，课堂笑话，一套学童间的把戏（不过后者仍有待于继续探索，并作为一种文化代码有待于被构造出来）。

2. 修辞学帝国

所有这些语言实践都验证了修辞学现象的广泛性——但是这种现象还没有产生任何重要的综合、任何历史的解释。也许这是因为

---

① 关于casus和conjunctio（它们确是语法名词）的许多淫秽笑话，从《一千零一夜》引用的这个扩大的隐喻可以对其给予某种说明："他以正确的结构使用介词，并以连词连接从句；但他的未婚妻在所有格前像名词的结尾一样跌倒。"——阿兰·德·利勒（Alain de Lille）更高贵地说明，人类在两性结合中、在词形变化（métaplasmes）（特例）中犯下野蛮过错，后者与维纳斯的规则违背；男人跌倒于词的倒置（anastrophes）（结构的颠倒）；跌倒在他的愚蠢中，他走到分词法（tmèse）（Curtius，同前书，512~513）；卡尔德龙（Calderón）同样地评论一位女子的处境，她在去看自己的情人时被监督着："看和被看是一种极大的爱情野蛮，因为，作为一个坏语法家，他把被动者变成主动者。"我们知道，克罗索斯基（P. Klossowski）在那种解剖的意义上重复了经院派的词语（*utrumsit*，*sed contra*，*vacuum*，*quidest*：le quidest de l'Inspectrice）。当然，（修辞学的和经院学的）语法的结合，不只是"可笑的；它准确地描绘了一种违规的位置，在这里两种禁忌被取消了：语言禁忌和性禁忌"。

修辞学（在语言禁忌之外）是一个在其幅员和时延上比任何政治帝国都更广袤、更持久的真正帝国，它嘲笑着科学和历史思考之框架，并进而对历史本身提问，至少相对于我们习惯于想象、运用并不得不思考的那种在别处可能称作宏观性的历史。附着于修辞学上的科学误解，于是参与了对多元性、多元决定作用的普遍拒绝；但是考虑到修辞学——不管该系统可能有多少内在的变化——在西方流行了 2500 年，从高尔吉亚（Gorgias）到拿破仑三世；想想看，修辞学曾经如此不变、稳定并看起来永不衰亡，以及它如何经历了历史上的诞生、发展、消失而其本身一直未被触动或改变：雅典民主共和国、埃及王国、罗马共和国、罗马帝国、大规模入侵、封建制、文艺复兴、君主国、法国大革命；它曾消化了诸多政权、宗教和文明；自从文艺复兴以来它开始衰弱，而直到三个世纪之后才趋于消亡；而且还不能肯定说它已经死亡。修辞学还可能会进入所谓的超文明：历史的和地理的西方之文明：它是唯一的文化实践（以及在它之后到来的语法学），通过此文化实践，我们的社会承认了语言的主权（kurôsis，像高尔吉亚所说），此主权在社会上相当于一种"领主权"；它所加予人们的分类法，是连续的种种历史集团实际共有的唯一特征，在内容的意识形态和历史的直接决定作用之上，似乎存在着一种关于形式的意识形态；似乎——由涂尔干和莫斯所预见和由列维-斯特劳斯所肯定的原则——每一个社会都存在着一种<u>分类学同一性</u>（identité taxinomique），一种社会逻辑（sociologique），在其名义下有可能规定另一种历史、另一种社会性，而不致损及在其他层次上被承认的事物。

3. 旅行和网络

我们将在两个方向上对这一庞大领域进行探讨（在此词的松散

的、临时性的意义上）：历时性方向和系统性方向。我们肯定不会去重建一门修辞学史；我们的研究将限于几个重要的时段，我们将在穿越修辞学两千年历史过程中选择几个阶段停留下来，这些阶段相当于我们的旅途的"日程表"（这些"日程表"的长短可能非常不一致）。这个漫长的历时性过程一共包含有 7 个时段，7 个"日程表"，它们各自均具有一种教导性价值。这样，我们将逐步搜集历史上修辞学教师的分类法，以便形成某种简单的网络图，某种工具，借其之便我们能够把修辞技艺想象为一部精致地连接在一起的机器、一个运作树型网、一种意在产生话语的"程序"。

一、旅行

（一）修辞学的产生

1. 修辞学和财产

修辞学（作为一种元语言）诞生于与财产有关的法律活动中。大约在公元前 485 年，两位西西里暴君，Gelon 和 Hiéron，施行放逐、迁移人口和没收财产的政策，以便殖民于锡拉库萨并为雇佣兵支付酬金；当他们被一次民主起义赶下台后，人民企图返回原先状态，但因财产权不明确，出现了无休无止的诉讼。这些诉讼活动是一种新的现象：它聚集了人数众多的陪审团，其成员必须被出现在他们面前的人的"雄辩"所说服。这类雄辩活动含有多种特点：民主的、蛊惑的、司法的、政治的［人们后来称其为审议的（délibératif）］，它很快成为教学的对象。这门新学科最初的教师是阿格里真托的恩培多科勒（Empédocle），他在锡拉库萨的学生克拉斯（Corax）（第一个受款从事教学活动者）以及 Tisias。这种教学活动很快传播到阿提卡

(在波斯战争以后),因为陷入诉讼的商人们需要在锡拉库萨和雅典两处进行辩护;在公元前 5 世纪中期,修辞学已经部分地为雅典人所专有了。

2. 一种大组合段学(syntagmatique)

这种原始修辞学、克拉斯修辞学,究竟是什么呢?是一种关于组合段、关于话语的修辞学,而不是一种关于特性、修辞格的修辞学。克拉斯已经假定了演讲(oratio)的 5 个主要部分,它们几个世纪以来成为演讲话语的"提纲":(1)开端(exorde);(2)叙述或情节描述(事实之关系);(3)论辩或证明;(4)引申;(5)结尾。不难看出,在从诉讼话语向学术论说的演变中,这个提纲一直保持着其主要的组织方式:一个引论、一组证明、一个结论。这个最早的修辞学大致来说是一种大组合段学。

3. 虚假(feinte)言语

有趣的是注意一下,言语艺术最初是与一种所有权的要求联系在一起的,正如语言是通过在其基本粗暴性中被肯定的那种赤裸裸的社会性所决定的,而不是作为一种转换的对象、一种实践的条件、通过一种精微的意识形态中介作用(正像在很多艺术形式中的情况一样)所决定的。例如土地所有权的社会性:人们开始自行思考语言以便维护他们自己。正是在社会冲突的层次上诞生了关于虚假言语的一种最初的理论构想(不同于虚构言语、诗人的言语:那时诗歌是唯一的文学,散文直到很久以后才获得文学身份)。

(二)高尔吉亚,或者散文作为文学

莱昂蒂尼(今日叫 Leontium,在锡拉库萨以北)的高尔吉亚在公元 427 年来到雅典；他是修昔底德的老师，而且是《高尔吉亚》书中苏格拉底智者派的对话者。

1. 散文的典范化

高尔吉亚（对我们）的作用是将散文置于修辞学规则之下，使其成为一种学术性话语、一种美学对象、"自主语言"、"文学"之祖型。如何去做呢？悼词（希腊挽歌）最初是以诗体来表达的，后来演变为散文，并为政治家所运用；它们如果不是（在现代的意义上）被写出的，至少也是被记忆的，即以某种方式固定下来的；这样就诞生了第三种样式（在司法的和审慎的样式之后），夸饰的（épidictique）样式：于是一种辞藻性散文出现了，即一种演示性（spectacle）散文。在从韵文转换到散文时，格律和音乐都消失了。高尔吉亚企图用一种散文规则取代格律和音乐（虽然是从诗歌中借取的）：同韵（consonance）字词、对称句子、由叠韵（assonances）强化的对偶句（antithèses）、隐喻、头韵法（allitérations）等等。

2. elocutio 的出现

为什么高尔吉亚会成为我们的旅行中的一个驿站呢？大致来说，在修辞学的全部技艺［例如昆提连（Quintilian）的修辞学］中存在有两个轴向：一个组合轴，即话语组成成分的秩序、次序（taxis）或布局（dispositio）；一个聚合轴，即修辞学的"修辞格表"、lexis（词汇）、elocutio① 我们看到克拉斯始创了一种纯组合段修辞学。要求提升修辞格的高尔吉亚，为修辞学提出了一种聚合体方向的前景：他使散文通向修辞学，而且使修辞学通向"风格学"

---

① 大致译为"选词句法"。——中译者注

(stylistique)。

(三) 柏拉图

柏拉图著作中直接与修辞学有关的是《高尔吉亚篇》和《斐多篇》。

1. 两种修辞学

柏拉图研究两种修辞学,一种是好的,一种是坏的:(1)关于事实的修辞学由演说法(logographie)构成,这种活动在于书写任何话语(它不再只是有关法律修辞学;这个概念的整体化发展是重要的);其对象是似真性概念(vraisemblance)、虚幻性概念;这是以下诸人的修辞学内容:演说家、教师、高尔吉亚派、智者派。(2)关于法律的修辞学是真正的修辞学,一种哲学的或者甚至是辩证法的修辞学;其对象是真理;柏拉图称其为招魂术(psychagogie,用言语构成的灵魂)。好与坏修辞学的对立、柏拉图修辞学与智者派修辞学的对立,构成了一种更大的范式:一方面是谄媚、讨好、虚假,另一方面是拒绝一切讨好、艰难;一方面是经验主义和因循守旧,另一方面是艺术:快乐的技艺是对"善之技艺"的可鄙的模仿——修辞学是对正义的仿造、司法的诡辩术、医学的烹调化、健身术的卫生化——修辞学(演说的、雄辩家的、智者派的修辞学)因此不是一种艺术。

2. 色情化的修辞学

真正的修辞学是一种招魂术;它需要一种整体的、无私的、一般的知识[它将成为西塞罗和昆提连的一种型式(topos),但是这个概念将变得乏味起来:关于演说家所要求的是一种好的"一般文化修养"]。这种"概要性知识"的对象是使灵魂型式和话语型式相联合的对应性或互动关系。柏拉图的修辞学将写作与个人心灵对话（interlocution）研究（即 adhominatio）加以区别；话语的基本样式是师生之间的对话，二者由一种灵性之爱联结。共同思想可能是辩证法的座右铭。修辞学是爱的对话。

3. 区分和标志（marque）

辩证学家们（他们创造了这种色情化修辞学）从事了两种相联系的活动：一方面，一种联合的冲动，上升到一种无条件目标的冲动（苏格拉底在《斐多篇》中重复了 Lysias，在其完全结合之中为爱下了定义）；另一方面，一种下降推导的冲动，按照自然的连接法、按照其一种类型区分法，直下降到不可区分的种类。这种"下降"逐阶进行：在每一阶段、每一步骤内都存在有两项；其中一项必须相对于另一项来选择，以便下一步达到一种新的二元对立，并由后一下降步骤继续下去。这是智者派的渐进法定义：

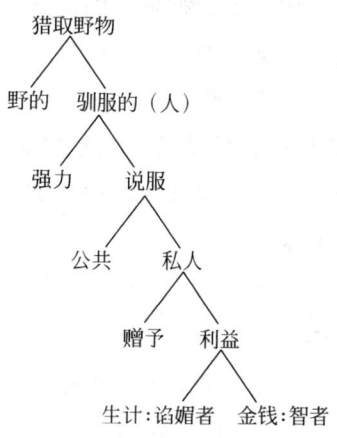

```
              猎取野物
               ╱    ╲
            野的    驯服的（人）
                    ╱    ╲
                 强力    说服
                        ╱    ╲
                     公共    私人
                            ╱    ╲
                         赠予    利益
                    生计:谄媚者  金钱:智者
```

这种区分法修辞学——对立于亚里士多德的三段论修辞学——

与一种控制论的、二元制的程序极其相似:每一选择决定着下一替代项;或者说,它也类似于语言的聚合体结构,后者的二元对立涉及一种有标志项和一种无标志项:在有标志项形成一种新的替换作用。但是,标志从何而来呢?这样我们又回到柏拉图的色情化修辞学:在柏拉图的对话中,标志是由<u>对应答(学生)</u>的承认造成的。柏拉图的修辞学含有两种对话者,其一给予一种确认或让步:这是运动的条件。所以我们在柏拉图对话集中遇到的意见一致的所有那些成分都是真正结构性的"标志"、修辞学的行为,这些有关相互一致的表达,往往因其愚蠢和表面上的平庸而令人发噱(在我们尚未对其厌烦时)。

(四)亚里士多德修辞学

1. 修辞学和诗学

难道不是应当说一切修辞学(如果除了柏拉图)都是亚里士多德修辞学吗?的确如此:滋养古典手册的一切教化成分都来自亚里士多德。但是,一个系统不只是由其成分规定的,而且也是,并尤其是由其所含对立关系规定的。亚里士多德关于话语现象写过两部著作,但二者非常不同:《修辞术》研究一种公共话语日常通信技艺,《诗学论》讨论一种想象描述的技艺;在前者中,我们关心从观念到观念的话语展开之秩序;在后者中我们关心从形象到形象的作品之展开:对亚氏而言,存在着两种程序各异的方法、两种自主的技术(technai);而且正是这两个系统(修辞学系统和诗学系统)的对立,实际上规定了亚里士多德修辞学。所有承认此对立的作家均可算属于亚氏修辞学;当此种对立被中性化后,当修辞学和诗学被联合以后,当它成为一种诗学的(创造的)技术以后,修辞学即告终止：这一情况大约出现在奥古斯都（Auguste）［以及奥维德（Ovide）和贺拉斯（Horace）时代］以及稍后时代［普罗塔克（Plutarque）和塔西图（Tacite）时代］——虽然昆提连仍然运用着一种亚里士多德修辞学。修辞学和诗学的结合为中世纪的词汇系统所接受，那时诗学的技艺就是修辞学的技艺，修辞学家就是诗人。这种结合是重要的，因为它形成于文学概念之根源：亚氏修辞学所强调的推理作用；elocutio（或修辞格之分布）只是它的一个部分（对亚氏来说只是一个很小部分）；结果情况恰恰相反——修辞学不是相当于"证明"的问题，而是有关组合和风格的问题：文学（全体写作行为）由优美写作来规定。所以，我们必须在亚氏修辞学的总名目下，将一切前于诗学整体化的修辞学看作我们旅行的一个阶段。这个亚氏修辞学是由亚氏本人为我们理论化的，它由西塞罗施行、由昆提连教授并由 Halicarnasse 的德尼斯（Denys）、普罗塔克和《论崇高》的匿名作者所传承。

2. 亚里士多德修辞学

亚里士多德把修辞学定义为："从每一主题中抽取其中所含说服力的艺术"，或者定义为："在每一事例中特别发现其所含说服手段的能力。"也许比这些定义更重要的是如下事实：修辞学是一种<u>技术</u>（techné）而不是一种经验事实，即：<u>产生一种事物的手段，此事物存在与否无关紧要</u>，其根源在于创造性的主体，而不在于被创造的客体，不存在自然的或必然的事物之<u>技术</u>：于是话语既不属于彼也不属于此。——亚氏把话语（oratio）设想为一种信息并使其从属于控制论类型的区分。他的《修辞学》第一章是关于信息发送者的书、演说家的书；它主要关心论证概念，就其依赖于演说者、依赖于他对听众的适应性而言，它由三种话语（法律的、审议的、夸饰的）组成。第二章是关于信息接受者的、关于公众的：它讨论情绪（激情）以及重新讨论论证，不过这一次是相关于信息被<u>接受</u>（而不再像先前那样相关于被<u>构想</u>）的问题。第三章是关于信息本身的：它相关于 lexis 或 elocutio，即"修辞格"；相关于 taxis 或 dispositio，即相关于话语的组成部分。

3. 似真性

亚里士多德修辞学首先是关于证明、推理、省略三段论（enthymème）的修辞学；它是一种特意简化的逻辑学，适用于"公众"，也就是关于常识、普通意见的修辞学。扩展到文学创作（这并非是其原初的意图）后，它就包含了一种公众美学，而较少包含着一种作品美学。这就是何以在细节上修正和考虑到历史情境之后，它特别适合于我们称为大众文化的产品，在其中亚氏的"似真性"概念起着支配作用，也就是"公众信者即为可能"。这么多电影、通俗小说、商业化文章都会把如下亚氏规则当作座右铭："不可能的似真性比可能的非似真性要好"：说出公众认为是可能的、即使它是科学上不可能的，也比说出什么是真正可能而此可能性却被<u>舆</u>论之集体监督所否定的要好。显然将此大众修辞学与亚氏政治学相比是有趣的；后者，如我们所知，是一种中庸政治学，它偏好一种平衡民主制，后者以中产阶级为中心并致力于消除贫与富、多数与少数之间的对立；由此产生了一种常识修辞学，它可特别归入公共"心理学"范畴。

4. 西塞罗（Cicéron）的修辞学

在公元前 2 世纪时希腊修辞学家群集于罗马；修辞学学校建立

起来，按年龄分班授课；学校中有两门课流行：suasoriae 和 controverses，前者是一种"说服式"作文（特别是按审慎样式），适用于儿童，后者（法律样式）适用于成人。最早的拉丁文著作是《海伦纽修辞学》(*Rhétorique à Herennius*)，一说为柯尼斐希乌斯（Cornificius）作，一说为西塞罗作。在中世纪此书不断被复制，它和西塞罗的《论发明》(*De inventione*) 同为基本写作技巧课本。西塞罗是一位谈论演说技巧的演说家；由此产生了亚氏理论的某种实用化（因此对此理论而言并无新创部分）。西塞罗修辞学包括：(1)《海伦纽修辞学》（假定为西塞罗所作），它是亚氏修辞学的一种简编；然而"问题"的分类在重要性上取代了省略三段论：修辞学被职业化了。三种风格（低、中、高）理论也在此时出现。(2)《论发明修辞学》(*De inventione oratoria*)，这是作者年轻时创作的一部（未完成的）作品，纯属法律性质，主要是有关于"带证体三段论"（épichérème）这种比较发展的三段论，在其中一个或两个前提带有其证明，这被认为是一种"好的论证"。(3)《论演说术》(*De oratore*)，此书直到 19 世纪一直受到高度重视（"一部有关常识的杰作"、"关于健全正确推理的杰作"、"关于宏伟高尚思维的杰作"、"最具原创性的修辞学论著"），似乎以柏拉图为榜样，西塞罗使修辞学道德化了，并对学校教学加以反对：这是有教养者对专业化的反对；此书采取对话形式（对话者有：Crassus, Antoniue, Mucius Scaevola, Rufus, Cotta），它定义了演说家（他必须具备通识教养），并回顾了修辞学的传统划分法（inventio、dispositio、elocutio）。(4)《布卢土司》(*Brutus*)，一部罗马演说术历史。(5)《演说家》(*Orator*)，关于理想演说家的素描；第二部分较富教化作用（Pierre Ramus 曾为其详加注解）：在此规定了演说"数量"的理论,昆提连曾对其加以重复。(6)《*Topiques*》:亚氏《*Topics*》简编,西塞罗在安东尼(Marc Antoine)夺权后于前往希腊的船上,用了8天时间凭记忆写出。(7)《论区分》(*Partitions*),这本小型问答手册,以西塞罗和其子之间的问答形式写成,是其著作中最枯燥和欠缺伦理性的作品(因此成为我偏爱的作品):它是一本完全初级的修辞学,一种教义问答,具有提供全部修辞学分类领域的优点(这是 partitio 的意义所在:系统的分隔)。

5. 西塞罗修辞学

西塞罗修辞学可以用以下特征加以刻画:(1)害怕"体系";西塞罗将一切归诸亚里士多德,但将其去理智化,企图深入关于"趣味"、"自然性"的思辨;这一非结构化的高峰在奥古斯丁(Augustin)的《*Rhetorica sacra*》(《基督教教义》第四书):雄辩术虽然对于基督教演说家是必要的但无需规则;人们只需思想清晰(这是一种恩赐行为),只需关心真理胜于关心词语;这一修辞学的伪自然主义仍然支配着有关风格的学术概念。(2)修辞学的民族化:西塞罗企图将其罗马化(《布卢土司》的意义在此),而且出现了"罗马性"观念。(3)职业经验主义(西塞罗是投入政治生活的法律家)和对较高文化的诉求神秘地结合起来;这种结合将有一个伟大前途:文化成为政治的辞藻。(4)风格的假定:西塞罗修辞学预示了一种 elocutio 的发展。

6. 昆提连的著作

阅读昆提连作品会有一种快感;他是一位好教师,不繁琐,也不作道德说教;其心智既敏锐又擅长分类(二者的组合似乎总是令世人惊异);我们可以赋予他 M. Teste 以其梦想的绰号:Transiit classificando。他是一位由国家任命的官方演说家；其名气生前甚大、死后则衰退，但到了 4 世纪名声复起；路德喜欢他胜于其他学者；伊拉斯谟（Érasme）、培尔（Bayle）、拉方丹（La Fontaine)、拉辛（Racine）、罗兰（Rollin）都对他评价很高。他的《讲演术阶梯》(*De institutione oratoria*) 以 12 个篇章追溯了演说家自幼起的教育过程。这是一个完全的教育培养计划（阶梯的意义在此）。第 1 章讲述基本教育（先勤习语法，再学习演说）；第 2 章为修辞学和其功用下定义；第 3 章到第 7 章讨论 inventio 和 dispositio；第 8 章到第 10 章讨论 elocutio（第 10 章对于如何"写作"提供实际建议）；第 11 章讨论修辞学的次要方面：行动（论说准备）和记忆；第 12 章讨论作为演说家所必需的伦理品质并提出一般文化要求。

7. 修辞学修习期限

教育分三个阶段（在今日法国我们说三个周期）。(1) 语言学习：保姆和教师必须无语言缺欠［克律西波斯（Chrysippe）要求他们受过哲学训练］；父母最好是受过良好教育；学生必须从学习希腊文开始，然后学习读与写；不应体罚学生。(2) 与 grammaticus ［比我们所说的 grammaire（语法）意思要广泛，可以说是获得语法学资格者］一起学习：孩童从 7 岁起随其学习，聆听诗歌讲授和高声朗读（lectio）；学习作文（复述寓言，模仿诗作，引申格言）；随演员学习（朗读台词）。(3) 随修辞家学习：学生应该尽早学习修辞术，也许 14 岁，也许在青春期；教师必须不断亲身示范（但是学生不许起立鼓掌）；两种主要的练习是：a. 叙述（narrations），对叙述论证、历史事件、基本颂词、对比评传、常识引申（论文）等加以概括和分析，按照大纲进行论说（preformata materia）；b. 雄辩术（declamationes），或对假设案例进行论说；可以说是一种虚拟推理练习（因此，雄辩术已非常接近作品的完成）。我们可以看到，这种教育如何强制着言语：言语被全部包围，从学生的躯体中被排除，似乎存在有一种对言谈的天然的禁止，它要求一整套技术、一套完整的教育，以最终摆脱沉默，而且，似乎这种言语，在最终学会、被掌控后，代表着一种和世界之间良好的"客观的"关系，一种对世界和他人的充分掌握。

8. 写作

昆提连在论述比喻（trope）和修辞格（figure）时（第 8 到第 10 章）确立了关于写作的第一部理论。第 10 章针对那些希望写作的人。如何获得这种"扎实的技能"（firma facilitas），即如何克服习见的语言枯燥、白纸上的恐怖（facilitas），以及如何在表达时不致被冗词废话所拖累（firma）？昆提连为写作者概述了一套基本规范：写作者必须经常读写、模仿范例（练习仿写）、不断修改，但只是在内容"澄清"之后，并且知道如何结尾。昆提连指出，手的动作慢，"思想"和写作有两种不同的速度（这是一个超现实主义的问题：如何使写作像思想自身一样快）；但是手的缓慢也有益处：在非口述情况下，写作必须不与声音而是与手、与肌肉相联系，与手的缓慢性相连时，文稿的完成不致过快。

9. 修辞学的概括

亚里士多德修辞学的最后阶段：通过融合而稀释，修辞学不再与诗学对立，而成为一种今日应称为"文学"的卓越概念；它不再只是一种教育学的对象，而是成为一种艺术；因此它既是一种写作理论，也是一个有关文学形式的宝库。我们可以将此过渡归结为 5

点。(1) 在中世纪奥维德经常被引述为是假定了诗歌和演说艺术关系的人；这一比较也被贺拉斯在其《诗学艺术》(Art Poétique) 中肯定，此书的内容往往是修辞学性质的（<u>风格理论</u>）。(2) Halicarnasse 的德尼斯，奥古斯丁同时代的希腊人，在其《论造句法》(De compositione verborum) 中放弃了亚里士多德修辞学中的一个重要成分（省略三段论）而关注一种新的价值：句子的运动；在此出现了一种关于风格的自主概念：风格不再依附于逻辑（主语在谓语之前，实体在语法之前），词序的变动只由韵律值引导。(3) 在普罗塔克的《Moralia》中我们发现一篇"少年学诗法"，它将文学美学彻底地道德化了；普罗塔克作为柏拉图主义者企图取消柏拉图对诗人的限制；怎么做呢？正是通过把诗学和修辞学统一起来；修辞学是这样一种手段，按此可使被模仿的行为（往往是受指责的行为）"脱离"开对其模仿的（往往是受称赞的）艺术；从此刻起可以从美学角度读解诗人，也可以从道德角度读解诗人。(4)《论崇高》(Peri Hypsous) 是公元 1 世纪的一部匿名著作〔曾被误归为隆然 (Longin) 所作，并由布瓦洛 (Boileau) 翻译〕：它是一种"超越的"修辞学；sublimitas 实际上是指风格的"提升"；它就是风格本身（在"有风格"这样的表达中）；它体现了<u>文学性</u> (littératurité)，作者用一种热烈的、激动的语调对其加以维护："创造性"的神话开始褪色。(5) 在《讲演者的对话》((Dialogue des orateurs，其真实性有时受到质疑）中，塔西陀将雄辩术的衰颓原因加以政治化：这些原因不是时代的"趣味低劣"，而是杜米提安 (Domitien) 的暴虐，后者使论辩沉默并使诗歌变成一种无使命感的艺术；但正因如此，雄辩术转化为"文学"，它穿透文学并构成文学（雄辩术结果意指着<u>文学</u>)。

(五) 新修辞学

1. 一种文学的美学

我们称新修辞学或"第二智者派"为文学的美学（修辞学，诗学，文学批评），它于公元 2 世纪到 4 世纪盛行于统一的希腊罗马世界。这是一个（主要在中东地区）有利于休闲社会的和平、商业、交易的时期。新修辞学的确普遍流行；同样的修辞格人人学习，包括北非的圣奥古斯丁、黎巴嫩的异教徒、希腊东部 Nazianze 的圣格里高利。此一文学帝国建筑在一种双重背景上：（1）智者派传统：并无政治归属的小亚细亚的演说家们企图并无贬义地复活他们相信自己在模仿的智者派的名字（高尔吉亚）；这些完全是哗众取宠的演说家们声名远播。（2）修辞学传统：它无所不包，不再与任何临近的观念冲突，吸收一切言语；它不再是一种（专门化的）技艺（technè），而成为一种"一般文化"，甚至成为一种民族的教育（在小亚细亚范围内）；智者派成为学校的指导者，由帝王或城市任命；在其领导下的教师是修辞家（rhetor）。在这一集体机构中我们不知具体人名：有许多作者，我们只能通过菲洛斯特拉（Philostrate）的《智者派的生活》（*Vie des sophistes*）一书了解到此一运动的存在。这种言语教育的内容如何？对此我们必须再次区分组合段的修辞学（词类）和聚合体的修辞学（修辞格）。

2. 雄辩术 (declamatio) 和作诗学 (ekphrasis)

在组合段层次上一种主要的训练是雄辩术（mélétè）；这是对某一主题的规则性的即兴作品；例如，Xénophon 拒绝比苏格拉底活得更久；克里特岛人宣称他们拥有宙斯的坟墓；与雕像恋爱的人，等等。即兴之作将词类问题（dispositio）推移到背景地位；不具说服目的、纯属辞藻性的话语,被解构为、解剖为一系列松散的片段,按照一种"狂诗类"(rhapsodique)模型排列起来。主要的片段(它们受到高度赞扬)是 descriptio 或 ekphrasis。ekphrasis 是一种选编,可以从一种话语转换到另一种话语:这是一种对地点和人物的规则性描述(某种中世纪文体的起源)。在此首先出现了一种新的组合段单元 morceau(片段):它比传统话语词类要短,但比复合句(période)要长。这种单元(风景或肖像描述)放弃了演说型(法律的、政治的)话语,而与叙事、与故事线索联系起来:我们再次看到,修辞学与文学"重叠"着。

3. 雅典式/亚细亚式

在聚合体层次上,新修辞学提出了"风格"的假定;它赋予以下辞藻性因素以基本价值:拟古风,延伸隐喻,对偶法,押韵句。因为这种趋于雕琢风格的倾向引起反响,两个流派之间起了争执:(1)雅典派,主要由语法家、纯净语汇维护者加以支持(今日仍然存在有关"纯净"的"去势"原则);(2)在小亚细亚,亚细亚派指一种华丽风格的发展,它倾向于标新立异、矫揉造作;在此"修辞格"起着一种主要的作用。亚细亚派受到公开贬斥(并持续受到来自雅典派①古典美学的贬斥)。

---

① 雅典派:这种种族优越论显然引起了一种阶级种族主义:不要忘记"古典的"(古典主义)一词产生于 Aulu-Gèle(公元 2 世纪)提出的在作者 classicus 和 proletarius 之间的对立;暗示着 Servius Tullius 的构成,它按照财产多寡将公民分为 5 类,其中第一类形成了 classici(proletarii 在此分类之外);所以,<u>古典</u>(classique)在字源上意味着属于社会"上层"(在财产和权力方面)。

(六) 学术三科（Trivium）

1. 教育的论争结构

在古代，文化的主干基本上是口头施教和相关的抄录［口授论文和速记员的 technai（技术，技艺）］。到了 8 世纪后，教授转而采取了一种论争的方式，反映了一种尖锐斗争的局势。自由学校（包括寺院的或教会的学校）交由任一导师主导，往往是年轻（20 岁左右）导师；一切取决于"成功"：阿贝拉尔（Abélard），一位天才学生，"击败"了他的老师，吸引走了老师的付费听众，并建立了他自己的学校。财务竞争紧密地联系于思想的竞争，这位阿贝拉尔迫使他的老师——Champeaux 的纪尧姆（Guillaume）放弃了实在论：他消除了实在论，从任何观点看均如此。论争结构符合于商业结构：经学士（scholasticos）（教师、学生或从前的学生）是一位思想战斗者和一位职业竞争者。存在有两种学校运作：（1）课程（leçon），一套文本（如亚里士多德的或圣经的）的阅读和解释，包括：a. 说明（expositio），按照一种细分法（一种分析的狂热）来解释文本；b. 提问（quaestiones），文本中的命题可以有正反两种：通过反驳对其加以讨论和决定；每一推理必须以三段论形式表达；课程渐渐被忽略了，因为其内容枯燥。（2）辩论（dispute），一种仪式，一种辩证对决，由教师主导；历经几日后，由教师决定胜负。大致来说，此中牵扯到的是一种竞技文化：人们训练言语运动员；言语是某种特权和某种规则化权力的对象，攻击是被编码的。

2. 书写文本（écrit）

至于书写文本，它并不像今日那样具有原创性价值。我们称作作者的事物尚不存在。在唯一使用的、在某种意义上像增值的资本似的被管理的古代文本中，存在有种种职能：（1）抄写者（scriptor）仅从事抄写工作；（2）编辑者（compilator）为所抄录内容做文字加工，但不增加内容；（3）评论者（commentator）对所抄录的东西进行内容加工，但仅为了使其可读通；（4）写作者（auctor）提供本人思想但永远依赖于其他权威。这些职能之间并无明确等级划分：例如，评论者可能具有今日大作家享有的特权［例如 12 世纪时的皮埃尔·埃利（Pierre Hélie）的绰号即为"评论者"］。我们可能以时代误会方式称作作家（écrivain）的人，在中世纪时基本上指：（1）传承者（transmetteur）：他传承作为古代珍宝的某种绝对内容，后者即权威根源；（2）组编者（combinateur）：他有权"分裂"过去作品，进行不断分解并将其重新组合［现代意义上的"创造"，如果说已出现在中世纪了，它即指一种去圣化（désacralisée）行为，结果有助于结构化过程］。

3. 学术七艺（septennium）

在中世纪，"文化"是一种分类学，一种"艺术"（arts）的功能网络，即服从规则的语言［那个时代的字源学使 art 相关于 arctus，后者意味着 articulé（被分节连接）］，而艺术被称作"自由的"，因为它不用于赚钱（对比于 artes mechanicae，即手工劳作）：它们是一般性的、奢侈的语言。这种自由艺术取代了"一般文化"，后者被柏拉图以哲学本身的名义加以拒斥，但其后哲学重新宣称［被伊索克拉克（Isocrate）］其为哲学的入门。在中世纪，哲学本身被归结为作为诸艺（Dialectica）之一的一般文化。一种自由文化不再服务于哲学而是服务于神学，后者始终存在于七艺（Septennium）

之外。为什么是"七"呢？早在瓦龙（Varron）时代我们就发现有一种自由艺术理论，它的科目数目是"九"（除了上述七种以外，再加上医学和建筑）。这个学科结构不断重复着，直到 5 世纪、6 世纪时被马蒂纳斯·卡佩拉（Martianus Capella，一位非洲异教徒）加以规范化。他以一种比喻的方式使七艺体系化，在《水星和语史学（Philologie）》（此处"语史学"意指全体知识）中说：语史学，这个才艺处女，被许配给了水星。她从自由七艺中获得了结婚礼物，其中每一个均有其象征、服饰和语言。例如，语法学是一位老妇，她住在雅典并穿罗马式衣服；在一个小首饰盒内她拿出一把锉刀来修改学童的错误。修辞学是一位美丽女子，衣服上绣满花样，她手持武器，正要击伤她的对手（说服性修辞学和辞藻性修辞学并存）。马蒂纳斯·卡佩拉的这些比喻广为人知。我们可在巴黎圣母院、夏尔特尔教堂的墙上看到它们的雕像，也可以在波提切利（Botticelli）的作品中看到它们的画像。波伊斯（Boéce）和卡西奥多尔（Cassiodore，6 世纪）详述了关于七艺的理论，前者把亚里士多德的《工具论》转变为《辩证法》（Dialectica），后者假定自由艺术永恒地刻录在神的智慧中和《圣经》里（《诗篇》中充满了"形象"）：修辞学获得了基督教的支持，它合法地从古代移入基督教西方（以及移入近代）；这一权力受到查理大帝时代的贝德（Bède）的认可。七艺的内容是什么呢？首先，我们应注意它反对什么：一方面，它反对技术（"科学"，作为公平的语言，属于七艺）；另一方面，它反对神学（七艺 在其人性中组织人性；这种性质只可能被基督肉身所瓦解，后者在分类学中采取了语言颠覆的形式：造物主变为被造者，处女受孕等等：*in hac verbi copula stupet omnis regula*）。七艺被分为两个不对称的部分，二者对应于两条智慧之路：三科（Trivium）包括语法学、辩证法和修辞学；四科（Quadrivium）包括音乐、算术、几何和天文（后来增加了医学）。三科和四科的对立不再相当于文学和科学的对立，对立存在于言语秘密和自然秘密之间。①

4. 三科的历时性作用

三科（我们在此只关注它）是一种言语分类学，它证实了中世纪时人们对在人类内部、自然内部、创造物内部建立言语的位置所做的持续努力。在此时期，言语还不是像后来那样作为另外一种事物（灵魂、思想、激情）的工具、器具、中介；它吸收着全部心理事物；言语，不是经验事物，不是心理事物，不是表达，而是直接的构造。因此，十个世纪以来，三科中重要的不是一个学科的内容，而是三个学科间的相互作用：从 5 世纪到 15 世纪，学科的领先地位，从一科转到另一科，于是在中世纪的每一阶段，都由一个学科占据支配地位。先是修辞学（从 5 世纪到 7 世纪），然后是语法学（从 8 世纪到 10 世纪），最后是逻辑学（从 11 世纪到 15 世纪），轮流地支配着处于弱势的姐妹学科。

---

① 关于七艺存在一个易记表：*Gram*（matica）loquitur. *Dia*（lectica）vera docet. *Rhe*（torica）verba colorat. *Mu*（sica）canit. *Ar*（ithmetica）numerat. *Ge*（ometria）ponderat. *As*（tronomia）colit astra.

阿兰·德·利勒（12 世纪）的一个比喻说明了这个系统的全部复杂性：七艺为引导人类的先知提供了一部战车：语法学提供了车柱，逻辑学（或辩证法）提供了车轴，修辞学用珠宝美饰车轴；四科提供了四个轮子，马匹是五官，由理性（Ratio）管理；乘车者包括圣灵、圣母和上帝；在人类力量未达极限时，神学就接替了先知（教育是一种救赎）。

修辞学

5. 修辞学作为补充（supplément）

古代修辞学在高卢的几个罗马学派传统中以及在若干高卢修辞学家的著作中延续下来。像是奥索尼厄斯（Ausonius，310—393）、波尔多地区的语法学和修辞学，以及西杜瓦纳·阿波里耐（Sidoine Apollinaire），Auvergne 的主教。在贝德（Béde le Vénérable，673—735）充分地把修辞学基督教化（由圣奥古斯丁和卡西奥多尔开始的任务）之后，查理大帝把修辞学中的修辞格纳入其学术改革中，指出《圣经》本身充满着修辞格。修辞学长期以来并未流行；很快地它被"夹在"语法学和逻辑学之间，居于三科中的软弱地位，直到能够作为"诗歌"和更一般地作为"文学"而获得辉煌的复兴。由于语法学［我们记得马蒂亚努斯·卡佩拉（Martianus Capella）的锉刀］和逻辑学的决定性胜利所造成的修辞学的这种软弱性，也许源于如下事实：它被完全推向了辞藻性，即推向被视为不重要的部分——相对于真理和事实而言（"指称性"魔鬼的第一次出现①）：它因此似乎成为其后所是的那样。（"修辞学提供着最后的润色，完成着姐妹学科的工作，并以完善的方式美化着事实。"）这种中世纪的修辞学主要是由西塞罗的著作（*Rhétorique à Herennius* 和

---

① 这个幻影仍然在处处漫游。在今日法国之外，在某些国家里，相对于过去的殖民时代，必须把法文贬低为外国语言身份，人们宣称，应该教授的是法国语言，而不是法国文学：似乎在语言和文学之间存在着一个界限，似乎语言在此而不在彼，似乎它可以停止在某处，在此之外只存在着不重要的补充，其中含有文学。

De inventione）和昆提连的著作（对于教师比对于学生更著名）所提供，而它只相关于辞藻、修辞格、"彩色"（colores rhetorici）或稍后诗歌艺术（artes versificatoriae）的论述。dispotio 只是从 discours（ordo artificialis，ordo naturalis）的初学角度论述。提到的修辞格只是增扩和简化。风格相关于维吉尔（Virgile）的三种车轮①：gravis，humilis，mediocrus，以及两种辞藻：facile 和 difficile。

6. 训诫（sermons），陈述（dictamen），诗艺（poétiques）

《修辞学》的范围包括三种规则、三种科艺（artes）。（1）Artes sermocinandi（训诫类）：这是一种一般的演说术（严格说，修辞学的对象），即基本上是训诫或劝诫式（parénétiques）论述（道德劝喻）；训诫可以用两种语言来写：sermones ad populum（对于教区民众）用通俗语言写，而 sermones ad clerum（对于宗教会议、学校、寺院）用拉丁文写；但是每一种都是用拉丁文准备的，通俗语言只是一种翻译。（2）Artes dictandi，ars dictaminis，书信体：查

---

① 维吉尔车轮是一种由 3 种风格组成的比喻分类法。车轮的 3 个部分的每一个都聚集着齐一的词语和象征的组合：

Énéide	Bucoliques	Géorgiques
gravis stylus	humilis stylus	mediocrus stylus
miles dominans	pastor otiosus	agricola
Hector, Ajax	Tityrus, Meliboeus	Triptolemus
equus	ovis	bos
gladius	baculus	aratrum
urbs, castrum	pascua	ager
laurus, cedrus	fagus	pomus

理曼之后，行政制度的发展涉及一种行政对应理论：dictamen（相关于听写书信），dictator 是一种需要教授的公认职业，教皇枢机的口述文为其范例：stylus romanus 优于其他文体。出现了一种风格概念 cursus，文本流畅的质量，通过韵律和重音标准来掌握。(3) Artes poeticae：诗歌首先是 dictamen 的组成部分（散文和诗歌之间的对立，长期以来都是模糊的）；其次，artes poeticae 承担着 rythmicum（韵律学）之责，从语法学借取拉丁文诗歌，并开始通向想象的"文学"。出现了一种结构的重组，它使得在 15 世纪末出现了"第一修辞学"（或一般修辞学）和"第二修辞学"的对立，由此产生了诗歌艺术，如龙萨（Ronsard）的诗歌。

语法学

7. 多纳（Donat）和普里什（Priscien）

在罗马征服之后，文化的领先者是凯尔特人、英国人和法兰克人，他们必须学习拉丁文语法。加洛林王朝人，通过 Fulda、Saint-Gall 和 Tours 等地著名的学派，提升了语法的重要性。语法学引导着一般教育、诗歌、礼拜仪式、圣经。除严格来说的语法之外，它还包括诗歌、诗韵学和一些修辞格。中世纪的两大语法权威是多纳（Donat）和普里什（Priscien）。(1) 多纳（350 年左右）创造了一部简易语法（ars minor），用问答形式处理了 8 种词类，并创造了一部高级语法（ars major）。多纳享有盛名，但丁使其升入天堂（与普里什形成对比）。该书的若干页属于最早的印刷著作，与圣经类似。他以自己的名字为此初级语法著作命名：donats。(2) 普里什（5 世纪末 6 世纪初）是一位毛里塔尼亚人，拜占庭的拉丁文教师，受过希腊理论教育，特别是斯多葛的语法理论。他的 *Institutio grammatica* 是一部标准语法（*grammatica regulans*），不是哲学的，也不是科学的；该书有两个简写本：*Priscianus minor* 讲述句法，*Priscianus major* 讲述词法。普里什提供了许多取自希腊文士的例子：人是基督徒，但修辞学家可以是异教徒（我们知道这个二分法的后来发展）。但丁把他送进第七层地狱，鸡奸者层：即表明他是变节者、醉鬼、疯子，但是一位著名学者。多纳和普里什代表着绝对法则，除了与拉丁文圣经相违背之处：语法只能是标准的，因为人们认为言语的"规则"是这些语法学家发明的。它们由注释者（如皮埃尔·埃利）和诗歌语法家（极为流行）广泛传布。直到 12 世纪，语法学包括语法和诗歌，既讲述"精确"也讲述"想象"，以及讲述字母、音节、短语、句子、比喻、韵律。它对修辞学——某些修辞格的贡献甚少。它是一门基本科学，与一门伦理学（人类智慧的一种，表达于神学以外的文本中）结合在一起："关于良好说写的科学"，"一切哲学的摇篮"，"一切文学研究的第一保姆"。

8. 语式论者（Modistae）

在 12 世纪，语法学（grammatica）再次成为思辨性的（他们和斯多噶派人在一起）。所谓<u>思辨语法</u>是被称作语式论者的一批语法家的作品，因为他们的论述标以 De modis significandi 的名称。其中很多人来自斯堪的纳维亚的寺院，那时叫做 Dacia，而更多的人来自丹麦。伊拉斯谟谴责语式论者的拉丁文粗野，因为其使用的定义混乱、概念区分过细。实际上，他们为两个世纪中的语法学奠定了基础，而我们至今仍然得益于他们的一些思辨名词（例如：instance)。语式论者的论述有两种形式：modi minores，它以 modo positivo 方式，即不含批评讨论的方式，简明地、按照教学需要地直陈内容；modi majores，以 quaestio disputata 形式，即正误问答方式，其论述问题的专门性逐渐加深。每一著述包括两部分，按照普里什的方式，这就是 Ethymologia（词形学）——拼写错误是一个时期的问题，它对应着 Étymologie 这个词的错误字源——和 Diasynthetica（句法学），但它的前面增加了一个理论性导论，有关于 modi essendi（存在和其属性）、modi intellegendi（具有存在的诸面相）和 modi significandi（语言层次）之间的关系。语言层次本身包括两部分：(1) désignation 对应着 modi signandi，其成分是：voice，声音能指，和 dictio，词—概念，一个一般性意素（在 dolor 中，doleo 是悲伤的意思）。语言层次还不属于语法学：vox，声音能指，依赖于<u>自然哲学</u>（应当说语音学），而 dictio 指涉该词的静止态，它还未被任何关系概念所激发，所以不为语言的逻辑家所掌握（它相关于我们称作词汇学的东西）。(2) 当我们为 désignation 增加了一种意图性后就达到了 mode significandi 层次，在此层次上，在 dictio 是中性的这个字词，具有了一种关系，它可被理解为"可造句的"：它被插入句子的较高单元内，于是它开始属于思辨语法家和语言逻辑家范畴。因此，不要像有人不时会谴责语式论者把语言变成了术语系统那样，相反，我们正应祝贺他们：对他们来说，语言不是开始于 dictio 和 significatum，即不是开始于词—记号，而是开始于con-significatum 或 constructibile，即开始于关系，开始于 inter-signe（记号间）关系：因此赋予句法，赋予词形变化（flexion）、支配关系（rection）以优先性，而不是赋予意素以优先性，简言之，赋予<u>结构化</u>以优先性，后者也许是对 modus significandi 最好的翻译。因此，在语式论者和某些现代结构主义者（如叶姆斯列夫和语言符号学，乔姆斯基和语言能力观）之间存在着类似性：langue 是一种结构，而这种结构在某种意义上是由存在（modi essendi）的结构和精神（modi intelligendi）的结构所"保证"的；存在有一种<u>普遍语法</u>。这是一种新颖观念，因为一般相信存在着众多语法，正如存在有众多语言：在一切语言中，相对于内容来说，语法是同一的，虽然它可能偶尔改变。因此，不是语法家而是哲学家，通过检验事物的性质而发现了语法。

逻辑学（或辩证法）

9. Studium 和 Sacerdotium

逻辑学在 12 世纪和 13 世纪主宰一切：它排挤了修辞学并吸收了语法学。这一斗争采取着学派冲突的形式。在 12 世纪前半叶，特别是 Chartres 的诸学派发展了语法学教学（在我们讨论的广义上），即 studium，具有一种文学方向；与之对立的是巴黎学派发展了神学哲学，即 sacerdotium。结果巴黎战胜了 Chartres，sacerdotium 战胜了 studium，语法学被逻辑学所吸收：伴随而来的是异教徒文学退却、方言热情强化、人本主义衰颓、朝向谋利学科（医学、法律）的冲动增加。辩证法，最初由西塞罗的 *Topiques* 和最早引介亚里士多德的博伊斯（Boèce）的著作所讨论，其后在 12 世纪和 13 世纪，在亚里士多德（显著地）二次来临之后，由涉及三段论辩证法的全体亚氏逻辑学所讨论。①

10. Disputatio

辩证法是一种有关实际言谈、对话的艺术。这种对话并非柏拉图式的，谈不到被爱者原则上对导师的服从。在这里"对话"咄咄逼人，它关系到并非预定的胜利：这是一场有关三段论的斗争，亚氏由两位对手扮演。辩证法最后与一种运动、一种说明、一种仪式、一种竞技 disputatio（可称之为对手之间的争论）相混合。程序（或礼仪）是 sic et non：在同一个问题上搜集矛盾的证词；运动使对手和其应答者对峙；应答者通常是备选者：他对对手提出的异议进行应答；有如在音乐学院里的竞争，对手随时待命：他是一位同学或被校方指派。提出论题，对手反驳（sed contra），候补者应答：

---

① 在引述中世纪的某些古代材料来源时要记住，可以说无与伦比的文本间资源（fonds），永远是亚里士多德，甚至于在某种意义上，是亚氏和柏拉图的对立。柏拉图部分地为奥古斯丁所继承，并在 12 世纪时由沙特尔（Chartres）学派（与主张亚氏"逻辑学"的巴黎学派对立的一个"文学"学派）和圣维克多主教所发展。但是，在 13 世纪实际的翻译作品只有《斐多篇》和《美诺篇》，甚至于这两部书也鲜有人知。在 15 和 16 世纪发生了以柏拉图名义［马尔西利·菲奇（Marsilie Ficin）和焦尔达诺·布律诺（Giordano Bruno）］进行的反亚氏的激烈斗争。至于亚里士多德，他分两个阶段进入中世纪：第一阶段，是 6 和 7 世纪，部分通过马蒂亚努斯·卡佩拉、波菲雷（Porphyre）的《范畴篇》和博伊斯。第二阶段，主要是在 12 和 13 世纪：在 9 世纪，亚氏的全部著作被译成阿拉伯文；在 12 世纪可以看到亚氏全部著作的翻译，或者译自希腊文，或者译自阿拉伯文：《后分析篇》、《Topiques》、《Réfutations》、《物理篇》、《形而上学》等极为流行；亚氏被基督教化了（圣托马斯）。亚氏的第三次出现是 16 世纪时在意大利、17 世纪在法国《诗学》的出现。

结果由作为主持人的教师裁决。disputatio 无处不在。① 它是一种竞技：导师们每周一次当着学生面彼此争论；学生在考试时进行争论。争论在主持的导师姿态示意允许下进行（在拉伯雷的著作中可看到对这类姿态的模仿描述）。这一切都在论述中被编码、被仪式化，细致地规定着 disputatio，以免讨论走题：这就是 Ars obligatoria（15 世纪）。disputatio 的主题材料来自亚氏修辞学的论证部分（通过其 Topiques）；它包括 insolubilia，极难证明的命题，impossibilia，任何人均无法解决的论题，sophismata，套语和谬论，后者供大多数争论之用。

11. disputatio 的神经病学意义

如果我们想评估这样一种练习的神经病学意义，无疑要回到希腊的 machè 问题，那种论战感觉使希腊人（之后是西方人）不能容忍主体在其中自我矛盾的一切表达：它足以迫使对手自相矛盾，以便将其贬低、消除、消灭：Calliclès（在《高尔吉亚篇》）不再回答，宁肯自我矛盾。三段论就是造成这种消灭的武器，它是导致胜

---

① 甚至于耶稣死在十字架也被纳入 disputatio 的概要中（今日一些人会把将耶稣受难记作为学派练习一事看作亵渎神圣；反之，另一些人欣赏中世纪的心灵自由，后者使得思想的"戏剧上演"毫无禁忌）：将近第 3 个或第 4 个小时时，神学导师登上布道坛去参与论辩和提问。一位参加者对此问题进行回答。回答之后，导师对问题进行总结。当导师想要给他颁发奖章之时，他只能按照回答者所说的内容做出结论。这正是基督当日在十字架上所做的，当他进行论辩时。他向天父提出问题：上帝，我的上帝，为什么你要抛弃我？天父回答说：我的儿，不要轻视你亲手完成的作品。因为天父如无你就不可能成就人类。而基督答称：我的天父，你极好地结束了我的问题。在你的回答之后，我将不会再有其他的解答。

利的不可战胜的匕首:争论双方必欲阉割对手(由此产生 Abélard 的神话片段,他是被阉割的阉割者)。神经病的爆发如此激烈,必须被符码化,自恋的伤痕受到限制:逻辑学变成竞技(正如今日许多那些被压抑的、处境较差的人的争论冲动,被"转化为足球迷恋"):这是 éristique。帕斯卡尔看到了这个问题:他企图避免使他人和自己陷入尖锐矛盾;他想"纠正"他人而不致使其受伤至死,向其显示他只需要"完善"自己(不需自我否定)。disputatio 消失了,但是语言竞技的(游戏的、仪式的)规则问题保留下来:今日在写作中、讨论中、会议中、会话中甚至于在私人生活"场景"中,如何进行争论?我们解决了三段论(甚至当它被伪装时)的问题了吗?只有对我们的思想话语的分析,有朝一日能够以某种精确性来对此回答。[①]

12. 三科的重组

我们看到,三种自由科艺彼此为了优先性而斗争(最终有利于逻辑学):重要的实际上是在其变化中的三科的系统。当时的人对此是了解的:一些人企图按自己的方式改造全部口语文化。圣维克多(Hugues de Saint-Victor,1096—1141)使逻辑科学和理论科学、实用科学、机械科学等对立起来。逻辑学涉及三科学的全体,它成为无所不包的语言科学。圣博纳旺蒂尔(Saint Bonaventure,1221—1274)企图将一切形式的知识加以整理,使其服从神学。特别是逻辑学,或有关解释的科学,包含着语法学(表达)、辩证法(教育)和修辞学(劝说)。语言为了和自然、和恩惠对立,似乎再

[①] Charles Perelman, L. Olbrechts-Tyteca: *La Nouvelle Rhétorique. Traité de l'argumentation*, Paris, PUF, 1958 (2 vol.).

次吸收了一切精神现象。但是，特别是（因为这预示着未来），自12世纪起，必须称之为文学的某种东西和哲学分离开来了。对于让·德·萨利斯伯里（Jean de Salisbury）来说，辩证法在一切具有抽象性结果的学科内起作用；反之修辞学搜集了辩证法所排除的一切：它是假设的领域［在古代修辞学中，假设和论断（thèse）对立，有如偶然和一般相互对立，参见二、（一）25］，这就是说，一切包括具体情况的东西（谁？什么？为何？如何？）；因此，出现了产生重大神话性成就的对立（至今仍然存在着）：具体和抽象之间的对立；文学（来自修辞学）是具体的，哲学（来自辩证法）是抽象的。

（七）修辞学的死亡

1. 亚里士多德的第三次出现：诗学

我们已看到，亚氏在西方已经出现两次：一次是在6世纪，通过博伊斯；一次是在12世纪，来自阿拉伯人。第三次，通过亚氏的《诗学》出现。《诗学》在中世纪鲜为人知，除了少量被歪曲的摘编。但是在1498年的威尼斯第一次出现了根据原本完成的拉丁文译本。1503年出现了第一个希腊文译本。在1550年出现了由一批意大利博学者（Castelvetro，Scaliger——来自意大利——Veda主教）所注释的《诗学》。在法国，此书鲜有人知，由于意大利的影响，此书才对17世纪的法国产生了影响。17世纪30年代出现了许多亚氏的崇拜者。《诗学》为法国古典主义提供了它的主要部分：一种似真性（vraisemblable）理论。它成为文学"创造"的法规，相关的理论家包括作家、批评家。修辞学的主要对象是"良好写作"（bien écrire），是风格，它被限制在教育领域，而在此它取得了胜利：这是教师的领域（耶稣会会士）。

2. 胜利和消亡

修辞学取得了胜利，它支配着教育。修辞学在消亡，它被限定在此领域，逐渐失去了伟大的思想威信。威信的丧失是由于一种新价值的上升：（有关事实、观念、感情的）证据（évidence）。证据是自足的，不需要语言，或者至少宣称不再使用语言，除非将其当作一种<u>工具</u>、一种中介、一种表达。这个"证据"，自 16 世纪起，采取了三种方向：个人的证据（在新教主义中），一种理性的证据（在笛卡儿主义中），一种感性的证据（在经验主义中）。修辞学，如果它被容忍的话（在耶稣会的教育中），不再是一种逻辑学，而成为一种颜色，一种辞藻，它在"自然的"名义下被认真检视。毫无疑问，帕斯卡尔对于这种新精神提出了一些假定，因为由于他的作用，我们看到了近代人本主义对修辞学的反对。帕斯卡尔所要求的是一种心灵论修辞学（一种劝说艺术），本能地适应于事物的复杂性〔适应于灵敏的感觉（finesse）〕。口才不在于将外在的法则应用于话语，而在于认识到心中萌生的思想，以便可以在与他人说话时能够重复这一运动，并使其达到真理，有如他自己凭自力所发现的一样。话语的<u>秩序</u>并无内在的性格（清晰或对称），它依赖于思想的性质，语言为了"正确"，必须与思想符合。

3. 耶稣会的修辞学教育

在中世纪末期，我们看到，修辞学的教育渐渐失去作用。然而它继续在某些学校、在英国和在德国存在着。在 16 世纪，这一传统被制度化，采取了一种稳定的形式，首先，由耶稣会会士经办的圣哲伦中学在列日建立。在斯特拉斯堡和尼姆依例创建了学院：法国三个世纪的教育形式确立了下来。很快地按照耶稣会模式建立了40座左右的学院。1586年，6位耶稣会会士组成的小组为此教育形式制定了法规。这就是1600年巴黎大学通过的 Ratio Studiorum（学习规章）。这个规章确立了"人文学"（humanités）和拉丁文修辞学的领先地位。它遍及全欧洲，而在法国取得最大的成功。规章的潜力无疑来自这样的事实：在它所予以合法化的意识形态里存在有一种有关学术训练、思想训练和语言训练的共识。在此人文学的教育中，修辞学本身是一种高贵主题，它支配着一切。学术奖赏只为修辞学、翻译术、记忆术而设。但在特殊考试结束时一种修辞学奖项则颁发给得第一的学生，他因此被称作（头衔十分重要的）imperator 或 tribun（我们不要忘记言语是一种力量，甚至于是一种政治力量）。直到1750年左右，科学以外，辩才（éloquence）成为唯一的荣誉。在耶稣会衰落的这一时期，修辞学从共济会获得了新的支持。

4. 论述和手册

修辞学的典规极其繁多，至少在18世纪末以前如此。很多论著（16世纪和17世纪）是用拉丁文写出的，它们是由耶稣会会士完成的学术手册，特别是由长老 Nuñez、Susius、Soarez 等人撰写的手册。例如，长老 Nuñuz 的"原理"由5个部分组成：预备练习，3个主要修辞学部分（选材，布局和风格），以及一个道德学部分（"智慧"）。但是，用方言撰写的修辞学则大为扩充（我们将只举法文的例子）。在15世纪末修辞学主要是诗学（做诗的艺术，或者是第二修辞学的艺术）。我们应该列举以下作者及著作：皮埃尔·法布里（Pierre Fabri）的 *Grand et Vrai Art de Pleine Rhétorique*（从1521年到1544年，共出了6版）和安托万·福克林（Antoine Foclin)（Fouquelin）的 *Réthorique française*（1555），后者包括了有关修辞格的清晰完全的分类。在 17、18 世纪，实际上直到 1830 年左右，修辞学的论著主导着学界。这些论著一般涉及聚合体修辞学（"修辞格"）和组合段修辞学（"修辞句法结构"），这两个范畴被认为是必需的和互补的，以至于在 1806 年的一个商业化摘要版，可以把两个最著名的修辞学家作品结合起来：迪马赛（Dumarsais）的修辞格和迪巴特（Du Batteux）的修辞句法结构。在 18 世纪，拉米（P. Bernard Lamy）（1675）的 *Rhétorique* 无疑是关于言语的最完善的论著，"不止对学校有用，而且也对生活的各个方面、对做买卖"有用。显然，它是以语言和思想的外在性原则为基础的：心里先有一幅"图画"，然后设法用文字表达之。对 18 世纪而言，迪马赛的书 *Traité des Tropes*（1730）是最著名的（此外也是最富有智慧的）；迪马赛一生穷途潦倒，经常参加 D'Holbach 非宗教社团的聚会，并且是一名百科全书派学者。他的著作并不限于修辞学，而是一种关于意义变化的语言学。在 18 世纪末和 19 世纪初，许多古典著作照旧出版，完全不关心大革命的冲击和随后发生的变化（Blair，1783；Gaillard，1807：*La Rhétorique des demoiselles*；Fontanier，1827——此书最近再版并由 G. Genette 作序）。在 19 世纪，修辞学只是由于人为的维持和官方规定的保护才残存下来；手册和论著的标题方式改变甚巨：1881，F. de Caussade，*Rhétorique et Genres littéraires*；1889，Prat，*Éléments de Rhétorique et de Littérature*：文学在将修辞学扼杀之前仍然是支持它的力量。但是旧修辞学在消亡之前又受到了"风格心理学"的挑战。

5. 修辞学的终结

但是，断定修辞学消亡就意味着我们能够详述取代它的东西是什么，因为，我们按照历时性历程充分地看到，修辞学必定永远在与相邻学科（语法学，逻辑学，诗学，哲学）的结构性互动中被读解：它是系统的游戏，不是其中每一个部分在历史上都是重要的。我们可以总结说，在这个问题上存在有几个不同的研究方向。（1）应当对这个词的现代词汇学进行检讨：如今它在何处仍被接受？有时它仍然保持着原始的内容、个人的解释，从作家处，而不是从修辞学家处［波德莱尔（Baudelaire）和内在修辞学（rhétorique profonde），瓦莱里（Valéry），波扬（Paulhan）］。但是，我们首先应该对其现代含义范围进行重新组织：有人持其贬义①，有人持其分析性②，而又有人对其进行重估③，以为此旧修辞学重绘意识形态过程史。（2）在教育界，修辞学论述的终止时期通常难以确定。1926 年，贝鲁特的一位耶稣会会士用阿拉伯文写了一部修辞学手册；1938 年比利时人 M. J. Vuillaume 出版了另外一部；修辞学和高级修辞学课程只是到了晚近才消失。（3）在什么程度上，以何种保

---

① 神秘主义者的"不"之诡辩术："彻底自贬以求全"。"损毁性逻辑，通过一种容易解释的矛盾语，使保守派高兴：它是无伤大雅的；它什么也未触及而消除了<u>一切</u>。它毫无实效，归根结底不过是修辞术。若干虚假的情绪，若干语言操弄，根本无助于改变世界。"见萨特：*Saint-Genet*，191 页。

② J. 克莉斯特娃：*Sèméiotikè*，巴黎，Seuil 出版社，1969（收入 "*Points*" 丛书，1978）。

③ μ 小组：*Rhétorique générale*，巴黎，Larousse 出版社，1970（收入 "*Points*" 丛书，1982）。

留方式，语言科学占据了旧修辞学领域呢？首先，存在着一个向心理风格学（或表现风格学①）转移的过程。但是，今日语言学心灵论不是已被清除了吗？雅克布森从一切旧修辞学中只保留了两个修辞格：隐喻和换喻（métonymie），使它们成为两个语言轴的象征。对于某些人来说，旧修辞学完成的繁琐分类法仍然是有用的，特别是在应用于沟通或意指的边缘性领域时，如并无衰退之迹的广告形象。②无论如何，这些相互矛盾的评价明确指出了修辞学现象目前表现的含混性：智慧和敏识的优先对象，一个文明整体在其极端兴盛时期所完成的伟大系统，为了进行分类，也就是为了思考它的语言。权力的工具，历史冲突的场地，对其进行的读解是极为有趣的，如果我们将此对象重新放入它在其中发生的种种历史过程中去的话。但它也是意识形态的对象，事先落入了取代它的"其他事物"之意识形态，并迫使我们今日对其采取一种必要的批评性距离。

二、网络

1. 分类的要求

一切古代论述，特别是后亚里士多德的论述，表现出对分类学的偏爱［如演说学中使用的词 partitio（分划、区分）所示］：修辞

---

① "传统修辞学的消失，在人文学内造成了一个缺口，而风格学长久以来已然填补着这个缺口。实际上，并非完全错误的说法是，风格学作为一种'新修辞学'适应了语言学和文学领域内当代学术的标准和要求。"见 Stephen Ullman: *Language and Style*，130 页，纽约，Barnes & Noble，1964。

② Jacques Durand: "Rhétorique et image publicitaire", *Communication*, n°15（1970），pp. 70-95.

学公然以分类学自命（对材料、规则、词体、类别、风格的分类）。分类学本身即是一种论说的对象：宣布论述的计划，讨论前人提出的分类学。对于那些不参与其事者来说，对分类学的热情永远像是有着拜占庭式的繁琐：为什么要如此激烈地讨论 propositio 的位置问题，有时放在 exorde 末尾，又有时放在 narratio 前面呢？但是，在多数情况下，分类学的选择自然地含有意识形态的选择：在事物背后永远存在有一种风险：<u>请告诉我你如何分类，我就会告诉你你是谁</u>。因此，我们不可能采取——有如我们为了教学目的将在此所做的那样——一种独一无二的、武断的分类学，它将故意"忘记"贯穿 technè rhétorikè（修辞学技艺）平面的大量变体，首先即对这些变动不置一词。

2. 分类学的起点

修辞学的论述基本上产生于三个不同的起点（简单来说）。(1) 对亚氏来说，首先是 technè（产生某种存在的或不存在的东西的思辨性制度）；technè（rhétorikè）产生了四类运作，它们都是修辞学艺术的部分（而不是论说、演说的部分）：a. Pisteis，"证据"（inventio）的确立；b. Taxis，按照一定的秩序（dispositio），在全部论说中安排这些证据；c. Lexis，论点（elocutio）的语言表述（在句子的层次上）；d. Hyprocrisis，一位演说者上演全部论说，演说者必须成为一名施行者（actio）。这四种运作被检验过三次（至少相对于 inventio 运作）：从信息发布者角度看，从信息接受者角度看，从信息本身角度看〔参见前面一、（四）2.〕。与 technè 概念（这是一种权力）一致，亚氏的出发点突出了论述话语的<u>结构化</u>（积极运作），而使其<u>结构</u>（话语作为产物）退居其后。(2) 对于西塞罗来说，首要的是 doctrina dicendi，即不再是思辨性的 technè，而是为了实用目的所教授的一组知识；从分类学观点看，doctrina dicendi 产生了：a. 一种能量，一种力量，vis oratoris，亚氏要求的运作即以之为基础；b. 一种产物，或者说，一种形式，oratio，与其相连的是自身由其组成的扩大部分；c. 一种主题，或者说，一种内容（一种内容的类型），quaestio，话语的种类以之为基础。于是出现了相对于产生它的劳作的作品自足域。（3）一位综合者和教育者，昆提连把亚氏和西塞罗结合起来；他的出发点肯定是 technè，但它是实用的和教育的 technè，而不是思辨性的；它依次包括：a. 运作（de arte）——亚氏和西塞罗的运作；b. 运作者（de artifice）；c. 作品本身（de opere）（这最后两个题目被加以讨论，但未再继续划分下去）。

3. 分类的关键：规划（plan）的位置（place）

我们可以准确地为这些分类变体的关键定位（即使变体似乎变化甚微）：这就是有关位置的位置、dispositio 的位置、话语组成部分之次序的位置；这个 dispositio 应该和什么连接在一起呢？可能有两个选择或者我们把"规划"看做一种"排序"（而不只是次序），看做有关材料分配的创造性活动，简言之，一种劳作，一种结构化，然后我们才把它与话语的准备相连；或者，我们把规划看做一种产物，看做一种固定的结构，然后才把它与作品、与 oratio 相连；或者，它是一种材料的派遣，一种分配，或者它是一种网格（grille），一种定式化的形式。简言之，秩序是积极的、创造性的，还是消极的、被创造的？每一选择都有其代表，后者被推至极端：有些把 dispotio 和 probatio 连接起来（证据的发现）；有些将其与

elocutio 相连：它是一种简单的语言形式。我们了解在近代到来之际这个问题被扩大了：在 16 世纪，极力反对亚氏的拉米斯（Ramus）（technè 是违反自然的矫糅造作），把 dispotio 和 inventio 彻底分开：秩序是独立于论据被发现的：先是探索论据，然后才是探索称作方法的论据之排列。在 17 世纪，对衰颓中的修辞学给予致命一击的正是 dispotio 规划的具体化，当它最终被一种产物（product）修辞学［而非生产作用（production）修辞学］所发展时。笛卡儿发现了 invention 和 ordre 不再是和修辞学家，而是和数学家相互一致。对于帕斯卡尔来说，ordre 具有一种创造性价值，它足以为新事物奠定基础（它不可能是一种现成的、外在的、在先的架构）："不要说我未说出新的东西，材料的排列就是新的。"在 invention 的 ordre（dispotio）和 présentation 的 ordre（ordo）之间的关系，尤其是两种平行秩序的差异和方向（矛盾，逆转），永远具有一种理论性意义。这对于理解文学来说永远是最重要的，正如爱伦·坡对自己的诗歌"乌鸦"进行分析的例子所说明的：为了写这首诗，从读者<u>似乎接受的</u>（作为辞藻被接受的）<u>最后部分</u>开始，即 nevermore 这个词（e/o）的忧郁效果，然后从这里回溯至故事和格律形式的发现。

4. 修辞学机制

如果，忘记这一关键，或至少坚持选择亚氏的出发点，我们就会在某种意义上重复着古代修辞学的向下分类，就会得到 technè 的不同部分的武断分配，得到一种网络、一个树形，或者一条大藤蔓，它从一个阶段到另一个阶段，有时分裂为一般的成分，有时又联结着分散的部分。这个网络是一种<u>蒙太奇</u>。这让我们想起狄德罗和他的织袜机："它可被视作唯一的理由，其结论是物件的制作……"在狄德罗的机器内,开始时纺织材料被塞入,而在末尾出现的是袜子。在修辞学机器里,开始时被纳入的、几乎是在先天失语症中出现的东西,是思想的原材料,是事实和"主题";在末尾时出现的是完全的、具有结构的、充分供劝说之用的话语。

5. techné rhétorikè 的五个部分

我们的出发点因此将由 technè 的不同的基本运作组成(根据前面说明,我们将使诸部分之间的秩序、dispotio 和 technè 相结合,而不是和 oratio 相结合。这是亚氏的做法)在其最广泛的范围内,technè rhétorikè 包括五种主要运作;我们必须坚持这些划分的<u>积极性、传递性、程序性、运作性</u>:问题不再相关于一个结构的成分,而是相关于一种渐进结构化的动作,正如以下这些定义的语言形式(动词)所清楚地显示的(见表格):

(1) Inventio
  Euresis invenire quid dicas 寻找要说的内容
(2) Dispositio
  Taxis inventa disponere 排列找到的内容
(3) Elocutio
  Lexis ornare verbis 添加字词辞藻和修辞格
(4) Actio
  Hypocrisis agere et pronuntiare 像演员一样演示话语:姿态和背诵
(5) Memoria
  Mnémè memoriae mandare 运用记忆术

前三种运作最重要(Inventio,Dispotio,Elocutio),每一个都支持着一个广泛而精细的概念网络,而且三者均滋养着超出古代的修辞学(尤其是 elocutio)。后两种(Actio 和 Memoria)被迅速地放弃,修辞学不再关心律师或政治家口头的(宣读的)话语或讲演者的话语("讲演体"的话语),而是逐渐专门关注于(书写的)"作品"。

虽然,不言而喻,这两个部分都是重要的:因为,第一个(Actio)相关于言语的戏剧化表现(即相关于一种歇斯底里和一种仪式);第二种假定着一个定式化层次,一个机械地传递的固定的本文间关系。但自从这最后两种运作从作品(与 oratio 对立)消失后,而且自从,甚至于在古代人与人之间,它们不再引发任何分类活动(而只引生简单评论)之后,我们就须从修辞学机器中将其排除。我们的树形图因此将只包括三个枝杈:Inventio, Dispositio, Elocutio。但是我们可以注意到,在 technè 和这三个出发点之间插入了一个新的层次:话语的"实质性"材料的层次:Res 和 Verba。我不认为可以只将其译作物与词。Res,昆提连说是 quae significantur,而 Verba 是 quae significant;简言之,在话语的层次上,所指和能指。Res 是已经被赋予意义的,从一开始就被构成为意指作用的原材料;Verba 是为了填实它而已经寻找到其意义的形式。重要的是 Res/Verba 范式(paradigme),是一种互补关系,交换关系,而不是每个词的定义。——由于 Dispositio 既相关于材料(Res)又相关于话语形式(Verba),我们的树形图的第一个出发点、我们的机器的第一个图样,应当如下图所示:

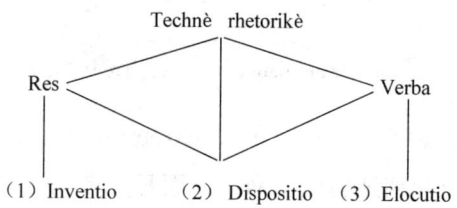

```
            Technè  rhetorikè
           /                  \
        Res                    Verba

   (1) Inventio   (2) Dispositio   (3) Elocutio
```

(一) Inventio

1. 发现而不是发明（invention）

inventio 较少指（论点的）发明，而较多指一种发现：一切已经存在，只需将其找到，与其说是"创造的"概念，不如说是"抽取的"概念。这一点为一种"位置"的标志（Topique）所印证，由此位置中可抽取并必定可获得论点：inventio 是一种行进过程（通过论辩行为）。inventio 这一观念包含着两种意见：一方面是对于一种方法、一种路径的力量的信任：如果论证的形式网以良好的技术投向材料，就肯定可以产生一种良好话语的内容；另一方面是相信，自发的、欠缺方法的运作将不会带来成果：最后言语的力量对应着原初言语的空洞；人们不可能在说话时不为自己的言语生产些什么，而为了这种生产就需要一种特殊的 technè，即 inventio。

2. 使信/使动

从 inventio 产生两条宽阔的路径：逻辑的和心理的：使信和使动。使信（fidem facere）要求一种逻辑的或伪逻辑的工具，它一般被称作 probatio（"证据"领域）：在推理时我们必定对听者的内心施予暴力，对于听者的性格和心理倾向，我们并不关心：证据有自己的力量。使动（animos impellere），反之，所思考的不是检验的信息本身，而是参照其目的、听众的情绪，对其加以思考，在于提供其主观的、道德的证据。我们将首先沿着 probatio（使信）的漫长路径下行，然后再转到此最初二分法的第二项（使动）。所有的"下行"将在附录中以树形图加以形象地重复。

3. 技术学内部的证据和技术学外部的证据

pisteis 是证据吗？我们将出于习惯保持这个词，但是对于我们来说它有一种科学的含义，此含义的消失规定了修辞学的 pisteis。最好是说，使信理由、说服方式、信用手段、信任中介（médiateurs）（fides）。pisteis 的二分法非常著名：存在有 technè 之外的理由（pisteis atechnou）和属于 technè 的理由（pisteis antechnoi），在拉丁文中就是：probationes inartificiales/artificiales；在法文中就是：extrinsèques/intrinsèques（B. Lamy）。这个对立不难理解，如果我们记得 technè 是什么的话：一种产生某种可能存在或不存在的东西的手段之思辨制度（institution），即它既不是科学的（必然的）也不是自然的。Technè 之外的证据因此是那些避免创造偶然对象之自由的东西。需要在讲演者（technè 的操作者）之外发现的东西；它们是内在于对象之性质的。反之，technè 内部的证据取决于讲演者的思维能力。

4. technè 外部的证据

讲演者如何对待 technè 之外的证据呢？他不可能对其有所作为（归纳或演绎）。因为它们本身是"呆滞的"，他只能安排它们，通过一种方法的布局以显示其价值。它们是什么呢？它们是直接进入 dispositio 的现实的片断，通过直接发扬（faire-valoir），而不是通过转换。或者，可以再次说，它们是"档案"的成分，后者不可能被发明（演绎）而是由事例本身、由委托人（此时我们处在纯司法领域）所提供。这些 pisteis atechnoi 可分类如下：（1）praejudicia，先前的判决，判例（问题是要将其击败而不正面攻击）；（2）rumores,

公共证词，全城的同意（consensus）；（3）刑求招供（tormenta, quaesita），与刑罚相关的不是伦理情感而是社会情感：古代承认刑求奴隶而非刑求自由民的权利；（4）证据（tabulae）：合同、协议、个人之间的交易，甚至于包括胁迫的关系（偷窃、谋杀、抢劫、袭击）；（5）宣誓（jusjurandum）：这是一种策略、一种语言的成分，当事人可以同意或拒绝发誓、接受或拒绝另一个人的宣誓，等等；（6）证言（testimonia）：这基本上是指——至少对亚氏来说如此——贵族的证言，它们来自古代诗人（索伦引证荷马来支持雅典对 Salamine 的要求），或者来自格言，或者来自当代名人；因此它们更像是"引述"。

5. atechnoi 的意义

"外在的"证据适合司法的运作（rumores 和 testimonia 可供审议式和演说修辞式运作之用）。但是，我们能够想象，在私人生活中它们也可用于判断一种行为、辨析何时应当赞许，等等。这正是拉米（Lamy）所研究的。所以这些外在的证据可以支持虚构的表现（小说，戏剧）。不过，我们应该理解它们不是属于推理的指号（indices），而只是来自外部世界、来自已经制度化的现实的档案之成分。在文学中种类证据可用于组成<u>档案小说</u>（确实存在），后者不再企图使写作连贯、不再企图使表现条理化，而只是呈现已经作为语言被社会构成的现实之片断。这就是 atechnoi 的真正意义：社会语言的<u>被构成</u>的成分，后者直接进入话语而非经由演讲者、作家之任何技术性操作加以<u>转换</u>。

6. technè 内部的证据

完全依赖讲演者力量的<u>推理</u>（pisteis entechnoi），正与直接被给予的（除了最佳安排的考虑之外）社会语言的那些片断相对立。在此 Entechnoi 意味着：来自演说者的一种实践，因为素材经由一种逻辑运作而被转换为说服力。严格来说，这种操作有两种：归纳和演绎。因此，pisteis entechnoi 分为两类：exemplum（归纳）；enthymème（演绎）。它们显然并非科学性的归纳和演绎，而是"公共的"（为了公众的）。这两条路径是必需的：所有演说者，为了产生说服力，通过例证或通过 enthymèmes 来进行证明；不存在其他手段（亚氏）。但是在例证和 enthymème 之间被引入一种准美学的区别，一种风格的区别：exemplum 产生一种较温和的区别，更为普通民众所称赞；它是一种浅白易懂的力量，在内在于比较的快乐中使人陶醉；enthymème 更有力量、更有活力，产生着一种强烈激动的力量，它具有三段论的能量；它施行着一种真正的裹胁（rapt），它是在其纯粹性、在其本质性之全部力量中的证明。

7. exemplum（例证）

例证（paradeigma）是修辞学的归纳法：我们从一个特例到另一个特例，通过隐在的一般性联系：从一个对象推出类别，然后从这个类别推出一个新的对象。① 例证可以有不同的面相：一个字词、一桩事实、一组事实以及对这些事实的论述。它是具有说服性的相似关系（similitude），一种类比论证。如果某人有看出类比性的天

---

① 昆提连为例证提出一个例子："一些笛师离开了罗马，被上院法令召回；我们更有理由召回那些最值得共和国召回的伟大公民，他们曾在不利时期被迫流亡"；这个归纳法链的一般性环节是，由有用人士、被逐出人士、召回人士组成的类。

赋,就可以发现良好的例证——不言而喻,反之亦然。① 正如其希腊文名字所示,它是聚合体的、隐喻的领域。自亚氏以来,例证被区分为实在的和虚构的;虚构的又被划分为寓言(parabole)和传说(fable);实在的,包括历史的也包括神话的,它不是对立于想象的,而是对立于发现物本身。寓言是一种简短的比较②,传说(logos)是一组行动,它指示例证的叙事性,后者随着历史发展而丰富起来。

8. 例证的形象(figure):imago

在公元前 1 世纪开始出现了一种新的例证形式:例证的性格(eikôn,imago)指示那种体现在一个形象中的德性:Cato illa virtutum viva imago(西塞罗)。修辞学学校制定了一个 imago 清单供人使用(Tibère 的 Valère Maxime:Factorum acdictorum memorabilium libri novem),其后清单出现了一个诗体版。这个形象比喻清单在中世纪极有影响;一种文雅诗歌为这些性格制定了规范,一种由上帝放在历史进程中的真正的原型神(Olympe d'archétypes)。Imago virtutis 有时包括享有大名的二流角色,像船夫 Amyclas,他把"恺撒及其财富",在暴风雨中(=贫穷和节制)从 Épirus 运到 Brindisi;在但丁的作品中这类例子极多。例证清单可被构造的事实强调着所谓的例证的结构性使命:它是一种可分离的片断,特别含有一种意义(英雄肖像,使徒故事)。它在不连续的和比喻的

---

① Exemplum a contrario:"Marcellus 将那些绘画和雕塑归还给他的敌人,Verres 则从他的盟友处拿走。"(西塞罗)

② 寓言例证来自苏格拉底的一次演说:法官不能按抽签选择,正如运动员和驾驶者不能由抽签来选择一样。

写作中可被追溯到我们时代的大众报业：丘吉尔、约翰 23 世都是 imago，即这样的"例证"，它们可用于劝导世人必须勇敢，必须为善。

9. Argumenta

与通过归纳法进行说服的样式 exemplum 相平行的是 argumenta，这是一组演绎法样式。在这里，argumentum 这个词的含混性十分重要。它在古代通常的意义是舞台传说（fable scénique）的主题（Plaute 喜剧的论辩），或者仍还是：分节段的（articulée）行动〔与 muthos（一组行动）对立〕，对西塞罗来说既相当于"可能发生过的虚构事物"〔plausible（似乎可能的）〕，又相当于"用于使人相信的或然观念"。对此逻辑关系昆提连作了说明："用一种事物证明另一种事物的方式，用不可疑的事物来肯定可疑的事物的方式"。于是出现了一种重要的二元性：一种"推理"（演讲者说的"一切形式的公共推理"）是不纯粹的，容易戏剧化的，它既具有思想的又具有虚构的、既具有逻辑的又具有叙事的性质（我们不是在现代"散文"中发现了同样的含混性吗？）。argumenta 机制由此开始，但只在 probatio 的末尾才结束，它开始时是一种有利的手段，一种演绎推理的机关，即 enthymème，有时被称作 commentum, commentatio，其希腊文的直译是 enthumèma（心灵内的一切思考），但最经常的是，按照一种意指性的提喻（synecdoque）：译作 argumentum。

10. Enthymème

Enthymème 有两种连续的意指作用（二者并不矛盾）。（1）对于亚氏学派学者来说，它是一种以似真物（vraisemblances）或以记号为基础的、而不是以真实性和直接性为基础的三段论（有如科学三段论那样）；enthymème 是一种修辞学三段论，它只是在公众的层次上发展起来的（如同说：置身于某人的层次上），从概然性（probable）开始，即从公众思考的内容开始。它是一种具体性值项的演绎法，相对于一种呈现（présentation）（一种可接受的场景）而提出，以与一种只供分析的抽象演绎法对立。它是一种公众的推理，不难为教育程度低的人运用。由于此一根源，enthymème 提供劝说力，而非提供证明力。对于亚氏而言，enthymème 可由其前提的似真性特点（似真性容许相反的结果出现）充分定义；由此产生了对其前提加以定义和分类的必要性。① （2）自昆提连以来，中世纪（鲍依修斯以后）完全由一种新的定义支配：enthymème 不由其前提的内容，而由其分节关系（articulation）的省略性来定义。这是一种不完全三段论，一种简略三段论；它"不像哲学三段论那样有许多的和不同的部分"，两个前提之一或结论可以被删除，这是一种（在陈述句中）通过对一个命题的删除而简化的三段论，这个命题的实在性被人们认为无可争议，因此它直接保存在心里（en thumô）。如果我们将此定义应用于文化中的主要三段论（它可使我们重复着我们的死亡）——而且虽然它的前提不是简单的概然的，它仍然是在前节"1"的意义上是 enthemème。我们可有如下 enthemème 式：人是要死的，所以苏格拉底是要死的；苏格拉底是要死的，因为人是要死的；苏格拉底是人，所以是要死的，等等。我们可能愿意举出波尔-罗亚尔学派（Port-Royal）所提出的一个更为流行的这个阴郁模式："任何反射所有光线的物体都是不均匀的；

---

① 参见本节以下 13~16 的内容。

月亮反射一切光线，所以是不均匀物体。"由此可以推出所有 enthymème 形式（月亮是不均匀的，因为它反射一切光线，如此等等）。enthemème 这个第二种定义实际上主要是波尔·罗亚尔<u>逻辑</u>的定义，而且我们清楚看到为什么（或怎样）：古典时代的人相信三段论完全来自心灵内部（"三个命题的数目完全对应于心灵的幅度"）；如果 enthemème 是不完全的三段论，它只可能出现于<u>语言的层次上</u>（它不是"心灵"的层次）；它是心灵内的完全三段论，但它是语言表达上的不完全三段论；简言之，它是一种语言现象的偶然，一种变异。

11. enthymème 的变形（métamorphoses）

让我们看几种修辞学三段论的例子。（1）prosyllogisme：一组三段论式，其中一个的结论是下一个的前提；（2）sorite（*soros*，堆）：诸前提的堆积或诸删节三段论的序列；（3）épichérème（古代经常讨论的），或，展开三段论，每一前提都伴有其证明；épichérème 的结构可以扩展为全部话语中的 5 个部分：命题，大前提的理由，假设或小前提，小前提的证明，外延或结论。例如：A……因为……现在，B……因为……因此 C①；（4）"看似 enthymème"：根据玩弄字词和耍花招进行的推理；（5）格言（gnômé，sententia）：特别简略的、独唱的形式，它是 enthymème 的一个片断，其余部分只是潜在

---

① 一个扩展的 épichérème：西塞罗在 <u>Pro Milone</u> 中说：（1）对于那些伏击我们者可将其杀死；（2）引自自然法则的证明以及 *Exampla* 的人的权利；（3）现在，Clodius 伏击 Milon；（4）证据来自事实；（5）因此容许 Milon 杀死 Clodius。

的:"不要过分教育你的孩子(因为其结果是引起他们的同伴的忌妒)。"① 重要的是,sententia 从 inventio(从推理,从组合段修辞学)变为 elocutio,变为风格(扩充修辞格或缩小修辞格)。在中世纪,它极为盛行,有助于形成有关一切智慧主题的引用语宝库:句子,gnomiques 诗歌被记诵于心,按照字母顺序分类和排列。

12. enthymème 的快乐

因为此修辞学三段论为供公众之用(不受科学关注),心理学的考虑是适当的,而亚氏对此非常坚持。enthymème 具有一种行进的、旅行的快乐:一个人从不需加以证明的一点出发,由该点走向另一需要被证明的一点;他有一种通过自然感染作用发现新事物的愉快(即使它来自一种压力)、一种从已知物(opinable,想象)达到未知物的毛细管作用式(capillarité)的快乐。然而,为了获得此快乐,这种行进必须有所监督:推理不能过于繁杂,人们不必通过所有阶段以达到一个结论:那将太令人厌烦(épichérème 必须只用于重要场合);因为人们必须满足于听众的无知(无知即是指无能力推演许多步骤以便详尽推理);或者,宁可说,必须通过使听众感觉到他们是自己经由自身的精神力量将推论进行到底的,从而利用这种无知:enthymème 不是由于缺欠或讹用而被删节的一种三段

---

① 这个格言是表达一般情况的公式,当后者的对象是行动时(行动可以选择或避免);对于亚氏而言,gnômè 永远是 eikos,按照他的根据前提之<u>内容</u>对 enthymème 所作的定义;但是对于那些按照"删节"为 enthymème 下定义的古典修辞学家来说,此格言基本上是一种"缩减":"有时同样会发生两个命题缩为一个单一命题的情况:enthymème 句子"(例如:"Mortal,不要怀抱永久的憎恨")。

论，而是因为听众必须被赋予对论证构造作出贡献的快乐；完成了一种所参与的格式（grille）（密码，游戏规则，字谜）。波尔-罗亚尔，虽然永远把语言看作相对于心灵的有缺欠之物——以及 enthymème 是一种语言三段论——认为这种推理的快乐是不完全的："（对于此三段论的一个部分的）删除，讨好着那样一类听众的虚荣心，通过赋予其智力某种作用，并通过缩短话语以使其效果更显著、更有活力"①；但是我们看见了伦理学的改变（相对于亚里士多德而言）：enthymème 的快乐较少相关于听众一侧的主动创造力，而较多相关于简明（concision）效果，后者明显显现为一种思想超越语言的记号（思想在长度上胜过语言）："话语的一种主要的美妙之处在于充满着意义，并引生一种精神，它形成了一种比语言表达更广阔的思想。"

13. enthymème 的前提

我们从其开始以追随 enthymème 快乐道路之处，即它的前提。这是一个已知位置，而且具有确定性，这种确定性不是科学的确定性，而是人的确定性。因此我们把什么看作确定性呢？（1）落入感觉领域的东西，我们所见、所听的东西：确定的指号，tekméria；（2）落入意义领域内的东西，人们在其上一般达成共识的东西，有规律所建立的东西，成为习以为常的东西（"上帝存在"，"应当荣耀父母"，等等）：这是可能为真的东西，eikota，或者一般地说，

---

① 一个巧妙的缩短的例子是奥维德 Médée 中的一首诗，"它包含着一种非常优雅的 enthymème"：Servare potui, perdere an possim rogas? 我能够拯救你，因此我可以毁灭你？（能拯救者能毁灭，现在我能够拯救你，所以我能够毁灭你。）

可能为真的（eikos）；（3）在这两种人的确定性之间亚氏提出一种更富流动性的范畴：séméia，记号（一种用于理解另一种东西的东西，per quod alia res intelligitur）。

14. tekmérion，确定指号

tekmérion 是确定指号、必要记号或者甚至是"不可损灭的记号"，这样的记号只能如其所是，而不可能成为其他。一个女人生产，这是表示她与一男人有过性交的确定指号。这一前提紧密地与引生科学三段论的记号相联系，虽然它只是基于经验的普遍性。正如每当我们发现这种逻辑性的（或修辞学的）材料时，就会惊讶地看到它在所谓大众文化的著作中如此充分地发挥着作用，竟至于使我们可以质询亚氏是否为大众文化哲学家，并因此而未曾建立对此类文化有所理解的批评学。这类作品实际上经常地收集了作为含蓄推理出发点的物质性"证据"，为故事之展开提供合理的理解。在电影《金手指》(*Goldfinger*) 中，出现一种水中的电击：此为共知，不需证明，这是一个"自然的"前提，一个 tekmérion；在（同一电影中的）另一片断中一个妇女死了，因为她的身体内填满黄金。在此应当了解：涂满黄金后皮肤无法透气，因此导致窒息，这种情况很少见，所以需要（通过解释）证明。因此，它不是一种 tekmérion，或者，至少它被"终止"了，直到在先的一种确定性（窒息导致死亡）被证明。结果，tekméria 历史上并不具有亚氏赋予它们的充分稳定性：所谓公共"确定性"依赖于公共"知识"，后者则随时代和社会不同而变异。再回头看昆提连的例子（并对其否定），有人向我断言，有些族群不相信在生产和性交之间存在联系（认为孩子睡在母亲身内，是上帝将其唤醒的）。

15. eikos, 似真者 (vraisemblable)

可用作 enthymème 的一个前提的第二种类型的"确定性"(人的，不是科学的) 即似真者，在亚氏看来这是一种重要的概念。这个一般性概念基于这样的判断：它们是由人们通过不完全的试验和归纳推理 [佩雷尔曼 (Perelman) 建议称其为<u>更可取的</u> (préférable) 推理] 得到的。在亚氏的似真者概念中有两个核心：(1) <u>一般性</u> (général) 观念，它与<u>普遍性</u> (universel) 观念对立：普遍性是必然的 (这是科学的属性)，一般性不是必然的；这是一种人的"一般性"，来自大多数意见，最终以统计的方式加以确定；(2) 相反的可能性；当然 enthymème 被公众看做一种确定的三段论，它似乎开始于一种认为是"铁一般坚固的"意见。但是相对于科学来说，似真者与此相反：在称作 eikos 的人类经验和伦理生活限度内，相反的东西永远是可能的。人们不可能肯定地（科学地）预见一个自由人的决心："健康良好的人将预见明日有艳阳"，"父亲爱他的孩子"，"未闯入宅第而成功的窃贼必定是家贼"，如此等等。非常可能是如此，但相反的情况仍然有可能。分析家、修辞学家看到了这些意见的力量，但是他们在引进此类意见时使用了一种 esto（可能是），后者使其明确地与此保持距离，于是也就使他们免除了科学眼光的检验，因为科学认为相反的情况永远不可能发生。

16. séméion, 记号

séméion, enthymème 的第三种出发点，是一种更含混的指号，它比 tekmérion 更确定。血迹暗示着谋杀，但此暗示并不确定，血可能来自鼻血或来自牲祭。为了使此记号有说服力，必须还有其他相伴的记号。后者说，为了使此记号不再是多义的（séméion 实际上是多义性记号），需要依赖语境的规定。Atalante 不是处女，因为她和男孩子在森林中奔逐；对于昆提连来说，这仍有待于证明。这个命题实际上如此不确定，他从演说者的 technè 中将其排除：演说者不可能通过 enthymème 结论来掌握 séméion 以使其变为确定。

17. enthymème 的实践

就 enthymème 是一种"公共"推理而言，把此实践扩展到司法之外（以及古代之外）是合法的。亚氏本人研究实践三段论，或者 enthymème，其结论是一种决定行为；大前提由一种流行格言（eikos）填充；在小前提中行为者（例如，我自己）注意到他处于大前提涵括的情境中；他通过一种行为的决定做出结论。那么何以发生如下情况：结论往往与大前提矛盾，而且行为与知识抵触？原因往往是大前提和小前提之间存在差距：小前提暗含着另一种大前提。"喝酒有损人的健康；我是人；所以我不应喝酒"；而同时我喝酒，尽管有此美好 enthymème，这是因为我暗中指涉另一种大前提：冒泡的和冰镇的饮料使我解渴，解渴是好事情（一种类似于广告和酒吧谈话的大前提）。enthymème 的另一种可能的扩展是：进入"冷的"和合理的语言，既是遥远的又是公共的，有如制度性语言（例如公共交际）：中国学生在莫斯科美国大使馆举行游行（1965 年 3 月），游行被苏联警察镇压下去，而中国政府对此镇压提出抗议，一份苏联的声明用类似于西塞罗的优美"带证体"（épichérème）推论法①答复了中国的抗议［参见前面一、（一）11］：（1）大前提，

---

① 亚氏三段论变体，对各前提提出简单根据而进行判断的三段论论证法。——中译者注

eikos，<u>一般意见，存在各国遵守的外交规范</u>；（2）大前提的证明：<u>中国人本身在自己的国家里遵守这些接待规范</u>；（3）小前提：现在，在莫斯科的中国学生违反了这些规范；（4）小前提的证明：游行的报道（<u>诬蔑、街头打斗，以及刑法中提及的其他行为</u>）；（5）结论未提及（这是一种 enthymème），但很清楚：声明本身成为对中国抗议的否定：使对手与 eikos 并与自身相矛盾。

18. 场地，topos，locus

enthymème 前提的诸类型被区分后，还必须将各类型填充，找到前提：我们有主要的形式，但如何发明出内容呢？这是修辞学永远会提出的令人烦恼的问题，而且它试图解答<u>应当说什么</u>的问题。由此产生了回答的重要性，由 Inventio 这个部分的丰富性和成功性所证明，它负责提供推理内容，而且由此开始：这就是 Topique。前提实际上可能由一定的<u>场合</u>（lieux）引出。场合是什么呢？亚氏说，在其中演说的多种推理相互符合。波尔-罗亚尔学派说，场合是"某种一般的要点（chef），一切在所谈种种内容中所使用的证据与这些要点相联系"；或如拉米所说："一般意见对向其征询者提醒有关正在思考的主题的方方面面。"但是对场所的隐喻方法，比其抽象定义更为重要。首先，为什么需要场所？亚氏说，因为为了记住事物，识认出事情发生的场所就足够了（因此，场所是有关观念、条件、训练、记忆术等的联想因素）。因此，场所不是论证本身而是论证被排列其内的"格架"。所以，每一种形象都使一个空间观念与一个储藏所、一种局部化、一种"开采"相联系：一个区域（在此可发现论证）、<u>一条矿脉</u>、<u>一个圆圈</u>、<u>一个方形</u>、<u>一眼泉</u>、<u>一口井</u>、<u>一处宝藏</u>、<u>甚至一个鸽子窝</u>（W. D. Ross）。迪马赛说："场所是基本单室,在那里不妨说可以找到有关一切主题的话语材料和论证。"一个经院派逻辑学家探讨场所的家具性质,把它比喻为一个指示容器内容的标签(pyxidum indices)。对西塞罗来说,取自场所的论证针对讨论的案例呈现自身,"有如字母相对于有待书写的字词":所以场所形成了由字母表构成的十分特殊的储存室:一个形式之体,本身并无意义,而是通过选择、排列、充实化来决定其意义。相对于场所而言,Topique 是什么呢?似乎可以对其区分三种连续的定义,或者至少三种字词的方向。Topique 是或曾经是:一种方法;一种空洞形式的格架(grille);一种被充实了的形式之储存所。

19. Topique:一种方法

最初(按照在亚氏的《修辞学》之前的 *Topica*)Topique 是一种辩证法的公共场所的汇集,辩证法即以概然性为基础的三段论(处于科学和似真者之间),其后亚氏使其成为一种比辩证法更具实用性的方法:这种方法"使我们对于任何提出的主题能够从可能为真的推理中得出结论"。这种方法论的意义在修辞学史上能够持存,或至少不断再现:它这时成为一种发现论证(Isidore)的艺术(一种有组织的、供教学之用的知识;*disciplina*),或者是一组"简明易行的手段,用以发现对完全未知主题进行论述的内容"(拉米)——我们不难理解哲学对此类方法的怀疑。

20. Topique:一种格架

第二种意义相当于一种形式之网络、一种准控制论过程之网络,人们将打算使其转换为说服性话语的内容纳入其中。事物必须如此表达：一个主题（quaestio）给予一个演说者；为了找到论证，演说者使其主题"穿过"一个空形式之格架：从主题和（Topique 的）格架的每一单室（每一"场所"）的接触中，产生了一种可能的观念，一种 enthymème 前提。在古代存在此程序的一个教育性的版本：chréia（有用），或"有用的"训练，是一种针对学生技艺的测验，它由一个主题通过一系列场所组成：quis? quid? ubi? quibus auxiliis? cur? quomodo? quando? 拉米在 17 世纪时，受到古代 Topique 的启发，提出了如下的格架：样式、差别、定义、词类列举、词源学、变位（这是词根的联想领域）、比较、反感、效果、原因，等等。假定我们必须对文学有所论述：我们"无以回答"（不无理由），但幸好我们有拉米的 Topique，我们至少可以问自己问题并设法回答：文学应该与何种风格相连？艺术？论说？文化生产？如果它是一种艺术，它又与其他艺术有何不同？我们应将多少词类以及哪些词类归于文学？字词词源学启发了我们什么？它与其词形学近邻有何关系（littéraire, littéral, lettres, lettré, 等等）？文学又与厌恶（répugnance）有何关系？金钱呢？真理呢？等等。①格架和 quaestio 的结合类似于论题和其属性、主题和其定语的结合，"topique attributive"在 Lullistes 的表格（ars brevis）内达到顶峰：一般的属性是场所性质的。我们看到 topique 格架的意义——相对于场所的隐喻（topos）对此清楚指出——论证是隐蔽的，它们潜伏

---

① 这些 topique 格架是愚蠢的，它们与"生活"、"真理"没有任何关系，人们有理由将其排除于近代教育系统……但是（论题、论文的）"主题"仍须遵循这一美好的发展。当我此时书写时，我理解最近业士学位考试的"主题"之一经常是：我们仍然必须尊重这些老传统吗？一个愚蠢的主题，却是一个必要的 topique。

在区域（regions）、深度、基础之内，必须将其引出、唤醒：Topique是潜在物之助产士。它是一种把内容连接的形式，并因此产生了意义的、可理解单元的片断。

21. Topique：一种储存所

场所原则上是空形式，但是这些形式迅速地倾向于以同一种方式被充实，倾向于要求最初是偶然的，然后是重复的、具体化的内容。Topique成为一种有关定式、惯用主题、充实"片断"（morceaux pleine）的储存，后者几乎必须用于处理一切主题。由此出现了语词公共场所（topoi koinoi, loci communi）的历史性含混：（1）它是一切论证所共同的空形式（它们越空洞，就越具共同性①）。（2）它是定式，是重复的命题。Topique，一个充实的储存所：这个意义不是亚氏的，但已经是智者派的，他们已经感觉有必要将共同谈论的事物制成表列，而这些事物不应当"引生困惑"。Topique的这种具体化实践，越过亚氏，历经拉丁文作者，获得了规律性的发展。它在新修辞学中大为流行，并成为中世纪具有绝对普遍性的知识。库尔蒂斯提出一个有关这些必要论题的清单，与其伴随的处理方式是固定的。这些（在中世纪）具体化的场所有：（1）伪善谦虚的topos：每一个演说者均宣称他被其主题压垮，他能力不够，他这样说肯定不是为了讨好听众（excusatio propter infirmitatem②）。（2）puer senilis的topos：这是智慧高超的年轻人或

---

① 参见以下二、（一）23。

② excusatio propter infirmitatem仍然普遍地支配着我们的写作。让我们看一下Michel Cournot 幽默的excusatio（*Le Nouvel Observateur*, 1965 - 03 - 04）："本周我不打算笑，我的主题是福音书，而且为什么不直接说我对其并不胜任……"

富有（年轻人的）美貌和仁慈的老人的神秘性主题。（3）Locus amoenus 的 topos：理想的风景，埃利泽或者帕拉蒂斯（树林，园林，喷泉和草原）提供了大量的文学"描写"①，而其根源来自司法现象：任何案例的证明关系都要求 argumentum a loco：必须根据行为于其中发生的场所之性质来确立证明。于是地形学侵入文学［从维吉尔到巴雷斯（Barrès）］。Topos 一旦具体化就有了独立于语境的固定内容——橄榄树和狮子被置于北部区域（région）——风景脱离了场所，因为它的功能是构成一个普遍性记号，即自然之记号：风景是自然之文化性记号。（4）Adunata（impossibilia）：这个 topos 描述那些突然变得相容的相反现象、物件和事物，作为颠倒世界的扰乱性记号的一种矛盾的转换：豺狼在羊群前逃跑（维吉尔）；这个 topos 流行于中世纪，当它被允许对时代进行批评时：它是有关赌徒和老年人的主题，后者说，"我看到了一切"，或者说"太过分了"②。所有这些 topoi，甚至于在中世纪以前，都是可以分离的片断（它们具有强具体化的证明），可被调动、被转换的：它们是一种组合段结合物中的成分；它们的位置服从于一种单一的储

---

① 参见一、（五）2. 中的 ekphrasis。

② *Adunata* 中的两个例子：

Dellile:"Bientôt au noir corbeau s'unira l'hirondelle;/Bientôt à ses amours la colombe infidéle/Loin du lit conjugal portera sans effroi/Au farouche épervier et son cœur et sa foi."

Théophile de Viau:"Ce ruisseau remonte en sa source,/Un bœuf gravit sur un clocher,/Le sang coule de ce rocher,/Un aspic s'accouple d'une ourse. /Sur le haut d'une vieille tour/Un serpent déchire un vautour;/Le feu brûle dedans la glace,/Le soleil est devenu noir,/Je vois la lune qui va choir,/Cet arbre est sorti de sa place."

存所;它们不可能被置于 peroratio(结论)内,而是完全偶然的,因为它们应当对讲演加以概括。但是,自那时以来,甚至于今日,结论已成为多么定式化的东西!

22. 某些 topiques

现在回到我们的 topique 格架,因为正是它允许我们沿着修辞学树形"下降",正是它构成了修辞学树形的一个大集散场所。古代和古典时代产生过许多 topiques,它们由类似的场所的或主题的聚合来定义,对前者而言,我们可以引证在德国逻辑学家克洛伯格(1654)启发下产生的波尔·罗亚尔的一般 topique;已经引述过的拉米的 topique 对此提供了一些观念:存在语法场所(语源学,conjugata)、逻辑场所(类、属性、非本质属性、种、种差、定义、区分);形而上学的场所(最终因,有效因,效果,全体,部分,对立项);显然这是亚氏 topique。对按照主题规定的后者而言,可以引述下面的 topiques:(1)严格来说的<u>演说 topique</u>,它实际上包含三种 topiques:推理的,道德的(ethè:实践智慧,德性,感情,献身)以及激情的(pathè:愤怒、爱情、恐惧、羞耻,及其反面);(2)<u>可笑的 topique</u>,喜剧中可能的修辞学部分:西塞罗和昆提连列举了一些有关可笑场所的例子:身体残缺,精神缺欠,意外事件,外表,等等;(3)一种<u>神学 topique</u>:它包括神学能够从中吸取论证的不同的来源:圣经,教父,主教会议,等等;(4)一种感觉的 topique 或想象的 topique,我们在维柯的著作中发现了如下描述:"文明的创建者(暗示诗歌的在先性)转向了一种感觉 topique,在其中它们把属性、性质或个体及种类的关系统一起来,并通过具体地应用它们以形成它们的诗学样式";维柯在其他地方谈到"<u>想象</u>

之普遍项"。在这种感觉性的 topique 中我们可以看到我们的主题批评的始祖，这种批评通过范畴而非通过作家进行。简言之，巴舍拉尔（Bachelard）的批评：上升的，多孔的，激流的，映象的，沉睡的，等等，是诗人的形象可能指涉的许多"场所"。

23. 公共场所

严格而言的 topique（亚氏的讲演 topique）依赖于 pisteis entechnoi，后者对立于性格 topique 和激情 topique，它包含着两个部分、两个子 topique：一种一般 topique，公共场所的 topique；一种应用 topique，特殊场所的 topique。对于亚氏来说，公共场所（topoi koinoi, loci communissimi）具有一种非常不同于我们赋予该表达的意义〔在字词 topique 的第三种意义的影响下，参见前面二、（一）21〕。公共场所不是充实的定式，而是，相反的，形式场合：由于是一般性的（一般性适合于似真性），它们对于一切主题都是共同的。对于亚氏而言，这些公共场所有三种：（1）<u>可能性/不可能性</u>；相对于时间（过去，未来）这些词项提供着一种 topique 问题：事物可能被做过、可能未被做过，它可能被做、可能不被做？这个场所可以应用于对立关系：如果可能开始一件事，也可能结束一件事，等等；（2）<u>存在的/不存在的</u>（或者，<u>真实的/非真实的</u>）；像前者一样，这个场所可能遇到时间：如果一件事不大可能发生却发生了，一件可能发生的事则肯定发生了（过去）；这里有建筑材料：一所房子可能将被建筑（未来）；（3）<u>较多/较少</u>：这是一种大场所和小场所；它的主要动力是"更不必说"：非常可能的是，X 攻击了邻居，因为他攻击过自己的父亲。——虽然，按照定义，公共场所是非专业化的，每一个都适应于三种演说样式之一：<u>可能的/</u>

不可能的相配于审议的（délibératif）（可能做这个吗？），真实的/不真实的相配于司法的（案件发生了吗？），较多/较少相配于夸张的（épidictique）（称赞或责备）。

24. 特殊场所

特殊场所（eidè，idia）是适合于特殊主题的场所。它们是一般承认的特殊真理、特殊命题；它们是联系于政治、法律、财务、战争、海事等的试验性真理。然而，由于这些场所是与学科、样式、特殊主题不可分割地联系在一起的，所以难以列举。虽然如此，仍须提出理论性问题。因此我们的树形将在于使 inventio 比照于内容的特殊性，正像我们一直了解的那样。这种比照即是 quaestio。

25. 论题和假设：causa

quaestio 是话语特殊性的形式。在由修辞学"机器"以理想方式提出的全部运作中引进了一种新变元（它实际上是出发点的变元，当涉及制作话语时）：内容，争论点，简言之，参照因素（référentiel）。然而这个参照因素，按其偶然的定义，可以再划分为两种主要形式，它们构成了 quaestio 的两种主要类型：（1）立场（position）或论题（thèse，propositum）：这是一种一般性问题，今日我们说"抽象的"问题，但是同时被规定、被指涉（否则的话，它将不会相关于特殊场所），虽然并无（而这正是它的标志所在）任何关于场所和时间的参照（例如，他必须结婚吗？）。（2）假设（hypothèse）：这是一种特殊问题，包含着事实、环境、人物。简言之，一个时间和一个场所（例如：X 应该结婚吗？）。——显然，在修辞学中，字词论题和假设的意义与我们所习知的非常不同。但是，假设，这种被时间化和被空间化的论辩点，有另外一个尊名：causa。causa 是一个 negotium，一件事物，一种由各种偶然事项构成的组合；一种涉及偶然性特别是时间偶然性的问题点（point problématique）。因为有三种"时态"（过去，现在，未来），就有三种 causa 类型，其中每一种类型对应于我们已知的三种演说样式之一：我们在此将其组织在修辞学树形内，赋予它们以属性：

	样式	听众	目的	主题	时态	推理[a]	公共场所
(1)	审议的	集会听众	劝说/劝阻	有用/有害	未来	举例	可能/不可能
(2)	司法的	法官	控告/辩护	正义/非正义	过去	enthy-mème	真实的/不真实的
(3)	夸饰的	观众，公众	称赞/责备	美/丑	现在	扩大比较[b]	较多/较少

注释：
a. 主要推理方法。
b. 各种归纳法，一个 exemplum 朝向于对被称赞者的颂扬（通过隐含的比较法）。

26. status causae

在此三种样式中，司法型在古代受到最充分的评论；修辞学树形使其超越了它的临近领域。司法型的特殊场所被称作 status causae。一个 status causae 是 quaestio 的核心，即需待审判之点；在此时刻，在对手、同伴之间产生了第一次冲突；演说者预期到这种冲突，必须寻找 quaestio 的支持点（从中引生了字词 stasis，status）。status causae 大大地激发了古代的分类学热情。最简单的分类法列举三种 status causae（我们在处理偶然性时能够采取的形式）：(1) 猜测：发生了还是没有发生（an sit？）这是第一场合，因为它是如下陈述的第一次冲突的直接结果：fecisti/non feci；an fecerit？（你做此事了吗？没有，不是我，是他吗？）(2) 定义（quid sit？）：事实的法律评估是什么，在什么（司法的）名义为其分类？这是一件罪行吗？一件渎圣行为？(3) 性质（quale sit？）：此事件可允许吗？有用吗？可宽恕吗？这是可使罪行减轻的类别。对此三种场所也许可以加上第四种场所，程序性类别：这是申诉（上诉领域）的状态（status）。——一旦 status causae 提出，probatio（缓刑）终止；我们从话语的理论提升（修辞学是一种 technè，一种投机性实践）过渡到话语本身；我们达到这样一点，在此演说者、自我的"机器"必须围绕着对手的机器连接在一起，对手从自己方面遵循着同样的路径、从事着同样的工作。这种连接、这种接合（embrayage）显然是冲突的：此即 disceptatio，双方之间的摩擦点。

27. 主观的和道德的证明

整个 probatio（逻辑证明总和，其目的是说服）被经历后，我们必须回到曾经开始 Inventio 领域的最初二分法，并返回主观的或道德的证明，后者依赖于使心动范畴。这是心理修辞学领域。在此两个名字无疑最为重要：柏拉图（必须找到适合于心灵类型的诸话语类型）和帕斯卡尔（必须发现其他人思想内部的运动）。至于亚氏，他明确承认一种心理修辞学，但是因为他继续使其依赖于 technè，它是一种"被投射的"心理学——人人所想象的那样的心理学——不是公众"心中所想"，而是公众相信他人"心中所想"的东西，这是一种 endoxon，一种"可能为真"的心理学，与"真的"心理学相对，有如 enthymème 与"真的"（证明论的）三段论相对立。在亚氏之前，technographes（技艺描述者）建议把心理状态看作同情。但是亚氏的创新在于，对于激情的细致分类，不是按照其所是，而是按照人们认为其所是：他并未对激情进行科学的描述，而是寻找那些可用于公众有关激情的思想的论点。激情明确地相关于前提、场所：亚氏的修辞学"心理学"是关于 eikos、关于激情的似真性的一种描述。心理学证明被分为两大组：ethè（性格，色调，性质）和 pathè（激情，感情，情感）。

28. ethè，性格，色调

ethè 是演说者的属性（而不是公众的属性，pathè），这是演说者应当向听众显示的性格的特点（演说者的真诚性与此无关），以便产生好印象：这是他的风度。因此，毫无疑问存在着一门表现心理学，它是一种想象心理学（在精神分析学的意义上）：我必须意指我想<u>为他人所做者</u>。这就是为什么——从这种戏剧心理学角度——最好谈论色调而非谈论性格：在音乐的和伦理学的意义上的色调，此词按希腊音乐中的意义理解。Ethos 在严格的意义上是一种涵指：演说者陈述一种信息，<u>同时</u>他说：我为此，不为彼。对于亚氏来说，有三种"风度"（airs），其总和构成了演说者的个人权威性：（1）phronèsis：此性质之所有者思虑周详，掂量正反两方面：这是一种客观智慧，一种被炫示的良知；（2）arétè：这是坦率之炫示，它不担心其后果，并通过具有戏剧忠实性的直接言谈来表现自己；（3）eunoia：它不使人震惊，不具有挑激性，具有同情心（甚至是讨人欢喜），与公众进入使人高兴的共谋关系。总之，当演说者谈述和展示此逻辑证明汇编时，他必须同时也说：跟随我（phronèsis），尊重我（arétè）和爱我（eunoia）。

29. pathè，感情

pathè 是倾听者的（不再是演说者的）情感（affects），至少是他所想象者。亚氏没有讨论过这个问题，除了从一个 technè 的角度，也就是将其作为论证链索的条件从句（protases）：他通过 esto（<u>假定</u>）标志出距离，它先于对每一激情的描述，而且我们已看到，它是"似真性"的运作者。每一"激情"在其习性（habitus）（有利于它的一般倾向）中，按照其对象（它为谁被感觉）以及按照引起"凝聚"（cristallisation）（愤怒/平静，憎恨/友谊，恐惧/信任，妒忌/模仿，忘恩负义/助人为乐，等等）的环境。这一点必须被强调，因为这标志着亚氏的深刻现代性，并使其成为"大众文化"社会的理想榜样：所有这些激情都自然地<u>在其平凡性中</u>被理解。愤怒是对其所想的那样，激情只是人们对其所说的那样：纯粹的文本间性，"引述"（正如 Paolo 和 Francesca 对其所理解的那样，他们彼此相爱，只因为他们读解了 Lancelot 的爱情）。因此，修辞学心理学，正是一种还原（réductrice）心理学的<u>对立面</u>，后者企图观察在人们所说的后面的东西，以及自认为，例如，可将愤怒还原为<u>另一种东西</u>、更隐蔽的东西。对于亚氏来说，公众意见是最初也是最后的材料，他并无（有关破译的）解释学观念；对他而言，激情是演说者必须熟悉的语言的现成片断；由此产生的<u>激情格架</u>观念，不是作为诸本质的一个集合，而是作为诸意见的一个集合。对于（今日通行的）还原心理学，亚氏代之以一种区分不同"语言"的分类心理学。似乎平淡无奇的是（而且当然是错误的）说年轻人比老年人更容易被激怒；但是这个老生常谈（这个错误）是重要的，如果我们理解这样一个命题仅只是<u>他者的一般语言</u>的一个成分，这个他者或许是亚氏按照亚氏哲学的如下秘诀加以构造的："人人相信为真者实际上就是真的"（《尼各马可伦理学》，X. 2. 1173a1）。

30. Semina probationum

这样我们就把 Inventio 领域或网络封拢了，这个网络是对话语材料的启示性准备。现在我们应该进入 Oratio 本身了：它的部分的秩序（Dispositio）和它在字词中的实现（Elocutio）。Inventio 和 Oratio 之间的"程序性"关系是什么呢？昆提连用一个字词（一个形象）将其表示为：他建议在 narratio（即在严格说来的论证部分之前）中处理"证明的种子"（semina quaedam probationum spargere）。因此从 Inventio 到 Oratio 中间存在有一种<u>分散</u>（essaimage）关系：必须先倡始，然后沉默、再引入、其后再迸发。换言之，Inventio 的材料已经是语言的片断，在<u>可逆性</u>状态中提出，这些片断必须插入一种必然的、不可逆的秩序中，此即话语的秩序。由此产生 technè 的第二段大运作：Dispositio，或者说对相续性之限制（constraintes de succession）的处理。

（二）Dispositio

我们看到，在 technè 中的 Dispositio（Taxis）构成了一个重要的争论焦点。我们将不回顾这个问题本身，而把 dispositio 定义作话语的诸主要部分的配置（或者在积极的、运作的意义上，或者在消极的、实体的意义上）。最好的翻译或许是：composition，它使人想起，拉丁文中的 compositio 是另一种东西：它只指示着句子内字词的排列；conlocatio 指示着每一部分中材料的分布。于是，按照一种加强词义的组合段，我们遂有：句子层（compositio）、词类层（conlocatio）、话语层（dispositio）。话语的大词类早为科拉克斯（Corax）提出[1]，而且它们的分布自那时以来几乎没有改变：昆提连提到 5 个词类（他把第 3 个词类分为两个：confirmatio 和 refutatio），亚氏提到 4 个：我们在此将采取亚氏的划分法。

---

[1] 参见前面一、（一）2。

1. egressio

在列举这些固定词类前需要指出一个移动词类的选择性存在：egressio 或 digressio；这是一种华丽的类型，在主题之外或与主题只有松散的联系，其功能在于使演说者光彩照人；它常常只是对场所和人物的颂扬（例如在西塞罗的 *Verrès* 中对西西里的称赞）。这个移动性单元，是在分类之外的，并可以说是飘移性的——此词来自新修辞学的 ekphrasis——它是一种场景的运作者、某种印记或"至上语言"的标记（高尔吉亚的 kurôsis，雅克布森的"诗学"）。但是正像一幅画永远在同一处签字一样，digressio 在结尾时大略总是落在 narratio 和 confirmatio 之间。

2. 4 种词类的聚合体结构

Dispositio 从如下二分法开始，它已经按不同的术语形式出现在 Inventio 的二分法中：animos impellere（使心动）/rem docere（使知，使信）。前一词（相关于感情）包括 exorde 和 épilogue，即此话语的两个极端。后一个词（相关于事实、理性）包括 narratio（诸事实或诸行为之间的关系）和 confirmatio（确立证明或说服手段），即话语的两个中间部分。因此组合段秩序并不追随聚合体秩序，而且我们面对着一种交错配列法（chiasme）的建立：两种"激情的"片断环绕着一个证明式：

```
                     证明
                  démonstratif
                  ┌─────────┐
  (1)开场白   (2)陈述      (3)论证    (4)结束语
   exorde    narratio    confirmatio   épilogue
      └──────────────────────────────────┘
                     激情的
                   passionnel
```

我们将按照聚合体秩序来论述这 4 个词类：exorde/épilogue, narratio/confirmatio。

3. 起始和结束

有关起始和结束、开讲和结尾的隆重化，是一个超出了修辞学的问题（礼仪，礼节，礼拜仪式）。exorde（开场白）和 épilogue（结束语）的对立，在结构完好的形式中，无疑显示某种拟古风；所以修辞学规范，在自身发展和世俗化的过程中，开始容忍没有开场白的话语（在审慎的样式中），按照 in medias res 规则，甚至于建议突然结束（例如 Isocrate）。开端/结尾的对立，在其典型的形式中，包含着一种差距：讲演者在开场白中应当始于谨慎、保留、适中；在结尾时他不再需要自制，他全身投入，以显露出自己的全部情感资源。

4. 序曲诗体（proème）

在古风式诗歌中，行吟诗、序曲诗先于歌唱部分（oimè）：这是竖琴演奏家的序曲，在比赛之前练习手指，并利用此机会以事先赢得评判的注意（瓦格纳的《领唱》中的遗迹）。Oimè 是一种古老史诗体抒情诗：吟诵人在多多少少随意的时刻开始讲述故事：他可以早些或迟些"开始"（故事是"无限制的"）；最初的字词切断没有开头的故事的潜在线索。开端的这种任意性由字词 ex ou 为标志（从其开始）：我从此处开始；《奥德赛》的行吟诗要求缪斯唱尤利西斯之返回时，"<u>从任何他喜欢的地方开始</u>"。于是序曲体的功能某种意义上就是为一切开端的任意性来驱魔。为什么从此处而不是从彼处开始？根据什么理由要打断蓬热（Ponge，*Proèmes* 的作者）所说的"magma analogique brut"（纯类比性杂烩）？这把刀应该柔和些，这种无秩序要求一种决定守则：这就是 prooimon。它的明显作用就是驯化，好像开始说话、遇到语言时，就是要冒险去唤醒未知、丑闻、巨魔。对我们大家来说，存在有关"打破"沉默（或其他的语言）的可怕礼仪，除了一些饶舌人，他们冲入言语并生硬地说话，不管场合：人们称其为"自发性"。或许这就是基础，从这里修辞学的开场白开始，也就是演说规则性的开端。

5. 开场白（exorde）

开场白，按照典则，包含两个部分：（1）Captatio benevolentiae，或者针对听众的引诱企图，立即为一种合谋企图所调和。Captatio 是修辞学系统的最稳定因素之一（它一直盛行至中世纪，而且今日仍可发现）。接着出现一种继续提升的模型，它按照事由的分类编码：引诱的手段随着事由与信念（doxa）的关系、与当前正常舆论的关系而变化多端：a. 如果事由与信念同一，如果是"正常"事由，合乎礼仪，于是使法官受任何引诱、受任何压力影响的企图，用处是不大的；这种样式称作 endoxon, honestum。b. 如果事由相对于 doxa 来说大致是中性的，就要求一种积极的行动以克服法官的怠惰心、引起他的好奇心和促使他注意（attentum）：这种样式被称作 adoxon, humile。c. 如果事由含糊，比如说，在两个 doxa 相互冲突时，就必须争取法官的偏向，必须使法官 benevolum，使其选边站：这种样式称作 amphidoxon, dubium。d. 如果事由含糊不清，就必须使法官像跟随着向导或火炬似的跟随着你，使其成为 docilem，善于接受的、可塑的人：这种样式称作 dysparakoloutheton, obscurum。e. 最后，如果事由是反常的，由于其远离 doxa 而引起惊奇（例如指控父亲、老人、孩子、盲人，也就是违背人情），用模糊的行动（一种涵指）影响法官就不够了，此时需要真正的挽救手段，但它必须是间接的，因为不能公然顶撞法官：这就是 insinuatio，一种自足的片断（而且不再是一种简单的 ton），它在开端之后纳入，例如，假装被对手所打动。这种样式是 captatio benevolentiae。（2）partitio，开场白的第二个部分，宣布演讲将遵循的划分方法和程序（partitiones 可扩大，它可置于每个部分的开头）；昆提连说，优点在于凡预先宣布其结尾的东西就不会令人感觉冗长。

6. 结束语（épilogue）

我们如何知道一篇讲演结束了呢？其任意性正如开场白一样。所以，必须有标志结束的记号，即"结束记号"（正如在某些手稿中所见："ci falt la geste que Turoldus declinet"）。这个记号在快乐的借口下被合理化（此事证明古人多么在意他们的演说词是否"冗长"），亚氏在有关套叠长句（période）而非有关结束语的讨论中曾指出这一点：套叠长句是"令人愉快的"句子，因为它是无结束句的反面；反之，令人不愉快的是，听众不能预感未来、不能预见结尾。结束语（peroratio, conclusio, cumulus, couronnement）包含两个层次：（1）"事物"层（posita in rebus）：它相关于持续和总结（enumeratio, rerum repetitio）；（2）"感情"层（posita in affectibus）：这个感情上的、哀伤的结束，希腊人很少使用。在希腊，一位导引会迫使演说者沉默，如果他过多、过长地弹奏哀音的话。但是在罗马，结束语部分成为戏剧性表演的、指控人姿态炫示的场合：面对着环绕着亲属和孩子的被告人，展示一把血淋淋的匕首、从被害人身上取下的骨头，等等。昆提连列举了所有这些手段。

7. 陈述（narratio）

narratio［diègèsis（故事）］确实陈述着涉及原因的事实（因为 causa 是充满偶然性的 quaestio），但是这种陈述只是从证据观点构想的，它是"对所做或声言要做的事情的说服性说明"。因此叙事不是一种 récit（在小说的意义上，取其中性意义），而是一种论证的 protase。因此它具有两种必具的特征：（1）它的袒露性：没有离题，没有拟人法（prosopopée），没有直接论证；没有适用于 narratio 的 technè；它应当只是清晰的、可能为真的、简明的。（2）它的功能性：这是对论证的准备；最好的准备是其意义被隐藏起来，其证据像是不可见的种子似的被散播于各处（semina probationum）。Narratio 涉及两类因素：事实和描述。

8. 自然秩序/人为秩序（ordo naturalis/ordo artificialis）

在古代修辞学中事实陈述服从于一个单一的结构性规则：链接可能是为真的。后来在中世纪，当修辞学完全与司法活动脱离后，narratio 成为一种自主样式，而它的诸部分的安排（ordo）成为一个理论性问题：出现了 ordo naturalis 和 ordo artificialis 的对立。阿尔昆（Alcuin）的一位同时代人说："一切秩序都或者是自然的，或者是人为的。如果人们在其中叙述事实的秩序与事实在其中发生的秩序是相同的话，秩序是自然的；如果人们不是从事情过程的起点出发而是从过程的中间出发的话，秩序是人为的。"这是一个有关过程"闪回"（flash back）的问题。人为秩序要求对事实序列进行切分，因为这是一个获得可动的、可逆转的单元的问题；它包含着或产生着一种特殊的可理解性，后者被特意加以显示，因为它消除了线性时间的（神秘）"性质"。两种"秩序"的对立可能无关于事实，而是相关于话语的各个部分。于是，自然秩序就是那种尊重传统规范（exorde, narratio, confirmatio, épilogue）的东西，人为秩序就是那种随境而异地扰乱这种秩序的东西。矛盾的是（这种矛盾无疑经常发生），<u>自然的</u>意味着<u>文化的</u>，而<u>人为的</u>却意味着<u>自发的、偶然的、自然的</u>。

9. 描述（descriptions）

除了严格年代学的——或者历时性的，或者故事性的——轴向外，narratio 还包括一种方面的（aspectuel）、持续的轴向，它由一系列流动的停滞期构成：描述。这些描述被严格符码化。主要有：topographies，或者说对场所的描述；chronographies，或者说对时间、期间、年代的描述；prosopographies，或者说肖像。我们在位于司法之外的文学中了解这些"片断"的经历。——最后须指出，为了结束 narratio，话语有时可能包含着第二种叙事。第一种叙事如果过于简略，其后可以再将其详细展开（"这里补充的是我刚才所谈事物如何发生的详情"）：这就是 epidiègèsis, repetita narratio。

10. 论证（confirmatio）

随着 narratio 或事实陈述之后的是 confirmatio 或论证陈述：在此被陈述者是 inventio 过程中被加工的"证明"。confirmatio（apodeixis）可以包含三种成分：（1）propositio（prothèsis）：这是一种从辩论观点出发的有关原因的压缩定义；它可以是简单的或复合的，取决于论点（"苏格拉底被控告腐蚀青年并导入新的迷信"）；（2）argumentatio，是对证明理由的陈述；没有采取任何特殊的组织化，除了下述以外：需要以强理由开始，接着是薄弱的证据，最后是非常强的证据；（3）在 confirmatio 的结尾，有时持续的话语（oratio continua）被与对方律师或证人的激烈对话所打断：闯入独白的另一种声音是 altercatio。希腊人不了解这种演说片断，它属于 Rogatio 样式，或控告诘问样式（"Quousque tandem，Catilina…"）。

11. 话语的其他切分

对 Dispositio〔它的一个深刻的踪迹牢存于我们对"计划"（plan）的教育中〕的严格编码清楚证明着，人本主义在其关于语言的思考中强烈地关心着组合段单元的问题。Dispositio 是其中的一种切分法。让我们看这些切分法中的一些，它们从最大单元开始：（1）话语全体可以构成一个单元，如果我们将其对立于其他话语的话；按照样式和按照风格的分类法就是如此；主题的修辞格亦然，在 tropes 之后的修辞格的第四种类型，字词修辞格和思想修辞格：主题修辞格涉及全体 oratio；Halicarnasse 的德尼（Denys）将其分为三种：a. 直接的（直说所思）；b. 间接的（间接话语：鲍依修斯在宗教的掩饰下威胁国王）；c. 对立的〔反用法（antiphrase），反讽法〕。（2）Dispositio 的诸部分（我们已了解）。（3）片断，ekphrasis 或 descriptio（我们也了解）。（4）在中世纪，articulus 是一种发展单元：在一部选集中，在 Disputationes 或 Somme 的选编中，人们对争论的问题做出总结（由 utrum 引导）。（5）période 是按照有机模型组织的句段（带有开头和结尾）；它至少有两个成分（上升和下降，tasis 和 apotasis），最多有 4 个成分。在其以下（实际上从套叠句段开始）是：句段开始，compositio 的对象，从 Elocutio 引出的技术性运作。

(三) Elocutio

在话语的各部分中发现的和广泛分布的论证仍然是"置入字词"的。人们称作 lexis 或 elocutio 的 technè rhétorikè 的第三个部分的功能，为 elocutio 的部分（但只是一个部分），习惯上我们错误地将修辞学归结为 lexis 或 elocutio，因为近代以来人们对修辞格最有兴趣。

1. Elocutio 的演变

实际上自修辞学创立起，Elocutio 变化甚大。它在科拉克斯的分类中并不存在，当高尔吉亚打算把美学原则（引自诗歌的）应用于散文时，它才出现。比起修辞学的其他部分来，亚氏对其论述较少。它主要是在拉丁文作家（西塞罗、昆提连）中间获得发展的，而在 Denys 和 Peri Hupsous 的匿名作家处，获得了精神上的突出发展；最后它吸收了全体修辞学，修辞学甚至于就被看做是"修辞格"。但是，在其典型状态中，Elocutio 定义着一个与全体语言有关的领域：它既包括我们的语法（直到中世纪的核心），也包括 diction，声音的戏剧。Elocutio 的最佳翻译也许不是 élocution（过于狭窄），而是 énonciation（陈述），或者甚至是 locution（locutoire 行为）。

2. 网络（réseau）

Elocutio 的内部分类很多，原因显然有二：首先这个 technè 必须经历不同的方言（希腊文，拉丁文，罗曼语）阶段，其中每一个都可能影响"修辞格"的性质；其次因为修辞学的这一部分的逐渐发展，迫使其术语更新（在修辞格的令人困惑的命名中的显然事实）。在此我们将使这一网络简化。基本的对立存在于聚合体和组合段之间：选择字词（electio，eglogè）；组合（synthésis，compositio）。

3."颜色"

在语言中 electio 意味着人们可用一个词项替换另一个词项：electio 的成立乃因同义词为语言系统的一个部分（昆提连）：说话人可以用一个能指替换另一个能指，甚至于可在此替换中产生第二种意义（涵指）。各种置换，不论其范围和样式如何，都是（"转换"的）Tropes，但是字词的意义一般被削减，以便能够与"修辞格"对立。包含着一切置换种类的真正一般化词项是"辞藻"和"色彩"。这两个词引起的涵指，明显地指明古人是如何思考语言的：（1）存在有一个纯基础，一个基本层次，一个沟通中的常态，由其出发可以发展出更复杂的表达，它是被辞藻化的、与原始基地保持着一定距离的。这个假定是决定性的，因为甚至今日它似乎都决定着一切强化修辞学的企图：要恢复修辞学就必然要相信，在语言的两种状态之间存在着距离；反之，修辞学永远被谴责为违反了诸语言的等级结构，在语言之间被认可的只有一种"波动的"而非基于自然的固定等级结构。（2）第二个（修辞学）层次具有一种活跃化功能：语言的"本"态是惰性的，它的第二种状态才是"活的"：彩色，光线，花卉（colores，lumina，flores）；辞藻属于激情、身体；它们使言语成为可以欲求的；存在着一种语言的 venustas（西塞罗）。（3）彩色有时用于"缓和过分袒露的陈述所导致的尴尬"（昆提连）；换言之，作为一种可能的委婉表达法的颜色，指示着禁忌，语言"袒露性"的禁忌：正如羞愧使面色变红，颜色以掩盖对象的方式暴露着其对对象的欲望：这就是服饰的辩证法本身（schéma 意味着衣服，figura 意味着外表）。

4. 分类学的狂热

我们一般称作修辞格的东西，几个世纪以来的今日仍然如此，一直成为真正的分类学狂热的对象。修辞格，由于历史严格性的限制和为了避免在 Tropes 和 Figures 之间的混淆，最好称其为"辞藻"（ornements），它无关于更早时产生的讽刺手法（railleries）。对于这些修辞格，我们似乎只能对其进行命名和分类的工作：存在着数百个词项，或者形式上平淡无奇（épithète, réticence），或者非常粗俗（anantapodoton, épanadiplose, tapinose, 等等），存在着几十个词项组合。为什么会发生对于切分、对于命名的狂热，为什么会发生语言对语言的这种令人陶醉的活动？无疑（至少这是一种结构性的解释），因为修辞学企图对言语（parole）而不再对语言结构（langue）进行编码，即原则上，代码行为终止于语言结构了。索绪尔（Saussure）看到了这个问题：对于字词的、固定组合段的稳定接合体应该如何看待呢，它们既参加语言和结构，又参加言语和言语组合？修辞学预见到了一种言语的（不是统计的）语言学（后者在词语表达上不无矛盾），它费尽心思地必然陷入一个越来越精细的"言谈方式"的网络，后者想要掌握不可掌握者：幻影本身。

5. 辞藻的分类

所有这些辞藻（数百个）在历史上按照一些二元对立原则加以分布：tropes/figures, tropes grammaticaux/tropes rhétoriques, figures de grammaire/figures de rhétorique, figures de mots/figures de pensée，tropes/figures de diction。不同的作者之间，分类法会发生矛盾：tropes 在此与 figures 对立，在彼属于 figures；对于拉米，hyperbole 是一种 trope，对西塞罗是一种思想修辞格，如此等等。最经常的三种对立是：（1）Tropes/Figures：这是最古老的区分，古代的区分；在 Trope 中意义的转换相关于一个单元、一个字词（例如，catachrèse：风车的臂，桌子的腿）；在 Figure 中转换需要若干词，整整一小段组合段（例如，périphrase：谈话的方便）。这种对立大致对应于系统和组合段的对立。（2）Grammaire/Rhétorique：语法的 tropes 是这样一种意义的转换，它发生于日常的使用中，直到人们不再"感觉"到辞藻的作用——电（电灯的换喻），一座喜洋洋的房屋（通俗化的隐喻）——tropes 使人感觉到一种非通常的用法：自然之洗衣房代表洪水（Tertullicn），键盘的雪，等等。这种对立大致对应于直指和涵指的对立。（3）字词/思想：字词修辞格和思想修辞格的对立是最通俗的；字词修辞格存在于修辞格会消失之处，如果我们改变字词的话（例如 anacoluthe 完全依赖于字词的顺序：Cléopâtre 的鼻子，如果它短些，世界的面目……）；思想修辞格，在字词被选中后，就始终如一（像反语：我是伤口和刀子，等等）；这第三种对立是心灵性的，它使所指和能指发挥作用，前者可以没有后者而存在。——仍然可能设想新的修辞格分类法，而且实际上可以提出，没有关心修辞学的人会被诱使去按照自己的方式为修辞格分类。但是，我们仍然欠缺（也许本来就不可能产生）对主要修辞格的纯操作式的分类：修辞学词典实际上使我们能够容易知道什么是一个 chleuasme，一个 épanalepse，一个 paralipse，从往往是神秘的名字通向具体例子；但是没有任何书籍能使我们反其道行之，从（在文本中发现的）句子到达修辞格的名字；如果我读到:"如此多大理石在如此多阴影前颤抖",某一本书告诉我这是 hypallage(置换法),除非已经预先知道了,否则如何理解呢?我们欠缺一种可帮助我们按其元语言本身来分析古典文本的归纳法工具。

6. 回顾一些修辞格

当然,我们如想提供一份古代修辞学在"修辞格"通名下所认可的"辞藻"清单,是并无任何问题的:首先存在有若干修辞学词典。但是我认为,先查看一下随便选择的 10 个左右修辞格的定义是有用的,这样可以对有关 electio 的若干谈论提供一种具体的观点。(1) allitération 是在一个简短组合段内子音的紧密重复(le zèle de Lazare);当重复的是音色时,我们有 apophonie(Il pleure dans mon cœur comme il pleut sur la ville)。人们提出,allitération 比批评家和风格学家所相信的往往要较少具有意图性。斯金纳(Skinner)指出,在莎士比亚的十四行诗中,allitération 没有超过人们可能期待于字母和字母组合的通常频率。(2) anacoluthe 是一种有时为错误的构造之断裂(Outre l'aspect d'une grande armée rangée, les Macédoniens, s'étonnèrent quand...)。(3) catachrèse 出现在语言欠缺"专有"词项之处,在此需要应用修辞格(磨坊之翼)。(4) ellipse 要压制句法成分到不致影响可理解性的程度(Je t'aimais inconstant, qu'eussé-je fait fidèle?); ellipse 经常被认为代表着语言的一种"自然的"状态:这是言语的"正常"形式,在发音中,在句法中,在梦境里,在孩童语言中。① (6) hyperbole 是夸张:或者

---

① 在第 4 例到第 6 例之间有跳略,有理由假定第 5 例是 synecdoque:在此,部分代表整体。——法文版编者注

通过增加（auxèse：aller plus vite que le vent），或者通过缩小（tapinose：plus lentement qu'une tortue）。（7）ironie 或者 antiphrase 在于说一事而意指着另一事（涵指）；如纳沙托（Neufchateau）所说："Elle choisit ses mots：tous semblent caressants. /Mais le ton qu'elle y met leur donne un autre sens."（8）périphrase 最初是一种语言迂回法，以避免一种"禁忌标记"。如果 périphrase 是贬义的，就称作 périssologie。（9）réticence 或 aposiopèse 标志着由于感情的突然变化（如在维吉尔的 *Quos ego* 中）而出现的话语中断。（10）suspension 使陈述延迟，在解决它之前，增加插入子句：这是在句子层次上的<u>中止</u>。

7. Propre 和 Figuré

我们看到，一切"修辞格"的结构在于这样的观念：存在着两种语言，原本（propre）语言和被比喻的（figuré）语言，因此修辞学在其 élocutrice 部分中，相当于一种语言<u>差异</u>（écarts）表列。自古代以来，证明此类信仰的元修辞学论述不可尽数：在 elocutio（修辞格领域）中，字词是"transportés"（转换的）、"détournés"（偏离的）、"éloignés"（远离的），它们都与<u>这些</u>词常见的意思相去很远。亚氏从中看出了一种对离异（dépaysement）的趣味：必须"与通常表达方式保持距离……在这方面我们有如陌生人出现时一样的感觉：风格被给予一种生疏的面貌，因为来自远方的东西会引起尊敬"。所以，在大家（但谁是"大家"呢？）使用的"通常字词"和不同于日常用法的"凸显字词"、异常字词之间存在有一种<u>疏异关系</u>："蛮语"（外国人的语言），新词，隐喻，等等。对亚氏来说，应当存在有两套词语系统的混合，因为如果只使用通常语词，就只能产生低俗话语，如果只用异常语词，就会产生一种疑迷话语。从民族的/外国的和正常的/异他的这种对立，逐渐演变为原本的/比喻的之间的对立。什么是原本的意义？"它是字词的第一个意指。"（迪马赛）"当字词意指着其原初被确定的意思。"但是原本意义不可能是最早的意义（古语是意思不明的），而是直接在被比喻者成立之前的意义：本义，真义，即在先者（父亲）。在古典修辞学中，在先者被自然化。由此产生了矛盾：何以本义会是"自然的"，而比喻义会是"原初的"？

8. 修辞格的功能和始源

我们在此可以区分两组说明。（1）功能性说明：a. 第二种语言来自取悦他人和躲避禁忌的需要；b. 第二种语言是一种虚幻技术（在绘画的意义上：透视、阴影、假象）；它重新分布事物，使它们看起来不同于其所是的样子，或者看起来更引人关注；c. 在观念的联想中隐含着一种快乐〔我们会说：一种 ludisme（娱乐）〕。（2）始源性说明：此说明起自如下假定，修辞格存在于"自然中"，即存在于"人"之中〔拉辛（Racine）："我们只需倾听两位下层社会妇女之间的争论：多么丰富的修辞格！她们大量使用换喻、字词误用（catachrèse）、夸示法等等"〕；纳沙托说："在市镇、法庭、田野、市场中，到处都是借助比喻进行的滔滔雄辩。"那么我们如何使修辞格的"自然的"起源和它在语言结构中的第二位的、在后的位置相调和呢？经典的回答是，艺术选择了修辞格（作为对其距离的正确评估，此距离应该被衡量），艺术并不创造修辞格。简言之，被比喻者是对自然成分的一种人为结合。

9. 维柯和诗歌

从最后这个假定出发（修辞格具有一个"自然的"起源），我们可以进一步区分两种说明。第一种是神秘的，浪漫的，在此词最广的意义上："原本"语言是贫乏的，它不足以满足所有需要，但它获得另一种闯入语言的补充，"精神的那些神性般的焕发，希腊人称其为比喻（Tropes）"（雨果）；或者（米什莱引述的维柯），诗歌是原始的语言，四种主要的原型修辞格被依次发明出来，不是被作家，而是被语言之诗歌时代的人类：Métaphore（隐喻），然后是 Métonymie（换喻），再后是 Synecdoque（提喻），最后是 Ironie（反讽）。起初，它们被<u>自然地</u>加以运用。其后它们是如何成为"修辞学的修辞格"的呢？维柯对此给予了一个颇具结构性的回答：当抽象产生后，即当"修辞格"在与另一种语言的范词（paradigmatique）对立中被理解时。

10. 激情的语言

第二种说明是心理学的。这是拉米和古典作家的说明：修辞格是激情的语言。激情歪曲了对待事物的观点并迫使人们选择特殊言语："如果人们把呈现于心间的一切事物，简言之，如它们所是的那样去设想，他们就将只以一种方式谈论它们：几何学几乎永远只运用着同一种语言"（拉米）。这是一个重要的观点，因为，如果修辞格是激情的"词素"，通过修辞格我们能够理解有关"激情"的古典分类法，而且特别是有关"爱的激情"的分类法，从拉辛到普鲁斯特（Proust）。例如，exclamation（感叹语）对应着言语的突然被"劫持"（rapt），对应着情绪的失语症；doute（怀疑法)、dubitation（疑惑法）（一种修辞格的名字）对应于行为的不确定性（做什么？这个？那个？），对应于对发自他人的"记号"的困难解读；ellipse（省略法）对应于对一切阻碍激情的因素的批评；paralipse（假省笔法）（似乎不打算说而最终将要说出），对应于"场景"的更新、对应于受伤的魔鬼；répétition（重复法）对应于执著的维护着的"正当性"；hypotypose（生动描绘法）对应于生动想象的场景、内在的幻想、心理的故事（欲望、妒忌），等等。因此我们可以较好地理解，为什么被比喻者（le figuré）可以既是一种<u>自然</u>的也是一种<u>第二位</u>的语言的缘故：它是自然的，因为激情属于自然；它是第二位的，因为道德要求这同一种尽管是"自然的"激情被疏异化、被置于过错的位置上；对于古典作家来说，这是因为"自然"是邪恶的，于是修辞格既是基本的又是可疑的。

11. Compositio

现在我们需要回到第一种对立，充作 Elocutio 网络出发点的对立：electio，辞藻的置换性领域，对立于 compositio 句子内字词的联想领域。我们在此不采取有关"句子"的语言学定义：对我们来说，它只是处于 pars orationis（oratio 的主要部分）和 figura（字词的小组合）之间的话语单位。古代修辞学为两类"构造"（constructions）编码：（1）一种"几何学式的"构造，即亚氏的 période（复合句）："一个句子有开端、结尾和长度，此乃一目了然"；复合句的结构依赖于 commas［frappes（击）］和 colons［membres（句子成分）］的内在结构；它们的数目变动不定并有争论。一般来说，要求 3 个或 4 个 colons，服从于对立式（1/3 或 1-

2/3-4)；这个系统的参照关系（référence）是活力论的（呼吸的往复）或竞技式的（此复合句重复着运动场的"省略式"：去、绕、回）。(2) 一种"动力式的"构造（Halicarnasse 的德尼斯）：句子被看做是一种提升的、强化的复合句，它由"运动"所超越。它不再相关于去和回，而是相关于上升和下降；这种"摇摆"比字词的选择更重要：它依赖于作家的一种内在感觉。此"运动"有三种样式：a. 粗犷的，震惊的（Pindare，修昔底德）；b. 柔和的，轻快的，滑润的（Sappho，Isocrate，西塞罗）；c. 混合的：包含着诸流动的类型。

这样，我们就结束了有关修辞学网络的讨论——因为我们已预先决定排除那些严格来说是戏剧性的、歇斯底里式的、与发声学有关的修辞学 technè：如 actio 和 memoria。任何提及的历史性结论（除了不无嘲讽意味的是，我们为第二种元语言编码时，是通过使用刚取自第一种元语言的 peroratio 概念来进行的），都会超过这部小册子的纯教学性的意图。但是，在离开旧修辞学时，我想说出在此难以忘怀的旅行（时间轴的下行，网络的下行，像是沿着双流而下）中我个人的感受。"我个人的感受"意味着：在我目前的工作中来自这个古代帝国的问题，以及自从我研究修辞学以来不再可能避开的问题。

首先，一种信念是，我们的文学、我们的教育制度、我们的语言机制中的很多特点（哪一种制度是没有语言的呢？），将会以不同的方式被阐明和理解，如果我们更彻底地了解（即如果我们不加批评）了那种将其语言赋予我们文化的修辞学代码的话。不再可能出现一门有关修辞学的技术、美学和道德的研究，而只可能存在有关其历史的研究吗？是的，今日一门修辞学史极其必要，它将通过一种新思考方式（语言学、符号学、历史科学、精神分析学、马克思主义）被拓展。

其次，这种观点认为，在亚里士多德（修辞学由其开始）和我们的大众文化之间，存在有一种牢固的一致性，似乎亚里士多德主义（它作为一种哲学和作为一种逻辑学自文艺复兴以来已经死亡，作为一种美学自浪漫主义时代以来也已经死亡）仍然延存于西方社会文化实践领域内的一种被贬低的、混乱的、纷杂的状态中——这种实践，在民主化过程中，以一种"最大多数"的、以多数作为准则的、流行意见的意识形态为基础：种种方面都暗示着，一种亚里士多德圣经，仍然在规定着一种贯通历史的"西方典则"、一种 en-doxa 的文明（我们的文明）。如何避免这样一种认识：亚里士多德（诗学，逻辑学，修辞学）为"大众通讯"的全部语言——叙事的、论述的、论证的——提供了一种完全的分析框架（从其"似真性"概念起），以及他代表着一种在元语言和语言作为对象之间的最佳统一性，后者可以规定一门应用科学。于是在民主制度中，亚里士多德主义也可成为一种最好的文化社会学。

最后，我们的研究（其简短形式或许会引生困惑）主张，由修辞学形成的和由人本主义提升的我们的全部文学，都是从一种政治—司法实践中产生的（除非我们坚持那种使修辞学限于"修辞格"的错误认知）：在那些有关金钱、财产、阶级等等大量粗暴冲突均被国家权力接管、遏制、驯化、维持的领域内，国家机构对于虚构言语进行制约，并对我们的文学从其诞生的一切能指运作加以规范。这就是为什么要使修辞学降低到一种作为纯粹历史对象的层次上的理由,并以文本、写作的名义,勇于承担一种全新语言实践,并且永远不与此革命性的科学分离;这对我来说也算是同一种任务。

(*Comminications*,1970 年,第 16 期)

附 录

S. E. L. F., 1964年，11月14日会议。

修辞学中修辞格的结构分类

修辞学可被定义为语言结构的涵指层次；修辞学中记号的所指，长期以来是由不同的"风格"论述构成的，此风格由代码以及今日由文学的概念所认可；风格学中由不同长度的（主要大于语素的）单元所形成的所指，大致相当于修辞格。

修辞格可以分为两大类。第一类，或者是 métaboles 组合，包括一切构成语义转换的"涵指项"（connotateurs）；或者是隐喻：夜间旅游者＝老年；语义链按下面方式建立：能指1（/夜间旅游者/）＝所指1（"夜间旅游者"）＝所指2（"老年"）＝能指2（/老年/）；在此链中的转换包括"能指1＝所指2"；这个链的标准形式对应于大多数已知修辞格［隐喻、换喻、反语、litote（间接肯定法）、夸示法］，它们彼此的区别只取决于所指1和所指2之间关系的性质。这种关系可以通过参照不同方法（逻辑分析、意素分析、语境分析）来定义。语义链可能包括两种异常例子：（1）能指2＝0，这是 catachrèse 的例子，在这里语言本身欠缺"原本"词；（2）所指1＝所指2，这是字谜游戏的例子。

第二类，或 parataxes 组合，包括一切符码化的语词变异，后者可影响"正常的组合段系列"（A. B. C. D...）：迂回［anacoluthe（错格）］，失望［aposiopèse（急收法）］，延迟（中止法），欠缺［省略法，asyndète（连词省略）]，扩大（重复法），对称［对照法，chiasme（交错配列法）]。

Le Français moderne，1966 年 1 月

叙事结构分析导论[①]

世界上的故事无穷无尽。首先,存在有惊人众多的样式分布于不同的内容之中,似乎任何材料都适合人类用来表达故事。支撑故事的可以是口头的或书写的分节语言,固定的或流动的形象、姿态,以及包含所有这些内容的有组织的混合体。故事可以出现于以下作品形式中:神话、传说、寓言、童话、小说、史诗、历史、悲剧、正剧、喜剧、哑剧、

[①] 《叙事结构分析导论》一文已收入 "Points" 袖珍丛书中的两卷内:*Poétique du récit* (1977) 和 *l'Analyse structurale du récit* (*Communications*,第 8 期,1981)。我们决定将其重新收入本书,乃因此文正好合于《符号学历险》主题,从而可使其构成作用更为丰富,如无此文,罗兰·巴尔特符号学的研究将有欠完整;实际上本文在本书中具有决定性作用(在本译文中,récit 将普遍地、随境而异地译为"叙事"或"故事"——中译者注)。

绘画［如卡帕西奥（Carpaccio）的"*Sainte Ursule*"］、教堂窗绘、电影、连环漫画、社会新闻栏目以及谈话。此外，故事以此几乎无限多的形式出现于一切时代、一切地区、一切社会。故事与人类历史同其久远。没有任何民族是没有或从来没有故事的。一切阶级、一切人类集团都有自己的故事，而且这些故事往往为不同文化甚至是对立文化中的不同人士所共同欣赏[①]：故事并不在意文学的好与坏，故事跨越国度、历史、文化而到处<u>存在</u>，正像生活本身一样。

我们能根据故事的普遍存在性来推断其并不<u>重</u>要吗？故事已经普遍到如此地步，以至于我们对其只能根据一些特殊的类型加以谦逊的描述，有如文学史有时所做的那样吗？但是，我们又如何掌握这些类型，如何确定我们对其进行区分的权利，如何辨识它们呢？我们如何能够使 roman 和 nouvelle 对<u>立</u>、使 conte 和 mythe 对立、使 drame 和 tragédie 对立（如同已被千万次做过的那样），而不涉及一种共同的模型呢？这种模型在一切语言中已被包含在最具个别性、最具历史性的叙事形式之中了。所以，正当的做法是，不以故事毕竟是一种过于普遍的现象而放弃讨论它的抱负，反而<u>应该按照</u>时期分划方式来考察（亚里士多德以来的）叙事形式。而且，正常的做法是，一种新生的结构主义，应当将此形式作为其主要关切对象：结构主义的永恒关切，难道不是在于通过描述故事赖以产生和通过其得以产生的"语言结构"（langue），来掌握无限多的言语（parole）吗？分析者在面对着无限多的故事、面对着我们据以讨论故事的众多观点（历史的、心理学的、社会学的、人种学的、美学

[①] 应当注意，对于诗歌和散文来说就并非如此，这取决于消费者的文化层次。

的，等等）时，实际上与索绪尔的处境相同，他面对着多种多样的语言（langage），并企图在语言信息的表面混乱中推出一种分类原则并获得一个描述中心。就现代时期而言，俄国形式主义者如普罗普，以及列维-斯特劳斯，使我们学会了理解以下矛盾：故事或者是事件的简单描述，在此我们只能依赖讲故事人（作者）的艺术、才华、天才来进行谈论———一切偶然的神话形式[①]——或者是叙事与其他故事共有一种可加以分析的结构，不论需要多大耐心来对此结构进行说明。因为，在最复杂的偶然性和最简单的组合性（combinatoire）之间存在有鸿沟，没有人能够不诉诸内含着单元和规则的系统而组合（生产）出一个故事来。

那么我们应在何处研究故事的结构呢？当然是在故事之内。所有的故事吗？但是很多采取叙事结构概念的评论者都不能避免按照实验科学模型来进行文学分析：他们大胆地主张将一种纯归纳的方法应用于叙事作用（narration），而且首先应该研究一种样式、一个时期、一个社会的全部故事，以便其后过渡到研究一种一般模式。这种常识观实属乌托邦之类。有 3 000 种左右语言结构要去掌握的语言学本身，是无法办到这一点的。语言学明智地始终采取着演绎法，此外，自从那时以来语言学已被真正建立，并大踏步地前进着，甚至于还在努力朝向那些尚未被发现的东西。[②] 那么，面对着

[①] 讲故事人的"艺术"当然是存在的：这是从（代码的）结构产生（信息的）叙事的能力；这种艺术对应于乔姆斯基的 performance 概念，此概念却不同于作者的"天才"观，后者被浪漫地想象为一种难以说明的个人秘密。

[②] 参见赫梯语（hittite）中 a 的历史，索绪尔曾对此加以假定，而 50 年后本维尼斯特发现了它。参见 *Problèmes de linguistique générale*，35 页，巴黎，Gallimard，1966。

千百万个故事,我们关于叙事分析应该谈些什么呢?它必然应该是一种演绎性的程序,它首先必须设想一种假定性的描述模型(美国语言学家称之为"理论"),并逐步从此模型下降到诸叙事之种属(espèces),后者既参与又分离于此模型:只是在这个彼此符合(conformités)与离异(écarts)的层次上,叙事分析才采用着一种独一无二的描述工具,用以识别出故事的多元性,以及历史的、地理的、文化的分歧性。①

但是为了对无限多的叙事进行描述和分类,我们需要一种"理论"(在刚才谈过的实用性的意义上),需要对其加以探求,并首先设法对其加以描绘。如果我们先以一种赋予其第一批词语和原则的模型开始的话,这种理论的发展将会顺利展开。在目前的研究中似乎合理的是②,把语言学本身当作叙事结构分析的基本模型。

一、叙事的语言结构(langue)

(一) 超出句子

我们知道,语言学止于句子,句子是语言学认为自己有权利处

---

① 让我们来注意语言学描述的实际条件:"……语言的结构永远不只是相对于材料或作品群,而且也相对于描述这些材料的语法理论。"(E. Bach, *An Introduction to Transformational Grammars*,29 页,New York,1964)"一般认为,语言必须被描述为一个形式结构,但是此描述首先要求规定适当的程序和规范,并且归根结底,对象的实在性与对其进行规定的方法是不可分离的。"(本维尼斯特,前引书,119 页)

② 但非必须如此,参见 Cl. Bremond, "La Logique des possibles narratifs", *Communications*,1966,第 8 期("*Points*"丛书,1981)。

理的最后单位。实际上，作为一种秩序而非作为一种系列（série）的句子，不可能被归结为构成它的诸字词总和、并因此构成着一种原始的单元，一种陈述段（énoncé），反过来，就只是构成此陈述段的句子的连续体（succession）。从语言学角度看，话语中的一切均可在句子中找到。马丁内（Martinet）说："句子是完全、完整地代表着话语的最小切分成分（segment）。"① 所以语言学不可能采取一种超出句子的对象，因为在句子之外存在的只不过是更多的句子：植物学家在描述花朵时不可能关心对花束的描绘。

但是话语本身（作为一组句子）显然是有组织的，而且由于此组织，它似乎成为比语言学家的语言结构要高的另一种语言结构的信息②：话语有其单元、规则、"语法"：话语超出了句子，虽然只由句子组成，它应当自然地成为一种第二语言学之对象。这样一种话语语言学长期以来具有一个显赫的名字：修辞学。但是自从修辞学通过一种复杂的历史发展而与文学联系以来，以及文学与语言研究分离以来，近年来似乎有必要重新提出这样的问题：新的话语符号学还未发展起来，但它至少可以经由语言学本身对其加以探讨。③这一事实是重要的：话语虽然构成了一个自主性对象，仍然应该从语言学出发对其加以研究。如果我们必须为一种分析提出工作性假

---

① "Réflexions sur la phrase", *Language and Sociey*（Jansen 纪念文集），113 页，哥本哈根，1961。

② 结果如雅克布森所说，存在有从句子向句子之外的过渡：例如，coordination（并列结构）可以在句子之外发挥作用。

③ 特别参见本维尼斯特前引书，第 10 章。Z. S. Harris, "Discourse Analysis", *Language*, 28, 1952, pp. 1～30; N. Ruwet, *Langage, Musique, Poésie*, Paris, Ed. du Sueil, 1972, pp. 151～175.

设，此分析之任务是繁重的，其材料是无限多的，最合理的做法是在句子和话语之间假定一种同态关系，因为同一种形式的组织似乎为一切符号学系统提供着规则，不论其内容和向度如何：话语可成为一种大"句子"（其单元不一定是句子），正如句子，由于其某些特点，可以是一个小"话语"。这一假设符合于一些现代人类学家的立场。雅克布森和列维-斯特劳斯注意到人类应该由其创造第二种"扩增的"系统的能力来定义（工具用于制作其他工具，语言的二元分节，使家庭得以繁衍的乱伦禁忌），以及苏联语言学家伊万诺夫（Ivanov）假定，人工语言只有在天然语言之后才能获得：对于人类重要的是，人们能够使用几种意义系统，天然语言有助于发展人工语言。因此有理由假定，在句子和话语之间存在有一种"第二"关系——可称之为同态关系，以便尊重此对应关系的纯形式特征。

叙事的一般语言结构，显然只是适用于话语语言学的"习俗语"（idiomes）之一①，因此服从于同态的假设：从结构上说，叙事涉及句子，但永远不能归结为句子的总和。叙事是一种大句段，有如一切陈述句（constative）在某种意义上都是一个小叙事的素描。虽然存在有原初性的能指（往往非常复杂），在扩大的和相对转化的叙事中，我们实际上发现了动词的主要范畴：时态、体、语气、人称。此外，与动词谓语对立的"主语"本身一定会服从句子模型：由格雷马斯（Greimas）提出的行动者的（actantielle）类型学〔参见后面三、（一）〕在大量故事角色中发现了语法分析的基本功

---

① 话语语言学的任务之一正是建立一种话语类型学。我们暂时可以识别三种主要话语类型：换喻的（叙事），隐喻的（抒情诗，箴言话语），省略三段论的（思想话语）。

能。我们此处提出的同态关系不只具有启发性价值，它还在语言和文学之间隐含着一种同一性（就文学是一种特优的叙事载体而言）。不再可能把文学看做一种对自己与语言的全部关系不予关切的艺术。在文学使用语言作为表达观念、激情或美的工具之后，语言始终陪伴着话语，倾向于使其成为自身结构的镜子：文学，特别在今日，不是产生着一种语言条件本身之语言吗？①

（二）意义层次

语言学从一开始就为叙事结构分析提供了一个决定性概念，因为直接考虑到在全体意义系统中重要的组织概念，我们得以既能判断一个叙事不是诸句子的简单聚合，也能够对大量参与一个叙事之组合的众多成分进行分类。这个决定性概念即<u>描述层次</u>。②

我们说，一个句子在语言学上可以在若干层次上（语音层，音位层，语法层，语境层）予以描述。这些层次彼此处于等级关系之内，因为，如果每一层都有自己的单元和自己的相关关系，我们就必须对其中每一个层次进行一种独立描述，就没有一个层次本身可以独立地产生意义：属于一个层次的所有单元只有在与上一

---

① 我们可于此想到马拉美（Mallarmé）在设计一种语言学工作时形成的这种直观想法："在他看来，语言是故事（fiction）的工具：他将遵循语言方法（决定此方法）。语言反射自身。最后，故事在他看来是人类精神过程本身——是故事使每一种方法发挥作用，而人被还原为意志"（*Œuvres complètes*, Pléiade, Paris, 1961, p.851）。我们将记住，对马拉美来说，"不是故事，就是诗歌"（同上书，335 页）。

② "语言描述可以说不是单值的。一段描述本身不只是对的或错的，它也是好的或坏的，更有用的或较无用的"（"Linguistique générale et linguistique appliquée", *Études de linguistique appliquée*, 1, 1962, p.12）。

层结合后才能产生意义。一个音位，不管描述得多么充分，其本身没有意义，只有在结合入字词后才会参与意义。① 层次理论（如本维尼斯特所陈述的）提供了两类关系：分布性的（诸关系位于同一层次上）和整合的（如果它们逐层被理解）。结果，分布关系不足以说明意义。因此，为了进行结构分析，首先需要区分描述实践的不同机制（instances），并将其置于一种（整合的）等级结构中去。

　　层次就是运作。② 因此，正常的结果是，语言学在发展过程中，其运作程序日益扩增。话语分析还只能在初级的层次上起作用。修辞学以自己的方式赋予话语至少两个描述层面：dispositio 和 elocutio。③ 在我们时代，列维-斯特劳斯在其神话分析中已经规定，神话话语的构成单元（神话素）只有在彼此构成束列、并在诸束列组合起来之后才获得意义。④ 托多洛夫（T. Todorov）采取了俄国形式主义的区分法，建议在两个主要层次上分析，它们可划分为：<u>故事</u>（histoire）[论证（argument）]，它包含一种行动逻辑和一种人物

---

　　① 布拉格学派假定了诸结合层次（参见：J. Vachek, *A Praque School Reader in Linguistics*, Indiana Univ. Press, 1964, p.468），其后许多语言学家采用此观点。在我看来，本维尼斯特所作的分析最具有启发性（*Problèmes de linguistique générale*，同上书，第10章）。

　　② "在某种含混的意义上，一个层次可看作是一个由符号、规则等组成的系统，用于代表诸表达式。"（E. Bach, *An Introduction...*，同上书，pp.57～58）

　　③ 修辞学的第三个部分 inventio 不关心语言。它相关于 res（事物），而非相关于 verba（语言）。

　　④ *Antrhopologie structurale*，p.233，Paris，Plon，1958.

"句法"；话语，它包含时态、体和叙事样式（mode）。① 不论提出的层次数目是多少，不论采取什么定义，可以肯定的是，叙事具有一种等级的机制。理解一个叙事，不只是追随故事的展开，而且也需识别其中的"阶段"，将叙事"线"的水平轴连接，投射到一种隐含的垂直轴上去。读解（聆听）一个叙事，不只是从一个字词过渡到另一个字词，也是从一个层次过渡到另一个层次。让我举一个寓言为例：爱伦·坡在《被偷窃的信》中露骨地分析了巴黎警察总监的挫败，他没有能够找到那封信。他的研究是充分的，爱伦·坡说，"就其专业范围而言"：总监未遗漏任何该找寻的地方，他充分"浸透"了诸"寻索"层次。但是为了找到因其显而易见反被隐藏的这封信，必须过渡到另一层次，以警察的适切性来替换隐藏者的适切性。同样的，不管叙事关系在水平组合上的寻索多么完善，为了达致成效，必须朝向"垂直面"：意义不存于叙事的"尾端"，而是穿越整个叙事。尽管显而易见，"失窃的信"仍然逃过了每一此片面的探索。

我们还必须继续探索才能明确叙事的层次。我们在此提出的一些看法，只是一个临时的纲要，仍然几乎只是用于教学的目的：这些讨论使我们能够厘清问题和为其分类，并使其与迄今完成的种种研究似乎不至于产生分歧。我们建议在叙事作品中区分出三个描述层次："功能"层［其意义同于普罗普和布雷蒙（Bremond）］，"行动"（actions）层［其意义同于格雷马斯，当他把人物说成是行动位（actant）时］，以及"叙事作用"（narration）层（大致来说，它相当于托多洛夫的"话语"层）。必须记住，这三个层次是按照一种

---

① "文学叙事的范畴"，*Communications*，第 8 期，1966（"*Points*"丛书，1981）。

渐进的整合样式相互连接的。一个功能具有意义，只当它出现在一个行动位的一般行动中时；而这个行动本身只是从下列事实中获取其最终的意义，即当它是被叙述的（narrée）、被纳入一个有自身代码的话语中的时候。

二、功能

(一) 单元的决定作用

对于其所属类别已知的诸单元之每一组合系统，我们首先都要切分其叙事和决定叙事话语的切分成分，这些成分可被分配于少数类别。换言之，我们必须为最小叙事单元定义。

按照此处规定的整合观，分析不能限定于单元的纯分配性定义：意义从一开始就必须是单元的判准——构成故事单元的是其某些切分单元的功能性特征——由此我们把"功能"的名字立即赋予这些基本单元。自从俄国形式主义以来[1]，任何故事的切分成分都被看做一个单元，它呈现为一个相关关系项。可以说，一切功能的灵魂即是其根苗，此根苗使其能够将一个成分种植于叙事内，该成

---

[1] 特别参见托马雪夫斯基（B. Tomashevski），"Thématique"（1925），*Théorie de la littérature*，Paris，Éd. du Seuil，1965。——稍后，普罗普把功能定义为"一个角色的行动，根据其在情节展开过程中的意义的观点加以定义"（*Morphologie of the Folktale*，Austin & London，1968，p. 21）。同样见托多洛夫的定义："作品的一个成分的意义（或功能）是其进入与此作品的其他成分以及与全体作品的相关关系中的可能性"，以及格雷马斯提供的说明，他依据其聚合体相关关系，但也同样根据其在所属的组合段单元内的位置，来定义此单元。

分稍后在同一层次上,或在别处其他层次上,会"成长"起来:如果福楼拜在其 Un Coeur simple 中的某一段落上,显然并未以强调的方式告诉我们,Pont-l,Evêque 的副省长的女儿们有一只鹦鹉,这是因为这只鹦鹉日后在 Félicité 的生活中将起重要的作用;因此这个细节的陈述(不论其语言形式如何)构成了一个功能,或叙事单元。

一个叙事中的一切内容是否都具有功能性呢?每一种东西,包括最小的细节,都有其意义吗?我们马上会看到,无疑存在有若干种类型的相关关系。虽然一个叙事永远只由功能组成:其中每一种东西,在不同程度上,都有意指作用。这并非是(叙事者方面的)艺术的问题,而是一个结构的问题:在话语秩序中,一切都是按照定义被记述的,都是值得关注的;甚至当一个细节似乎绝对不重要、违反任何功能时,它最终仍然具有有关荒谬性或无用性的意义:一切都有意义,或者没有什么是无意义的。换言之,可以说艺术并不承认"噪音"(在信息论的意义上)的存在①:它是一个纯系统,其中没有也绝不会有"被荒置的"单元②,不管使其联系于故事诸层次的线索(fil)有多长、多松散、多纤细。③

---

① 这一点使艺术不同于"生活",后者只包括"模糊的"沟通。"模糊"(在其之外则不可见)可能存在于艺术内,但是作为一种被编码的成分(例如 Watteau);再者,书写代码不包括模糊性:写作注定是清晰的。

② 至少在文学中,记述的自由(取决于分节语言的抽象特性)引起了比模拟性(analogiques)艺术,如电影,更强的责任心。

③ 叙事单元的功能性是多多少少直接性的(因此是显现的),按照它在其上起作用的层次:当诸单元被置于同一层次上时(例如在悬念情况下),功能性变得非常敏感;而当功能在叙事层次上被充满时(saturée)则远不如此。一个现代文本,在故事的层次上意指作用薄弱,它只在写作的层次上发现巨大的意义力量。

从语言学观点看，功能无疑是一种内容单元：一个陈述段，通过"所意指者"（ce que veut dire），而不是通过其被产生的方式，成为一个功能单位。① 这个构成性的所指可以有不同的能指，它们往往是非常复杂的。如果人们对我说（如在《金手指》中）"詹姆斯·邦德看见一个 50 岁的人"，诸如此类，其信息同时隐含着压力感不同的两个功能：一方面，年龄并入了某一人物素描（它对于故事不至于全无"用途"，但是被分散着、延迟着）；另一方面，陈述的直接所指是，邦德不知道他未来的对话者：因此此单元包含着一种很强的相关关系（一种威胁的开始和识别的必要性）。为了决定叙事的最小单元，因此一定不能忽略所研究的切分单元的功能性特征，并预先承认它们不必然相符于传统上有关叙事话语不同部类的形式（行动、场景、段落、对话、内心独白，等等），而且更少符合于"心理"类别（人物的行为、情感、意图、动机、理由化）。

同样的，因为叙事语言不是分节言语的语言——虽然往往由其支持——叙事单元实际上独立于语言单元。它们当然可能相互符合，但不是系统性的，而是偶然的。有时功能将由高于句子的单元（不同长短的句组，直到全部作品）代表，有时由低于句子的单元（组合段、字词甚至在字词内，特别是一些文学性成分②）代表。当

---

① "（超出句子的）组合段单元实际上是内容的单元"（格雷马斯：Sémantique structurale, Paris, Larousse, 1966, VI, 5）。——所以功能层次的探讨属于一般语义学。

② "我们不应把字词看作文学艺术的不可区分的成分，如构造屋子的砖瓦。字词可被分解为更细小的'语言成分'"（J. Tynianov, 引自托多洛夫文，*Langages*, 1, 1966, p. 18）。

我们被告知，他正在秘密总部办公室内执行公务而电话铃声响起时，"邦德拿起了四个电话听筒中的一个"，语素"四"本身构成了一个功能单元，因为它指涉着对于全体故事来说所必要的一个概念（公务系统的高技术性概念）。实际上，叙事单元在此不等于语言单元（字词），而只是它的涵指价值（语言学上，字词/四/永远不意指"四"）。这说明一些功能单元可低于句子却仍然属于话语：它们所超出的不是它们实质上处于其低位的句子，而是直指（dénotation）层次，后者像句子一样属于严格意义上的语言学。

(二) 单元类别

这些功能单元应当分布在为数较少的"形式类别"中。如果我们想决定这些类别而不诉诸内容实体（例如心理实体），就需重新考虑不的意义层次：某些单元在同一层次上有对应单元。反之，为了充实（saturer）其他单元就需过渡到其他层次。所以一开始有两个主要功能类：分布性的和整合性的。前者对应着特别由布雷蒙采取的普罗普的功能概念，但是我们在此考虑的方式比他们要详细得多。他们的概念称作"功能"（虽然其他单元也是功能性的）。自从托马雪夫斯基的分析以来，此模型已成为经典的了：购买手枪对应于它将被使用的时刻（而如果不被使用，此记述将倒退为无决断性的记号，如此等等）。拿起电话对应于他将挂上电话的时刻。鹦鹉闯入Félicité的屋子对应于鹦鹉被崇拜的片断，等等。第二个具有整合性的主要单元类包括一切"指号"（indices，在此词的一般意义上[1]），此时单元不指涉一种互补的（complémentaire）和一致的

---

[1] 这些名称，像以下其他名称一样，仅可视为临时性的。

(conséquent）行为，而是指涉一种虽然对于故事的意义来说是必要的、却是有些模糊的（diffus）概念：有关人物的性格、身份和氛围的描述等。于是单元和它的对应单元（corrélat）的关系不再是分布性的（往往多个指号指涉同一个所指，而它们在话语中出现的次序不一定是相关性的），而是整合性的。为了理解一个指号记述的"用法"，须过渡到较高的层次（人物的行动或叙事作用），因为只是在那里指号才可被揭示。由电话机数目所标志的邦德背后之行政权势，与邦德回应电话所展开的行动序列没有关系；它只在一个一般行动位类型层上才获得意义（邦德在此秩序内侧）。大致具有关系的垂直性的指号是真正的语义单元，因为与严格的"功能"相反，它们指涉着一个所指，而非指涉一个"运作"（opération）。指号的认定（sanction）是"更高的"，有时甚至是潜在的，在明显的组合段之外〔一个人物的"性格"可能不被提及，虽然不断被显示（indexé）〕，这是一种聚合体的作用。反之，"功能"的作用永远是"更远的"，这是一种组合段作用。① 因此，<u>功能和指号包含着另一种类别区分：功能含有换喻的关系项</u>（relata），指号含有隐喻的关系项。其一对应着"做"（faire）的功能性，另一对应着"是"（être）的功能性。②

这两种主要的单元类别，功能和指号，使我们已经有可能对叙事加以某种分类。某些叙事极其明显的是功能性的（如民间故事），而反之另一些叙事极其明显的是指号性的（如"心理"小说）。在

---

① 这并不妨碍功能的组合段显示<u>最终</u>能够包括诸分离功能之间的聚合体关系，像列维-斯特劳斯和格雷马斯所承认的那样。

② 我们不可能将功能归约为行动（动词）和将指号归结为性质（形容词），因为有的行动是指号性的，是人物、氛围等等的"记号"。

这两个极轴之间存在有一系列的中间形式，它们相关于历史、社会和风格。但还不止如此，在这两个主要类别中的每一个之内，马上可能确定两个叙事单元的子类别。就功能类来说，其单元并非都具有同样的"重要性"。其中一些构成了叙事的（或叙事片断的）真正枢纽，另一些只是"填充"着将诸枢纽功能分离的空间。让我们称前者是<u>基本功能</u>（fonctions cardinales）（或<u>核心</u>），称后者为催化剂，就其具有使完成的性质而言。功能要是基本的话，它所指涉的行动必须开启（或维持、或关闭）对于故事的展开具有决定性的一种替代行动，简言之，它必须或开始或结束一种不确定性。如果在一个叙事的片断中，如"电话铃响"时，接电话和不接电话都有可能，这将必然使故事沿两个不同的方向发展。另一方面，在两个基本功能之间永远有可能安排辅助的描述，它们围绕着某个核心聚集而不致改变它们的替代性质：将"电话铃响"和"邦德接电话"分开的空间，可能被一组琐细因素或琐细描述所填充，像是："邦德走向书桌，拿起电话，放下香烟"，等等。这些催化剂仍然是功能性的，就其进入了与一个核心的关系而言，但是它们的功能性是被削弱的、片面的、寄生的：就是说，在此它们只相关于一种纯时序的功能性（所描述的是故事的两个时段间的空间），而在将两个基本功能连接起来的关系中却被赋予了一种双功能性：时序的和逻辑的。催化剂只是诸连接的单元，基本功能则既是连接性的也是连贯性的（conséquentes）。实际上有一切理由相信叙事能动性的推动力，在于时序连接性和逻辑连贯性之间的含混性本身，故事中<u>在后出现者有如被造成者</u>（causé par）。在此情况下，叙事相当于系统地应用经院派学者所谴责的逻辑错误，如在表达式 posthoc, ergo propter hoc 中，它们可能是命运之箴言，而其叙事，简言之，只是此箴言的"语言结构"。逻辑和时间性的这种"压聚"（écrasement），就是使其完成的基本功能骨架。这些功能初看起来似乎很不重要，它们的内容不是戏剧性场面（就所陈述行为的重要性、分量、稀有性或力量而言），而是（可以说）风险：基本功能是故事风险之时机。在这些替代点之间、在这些"调度者"（dispatchers）之间，催化剂安排着安全区、休息区、奢华区。但是这些奢华成分不是无作用的：从故事角度看，让我们再说一次，催化剂的功能性可能是薄弱的，但不是不存在的。如果它是纯然多余的（相对于它的核心来说），仍然并不减少它对信息机制的参与。但情况并非如此：一种表面上是多余的描述，永远具有一种话语功能，它加速着、延迟着、重新开始着话语，它进行概述、预期甚至有时进行误导①。被记述的似乎永远是值得记述的，催化剂不停地激发着话语的语义张力，不停地说着：存在和将存在意义。因此催化剂的常在功能，在一切情况下，都是接触的（phatique）功能（按照雅克布森对此词的理解）：它维持着叙事者和叙事接受者之间的接触。我们说，不可能压制了核心而不改变故事，但是我们同样也不可能压制了催化剂而不改变话语。至于第二种主要叙事单元类（指号），一种整合类，这里出现的单元的共同性在于，它们只能在人物的或叙事作用的层次上被充实（被完成）。因此它们属于一种参数类（paramétrique）关系②，后者的第二个隐含的词项是连续的，并扩展到一个片断、一个人物或一整部作品上去。但是在这里能够区分一些指号，严格说来它们指涉着一个人物、一种感情、一种氛

---

① 瓦莱里谈到"拖延的记号"。侦探小说大量使用这些"误导的"单元。
② 尼古拉斯·鲁伊特（Nicolas Ruwet）把经常出现在整部乐曲中的成分称作参数的（例如，巴赫一曲快板中的速度，一首独奏曲中的独唱式特征）。

围（例如怀疑的氛围）、一种哲学，以及区分各种信息，后者被用于识别和在时空中定位。例如，邦德在办公室执勤，敞开的窗外瞥见大片流动着的云间明月，这个片断指示着一个暴风雨的夏夜，而且这个推断本身构成了一种氛围的指号，这个指号指涉着一种尚未知悉行为的沉重的、压抑的环境。因此，指号永远具有隐含的所指。反之，信息项（informant）则不具有所指，至少在故事的水平上：它们是纯粹的、直接意指的。指号包含着一种破译的活动性：读者必须学会认识一个人物、一种氛围。信息项则提供着一种现成的知识。因此，信息项的功能性，正像催化剂的功能性一样，是薄弱的，但也不是毫无作用的：不论相对于故事的发展是多么"暗淡"，信息项（例如人物的准确年龄）均被用于证实所指者的现实，用于把虚构植入现实之中：这是一种实在的"运作项"（opérateur），并因此具有一种不容置疑的功能性，不是在故事的层次上，而是在话语的层次上。①

核心和催化剂，指号和信息项（再次提醒：名称没有任何重要性），似乎是均属基本类别，在其中分布着功能层次的单元。我们应该再谈论两点来完成这一分类。首先，一种单元可能同时属于两个不同的类别：喝一杯威士忌（在一处机场大厅里）是一种可称作"等待催化剂"的（基本）描述行动，而它同时也是一种氛围的指号（现代性，休闲，回忆，等等）。换言之，某些指号可能是混合的。于是在叙事机制中一切游戏都是可能的。在小说《金手指》

---

① 热奈特（G. Genette）区分了两种描述：装饰的和意指的（在 *Figures II*，Seuil，1969）。意指的描述显然必定联系于故事层次，而装饰描述联系于话语层次。话语说明为什么长期以来形成了一种充分编码的修辞学"片断"：descriptio 或 ekphrasis，这是极受赞扬的新修辞学中的运作法。

中，邦德须搜查对手的卧室，他从合伙人处拿到一把万能钥匙：这段描述是一个纯（基本）功能。在电影中这个细节变为：邦德企图以轻松玩笑的方式，从并未进行制止的女仆手中拿到钥匙。这段描述不再只是功能性的，而且也是指号性的，它指涉了邦德的性格（他的潇洒从容以及他的女人缘）。在第二个场合须注意（稍后将要再谈）我们刚谈过的另一类别可能服从另一分配方式，它也同样符合语言学模型。催化剂、指号以及信息项有一个共同特征：此即相对于核心而言的扩展（expansions）；核心（我们马上会看到）形成了少数若干项的有限组合，而且均受一种逻辑的支配，它们既是必要的也是充分的。在此框架给予后，其他单元按照一种原则上是可无限扩展的方式将其填充。可以说，这就是句子中发生的情况；句子由简单从句构成，可通过重复、填充、插入等方式而无限地复杂化。和句子类似，叙事可无限地被催化。马拉美赋予他据以构成其诗作 *Jamais un coup dé dés* 的结构类型以如此显著的重要性，我们可以将其视作一切叙事的、一切语言的象征，连同其"结点"（noeuds）、"环路"（ventres）、"结点字词"（mots-noeuds）和其"花边字词"（mots-dentelles）等处理。

(三) 功能句法

这些不同的单元，按照何种"语法"，按照何种叙事组合段，如何彼此连接了起来呢？功能组合系统的规则是什么？信息项和指号可以彼此自由组合：例如在人物素描中，身份和性格特征的材料可以毫不勉强地并列。一种简单的蕴涵关系将催化剂和核心结合起来：一种催化剂必然蕴涵着它与之结合的基本功能的存在，而反之则不然。至于基本功能，它们被一种连带（solidarité）关系所结合：

这样一种功能需要同一种类的其他功能，反之亦然。这后一种关系需要稍微谈一下：首先因为它定义了叙事的框架本身（扩展是可加以压制的，核心则不可），其次因为它主要对企图将叙事结构化的因素加以关切。

我们已经注意到，叙事由于其结构本身而制造了连续性和后果性、时间和逻辑之间的混淆。这一含混性构成了叙事句法的中心问题。在叙事时间背后是否存在有一种非时间性的逻辑呢？最近以来这一点使得研究者彼此产生分歧。我们已知，普罗普的分析开创了当代研究之路，坚持了时序秩序的绝对不可归约性：在他看来，时间是实在的，因此之故，似乎必须将故事植入时间之内。但是亚里士多德本人将（按行动的统一性定义的）"悲剧"和（按照行动的多元性和时间的统一性定义的）"历史"对立起来，他已赋予逻辑高于时序的重要性。① 所有现代研究者（列维-斯特劳斯，布雷蒙，托多洛夫）也是这样做的，他们都毫无疑问地遵从列维-斯特劳斯的如下命题："时序连续性秩序被吸收入一种非时间性的矩阵结构内。"② 当代分析实际上倾向于将叙事内容"非时序化"、"非逻辑化"，使其服从于马拉美在谈到法国语言时所说的"对逻辑的原初性打击"③。更准确说——至少我们期望如此——此任务在于对时序幻觉进行一种结构描述；有待于一种叙事逻辑来论述叙事时间。换言之，时间性只是叙事的（话语的）一个结构类别，正如在语言结构中时间只存在于系统的形式中。从叙事的观点看，所谓的时间并

---

① 《诗学》，1459a。

② 引自布雷蒙："Le Message narratif", *Communications*，第 4 期，1964（*Logique du récit*, Paris, Seuil, 1973）。

③ Quant au Livre, 收入 Oeuvres complètes, 同上书，386 页。

不存在，或至少只具有功能性的存在，就像一个符号学系统的成分那样：时间严格来说不渗入话语而渗入所指者（référent），叙事和语言只认可一种符号学时间。"真正的"时间乃是一种指涉性的、"实在论的"幻觉，如普罗普的评论所显示的那样，因此需要按照结构性描述来对其加以处理。①

因此决定着叙事主要功能的这种逻辑是什么呢？这正是本研究企图回答的，也是迄今被广泛加以争论的。所以，我们将提到格雷马斯、布雷蒙和托多洛夫在 *Communications*（第 8 期，1966）的文章，它们都讨论功能逻辑学问题。托多洛夫说明，有三种主要研究方向比较突出。第一种（布雷蒙）严格说是偏于逻辑性的：它企图重构叙事中使用的人类行为句法，企图追溯"选择"的路径，此选择，在每一种故事的角度上，是一个人物必然被迫要做出的②，并因此企图同样揭示我们可称作一种能量（énergétique）逻辑学的东西③，因为它在他们选择行动的时刻来把握人物。第二种模式是语言学的（列维-斯特劳斯，格雷马斯）：这种研究的基本关切在于要

---

① 瓦莱里以其一贯敏锐而欠成熟的方式清楚地表达了叙事时间的性质："把时间作为因素和导引加以信仰，是以记忆机制和以被结合的话语的机制为基础的。"（*Tel Quel*，II，p. 348，Paris，Gallimard，1943）此幻觉实际上是由话语本身产生的。

② 这个概念使我们想起亚里士多德的观点：proaïresis，需待做出的行动选择，确定了实践学（praxis），一种实践科学，与《诗学》相反，它并未产生任何突出的关于执行者（agent）的作品。在此限度内我们要说分析者企图重构内在于叙事的实践学。

③ 根据一种替代性［alternative（做此或做彼）］手法，这种逻辑善于说明戏剧化过程，叙事一般来说即戏剧化的场所。

在功能中发现聚合体对立,后者按照雅克布森的"诗学"原则,是通过叙事"被扩展"的(但是我们将看到新的发展,格雷马斯更正了或完成了功能的聚合体主义理论)。由托多洛夫构想的第三条道路,有些不同,因为它是在"行动"的(也就是人物的)层次上建立的分析,企图确立这样的规则,叙事按其对一定数量的基本谓语(prédicats)进行结合、改变和转换。

问题不在于要在这些工作假设中进行选择,它们不是相互冲突的,而是并存的,实际上还正在蓬勃发展之中。我们在此企图补充的,与分析的维面相关。即使我们排除指号、信息项和催化剂,在一个叙事中〔特别在谈到小说而不是谈到故事(conte)时〕仍然存在有相当大量的基本功能。我们引述的这些分析方法对于很多基本功能还不能掌握,它们迄今均关系于叙事的主要连接法。但是我们应该期待发展一种充分密集的描述,以说明<u>一切叙事单元、叙事的最小切分成分</u>。我们记得,基本功能不能由其"重要性"决定,而只能由其(双重隐含着的)关系的性质来决定:一次"电话声"虽然一方面看起来似乎无关紧要,其本身却包含着若干基本功能(铃声、拿起电话听筒、说话、挂电话),而另一方面,当把这一切拼凑在一起后,必须能够逐步地使它们与情节的主要分节方式联系起来。叙事的功能伪装(couverture)决定着一种中继(relais)组织,其基本单元只可能是一个小功能组合,对此我们称其为(按照布雷蒙)一个<u>片断</u>(séquence)。

一个片断是一个由诸核心组成的逻辑系列,彼此由一种连带关系结合在一起①：片断开始时其关系项之一没有任何连带的"在先项"，片断结束时其另一个关系项不再有任何"继后项"。让我们特意选择一个琐细例子：要一杯饮料，接过饮料，喝饮料，付账；这些不同功能构成了一个显然封闭的片断，因为不可能在要饮料之前放入什么情节、在付账后再放入什么情节，而不离开"饮料"主题的这个齐一性整体。片断实际上永远是可命名的。普罗普，然后是布雷蒙，决定了故事的主要功能，他们被引导去为其命名（欺诈，背叛，斗争，合同，引诱，等等）；对于称作"小片断"的琐细片断来说，命名运作也是必要的，小片断往往构成叙事织体中最纤细的肌理。这些命名行为只是分析者的动力吗？换句话说，它们是纯元语言学的吗？它们当然是的，因为它们处理着叙事代码，但我们可以假定它们属于内在于读者（听众）本身的一种元语言，读者把任何逻辑行动系列理解作一个命名整体：读解即命名；聆听不只是觉察一种语言，也是对其进行构造。片断的标题相当类似于翻译机器的那些"标题词"（cover word），它们某种程度上适当地概括着极其多种多样的意义和色调。我们的叙事语言结构最初包含着这些基本框架：组织着一个片断的封闭逻辑，不可避免地与其名字相连；例如，开启一次引诱的某一功能，在其产生的名字中，自其出现起，即决定着全部引诱过程，正如我们从一切叙事所了解的那样，这些叙事在我们心间形成了叙事语言结构。

不论其多么欠缺重要性，由少数核心（实际上即"发送者"）组成的片断，永远包含着风险时刻，而这正是我们对其进行的分析具有正当性的理由：似乎荒谬的是，把递烟一类琐细行动（递烟，

---

① 按照叶姆斯列夫的双蕴涵意义：两种词项互为前提。

接受，点烟，吸烟）的逻辑系列构成为片断；但是事实是，正是在每一个这些连接点上都可能有一种替代项，因此有一种意义的自由度。邦德的伙伴杜彭为他打燃打火机，但是邦德拒绝了；这一分叉的意义是邦德本能地提防着一种圈套。① 所以可以说，片断是一个<u>受威胁的逻辑单元</u>：这是一种对其最低限度的辩护。它也被最高限度地论证着：片断在功能封闭并被包含在其名字下，其本身构成了一个新单元，准备作为另一更大的片断的简单项来发挥其功能。我们看下面一个小片断：<u>伸手，握手，松手</u>；这个问候片断成为一个简单功能：一方面它起着一个指号的作用（杜彭的柔和和邦德的厌恶），而另一方面它完全构成了一个称作"相遇"的更大片断的项目，其中其他的项目（接近、停住、称呼、问候、坐下）本身可能是诸小片断。一个代替（subrogations）网全体于是对叙事进行着组织，从最小的矩阵到最大的功能。当然，我们所关心的是始终内在于功能层的一个等级结构——只有当能够逐步扩大叙事时，如从杜彭的香烟到邦德与《金手指》的格斗，功能分析才结束——功能金字塔于是触及下一个层次（行动的层次）。既存在有片断的一个句法，又存在有诸片断之间的一个（替代性的）句法。于是《金手指》的第一部插曲的"短语"（stemmatique）状态如下页图所描述的。

此图显然是分析性的。读者所见到的是一个诸项间的直线系列。但应该注意，若干片断的诸项彼此细密地缠结在一起：一个片

---

① 甚至在此极微细的层次上也完全可能发现一种聚合体模式的对立，如果不是在两个关系项之间，至少也是在两个片断轴之间，"递烟"片断在中止时显示了如下聚合体："危险/安全"［由西采格拉夫（Chtcheglov）在其分析福尔摩斯周期时所揭示的］、"怀疑/保护"、"侵犯/友善"。

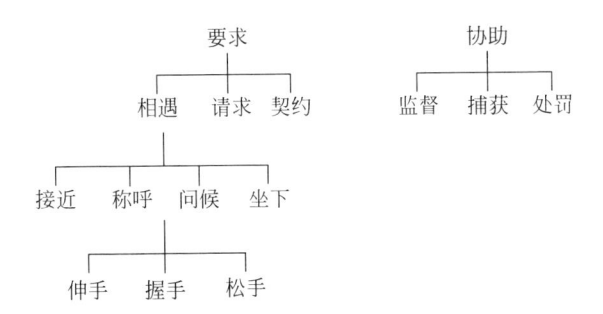

```
                    要求                          协助
          ┌──────────┼──────────┐          ┌──────┼──────┐
         相遇       请求       契约        监督    捕获    处罚
      ┌────┬────┬────┐
     接近  称呼  问候  坐下
          ┌────┼────┐
         伸手  握手  松手
```

断，在一个新片断的初始项能够出现之前，虽然已经前后交叉，但并未结束：诸片断以对位的方式相互进行置换。① 叙事结构从功能上说是赋格曲式的：因此叙事既相当于"屏息"又相当于"呼吸"。实际上，诸片断的缠结只可能在同一部作品的内部被一种突然断裂现象所中止，如果组成它的若干封闭的"词项组"（blocs）[或短语（stemma）]，在较高的行动的（人物的）层次上，以某种方式被恢复了的话：《金手指》由功能上独立的三部插曲所构成，因为它们的功能短语两度中止沟通：游泳池插曲和 Fort Knox 插曲之间不存在相继关系；但此处存在有一种行动位关系，因为人物（及其关系的结构）是一样的。在此我们看到了史诗（"若干寓言的组合"）：史诗是功能层次上的断裂叙事，而在行动位层次上是统一的[这一点可从《奥德赛》或布莱希特（Brecht）的"史诗剧场"中证实]。所以我们必须在功能层（它提供着叙事组合段的主要部分）之上加置一更高层次，在此层次上第一层次上的单元逐步获取其意义，这就是行动层。

————————

① 这种对位法（contrepointe）观念已由俄国形式主义提出过，他们概述了对位法类型学：提出了句子的主要"缠结"（retorses）结构[参见后面五、（一）]。

三、行动

(一) 通向人物的结构身份

按照亚里士多德诗学，人物概念是第二位的，它完全附属于行动概念：亚氏说，可能有不存在"人物"的故事；却不可能有不存在故事的人物。这一观点为古典理论家们（Vossius）所采取。后来，人物，至此为止只是一个名字、一个行动的承担者[①]，它假定着一种心理的一致性，成为一个个人、一个"人"，简言之，一个被丰满构成的"存在"（être）。甚至于当他不行动时，以及自然地，在其行动之前时[②]，人物不再附属于行动，从一开始他就体现着一种心理本质；这类本质可能从属于一个（性质）清单，其纯粹形式为资产阶级剧场的"角色"清单（风尘女，贵族父亲，等等）。从其首次出现开始，结构分析极其不情愿把人物处理为一种本质，甚至不情愿为其分类。托多洛夫认为，托马雪夫斯基如此趋于极端，甚至于否认人物具有任何叙事重要性，此观点他后来有所修正。普罗普没有如此过分地从分析中排除人物，却将人物归结为一种简单的类型学，后者不以心理学为基础，而以叙事加予人物的行动统一性为基础（魔术对象的给予者，助人者，坏人，等等）。

---

① 不要忘记古典悲剧仍然只知道"行动者"（acteurs），而不知道"人物"（personnages）。

② 在资产阶级小说中"人物—人"（personnage-personne）居支配性地位：在《战争与和平》中，尼古拉·罗斯托夫从一开始就是一个好男孩，忠诚、勇敢、热情；安德烈公爵是一位贵族出身的看破红尘者，如此等等；他们身上所发生的事件说明着他们，但未构成着他们。

自普罗普以来，人物继续为叙事结构分析提出同样的问题：一方面，人物（不管如何称呼他们：dramatis personae 或 actants）形成了描述的一种必要层面，在其外报道的琐细"行动"不再是可理解的，于是我们可以说实际上并不存在没有"人物"的单一叙事①，或者至少没有 agents（执行者）。但是另一方面，这些众多的 agents 不可能按照"人"（personnes）来加以描述或加以分类，或者因为我们把"人"看做一种限于特定样式（尽管是最著名的样式）的纯历史形式，以至于我们必须排除大量涉及 agents 而非涉及人物的一切叙事（民间故事、当代文本）；或者因为我们把"人物"只看作一种批评的合理化，后者是由我们时代强加诸纯叙事 agents 的。结构分析，慎重地不按照心理本质来规定人物，把人物不定义为一个"存在者"（être），而看作一个"参与者"（participant）。对布雷蒙来说，每一人物可能是相应于它的行动序列（欺诈，引诱）的执行者（agent）。当同一序列包含有两个人物时（通常如此），此序列涉及两个视角（perspectives），或者可以说，涉及两个名字［对一个人称作诈欺（fraude），对另一个人称作欺骗（duperie）］。简言之，每一个人物，甚至于是次要人物，都是他自己序列中的主角。托多洛夫在分析"心理"小说（*Les Liaisons dangereuses*）时，不是从人物—人出发，而是从三种主要关系出发，人物可以介入这些关系，他称这些关系为基本谓语（prédicats）（爱，沟通，帮助）。他

---

① 如果一部分当代文学攻击"人物"概念，其目的不是要摧毁它（这是不可能的），而是要使其非人格化，这是一种非常不同的目的。表面上没有人物的小说，像菲利普·索勒斯（Phillipe Sollers）的 *Drame*，使人物完全服从于语言，但是保持着面对着言语行为本身的行动位（actants）的基本作用。这类文学永远承认一个"sujet"（主体），不过此"sujet"自此之后乃为语言的主体。

的分析将这些关系归为两种规则：导出（derivation）规则和行动规则；前者指当规则涉及其他关系时，后者指当规则涉及描述这些关系在故事进程中的转换时。在 Les Liaisons dangereuses 中有很多人物，但"关于他们所说者"（他们的谓语）是可以分类的。[1] 最后，格雷马斯提出，在描述和分类叙事人物时，不按照他们是什么而按照他们做什么［由此产生了他们的名字行动位（actants）］的标准，因为他们参与三种主要语义轴，对此我们也发现于句子（主语，宾语，赋予补语，状语）中，而且它们也是沟通、欲望（或追求）和考验（épreuve）[2]。由于这种参与是以对偶形式组织的，无限的人物世界也服从于一种投射于全体叙事的聚合体结构（主语/宾语，给者/受者，助者/敌者）。而且由于 actant（行动位）定义着一个类别，后者可由不同的行动者（acteurs）加以填充，并按照扩增、置换或欠缺等规则加以调配。

这三种概念有许多共同处。我们再次强调，其要点为：按照人物对一个行动范围的参与来对其加以规定，这些范围数目很少，具有典型性和可分类性。因此我们在此称这个虽然是人物层的第二描述层为"行动"（actions）层：因此这个词在此不应按照构成第一层次肌理的琐细行动（actes）加以理解，而应按照文学实践学的大分节方式（grandes articulations de la praxis）的意思来理解。

（二）主体的问题

叙事中人物分类法所引起的问题尚未充分解决。当然，大家同意，叙事的无数人物可以服从置换规则，甚至于在一部作品中的同

---

[1] Littérature et Signification, Paris, Larousse, 1967.
[2] Sémantique structurale，同作者前书，129 页以下。

一形象（figure）可以纳入不同的人物①。另一方面，格雷马斯提出的行动位模式（而且被托多洛夫从非常不同的角度加以采用）似乎经受住了大量叙事的考验：像一切结构模式一样，其价值较少在于其标准形式（由 6 个行动位组成的矩阵图），而较多在于它所服从的规则性的转换（欠缺，混淆，重复，置换），因此使人期望出现一种有关叙事的行动位类型学。② 然而当矩阵图具有一种高级分类能力时（例如格雷马斯的行动位），它就不能很好地说明参与的扩展性，当这些参与是按照视角来加以分析时；而且当被遵行时（在布雷蒙的描述中），人物系统仍然是被切分的；托多洛夫提出的归约法避免了两种危险，但迄今为止只应用于唯一的一个叙事。似乎这一切都可能被很快地协调起来。人物分类法提出的真正困难是，主语在各种行动位矩阵中的位置（因此即是其存在性），不管公式是什么。什么是一个叙事的主语（主人公）呢？是否有——或是否没有——一个特殊的行动者类呢？我们的小说使我们习惯于以某种方式，有时错综复杂地（负面地），强调着众多人物中的一位。但此特殊性远不足以说明一切叙事文学。于是众多叙事使两个对手围绕着一个目标相互对峙，他们的"行动"于是被扯平。这样，主语实际上是双元的，除非我们能够进而通过置换将其化简。甚至于这也可能是一种普遍流行的古雅形式，似乎叙事，像某些语言结构一

---

① 精神分析学广泛认可一种"压缩运作"的价值。——马拉美在谈论《哈姆莱特》时已经说过："配角是必要的！因为在理想的舞台绘画中，一切按照诸类型之间的一种象征相互性，或相对于一个单一人物形象，加以移动。"（Crayonné au Théâtre，同前《全集》，301 页）

② 例如，宾语和主语混合于同一人物的叙事，就是寻求自身、寻求自身身份的叙事（l'Ane d'or）；在此叙事中，主语追寻着诸连续的对象（《包法利夫人》），如此等等。

样，也承认人物的一种双元性（deul）。这种双元性特别引起注意，因为它使叙事相关于某些（现代）游戏的结构，在其中两个平等的对手都企图获取被裁判放入循环过程内的一个对象。此图示使我们记起格雷马斯提出的行动位矩阵图，它将不会令人惊讶，如果我们理解到一种语言游戏同样来自与我们在语言结构和叙事中遇到的相同的象征结构的话：游戏也是一个句子。① 如果我们因此保持一个特殊的行动者类（追求、欲望、行动的主体），就至少必须通过将此行动位从属于不是心理的而是语法的人范畴，而使其柔软化（as-souplir）：我们必须再一次回到语言学，以便能够对行动之人称的（je/tu）或非人称的（il）、单一的、双元的或多元的层级，进行描述和分类。为行动位层次提供解答的也许将是人（在人称代词中可见到）的语法范畴。但是因为这些范畴只能相对于话语层级而不是相对于现实层级来规定②，作为行动位层次单元的人物，只有在被置于第三描述层时才获得意义，我们在此称其为叙事（作用）层（对立于功能和行动）。

四、叙事作用

（一）叙事沟通

正如在叙事内存在有一种主要交换功能（分布于给予者和接受者之间），同样的，在同态的方式上，作为对象的叙事是一种沟通

---

① 艾柯（Umberto Eco）在 Communications 第 8 期中对詹姆斯·邦德所作的分析，涉及游戏的比涉及语言的部分要多。

② 参见本维尼斯特对"人物"所作的分析，《普通语言学问题》，同作者前书。

的枢纽：存在一个叙事的给予者，也存在一个叙事的接受者。我们知道，在语言沟通中，我和你是绝对地彼此互为前提的。同样的，一个叙事中不可能没有一个叙事者和一个听众（或读者）。这一事实似乎平淡无奇，但是尚未被充分加以探讨。当然，信息发送者的作用已被大量反复描述（我们研究一部小说的"作者"，却并不进一步关心他是否是"叙事者"），但当我们转向读者时，文学理论就过于单薄了。实际上，问题并不在于内省叙事者的动机，也不在于探索叙事过程在读者身上产生的效果；而在于描述叙事者和读者通过叙事本身被意指的代码。乍看起来叙事者的记号似乎比读者的记号更显眼、数量更多（一个叙事更经常地说我，而较少说你）；实际上读者比叙事者更为复杂，因此每当叙事者停止"再现"运作、转而去报道他所熟知而读者一无所知的现象时，由于一种"意指性欠缺"（carence signifiante）而出现了一个读解记号，因为它是不具有任何意义的，除非叙事者自己提供着一种信息。在一部第一人称小说中我们被告知"Léo 是这个盒子的主人"① 时，这是一个读者的记号，近似于雅克布森说的沟通中的促动（conative）功能。不过，由于没有一个现成可用的术语表，我们将暂时把接受的记号（虽然它们也同样重要）放在一边，而谈一下叙事记号。②

　　叙事提供者是什么呢？迄今为止论述过的似乎有三种概念。第一种认为，叙事由一个人产生（在此词的完全心理性的意义上）；

---

　　① *Double bang à Bangkok*。这个句子起着相当于对读者投送的一个眼神的作用，似乎他受到了注意。反之，句子"这样，Léo 刚离开"是一个叙事者的记号，因为它属于由一个"人"进行的推理。

　　② 此外，托多洛夫讨论了叙事者的形象和读者的形象（《文学叙事的范畴》，同作者前书）。

这个人有一个名字，他是作者，对此可继续代之以"人格"以及一种完全被确认的个人艺术，此人定期地执笔写故事：于是叙事（特别是小说）仅只是一个外在于进行叙事之"我"的表达。第二种概念使叙事者成为一种显然是非个人性的独立意识，它从一种较高的观点、神的观点产生着故事①：叙事者既内在于（因为他知道关于人物的一切）其人物又外在于（因为他不可能同化于某一个人物）其人物。第三种最近出现的概念（亨利·詹姆斯，萨特）说，叙事者必须使其叙事局限于人物能够观察或知道的事物范围内：每一件事似乎都使每一人物成为叙事的发送者。这三种概念都具有同样的困难，因为它们似乎都把叙事者和人物看作是真实的、"活生生的"人（我们知道这种文学神话的永不衰弱的力量），似乎叙事最初是在所指者层次上被决定的（这同样与"实在论"有关）。但是，至少从我们的观点看，叙事者和人物基本上是"纸上的存在物"；一个叙事的（实质上的）作者不应与此叙事的叙事者混淆②；叙事者的记号是内在于叙事的，因此是符号学分析完全可以掌握的；但是，为了决定作者本人（不论炫示自己、隐蔽自己还是完全退出）处置着他用以经营作品的"记号"，必须假定在"人物"和其语言之间存在有一种描述性关系，它使作者成为一个完全的主体、使叙事成为其充分发展的工具性表达，这对于结构分析来说是不可接受的：（在叙事中的）<u>说</u><u>者</u>不是（生活中的）<u>写者</u>，而去<u>写</u>的人也非所<u>是的人</u>。③

---

① "何时人们从一种超级谎言的观点写作，就像是善良上帝从高处俯察万物？"（福楼拜：*Préface à la vie d'écrivain*, Paris, Seuil, 1965, p.91)

② 在与我们相关的层次上一个更加必要的区别是，历史上极其大量的叙事都没有作者（口头叙事、民间故事、行吟诗人和朗读者演唱的史诗）。

③ 雅克·拉康："当我说话时我所谈论的主体，是与说话者同一的吗？"

实际上，严格说来的叙事作用（或叙事者代码）像语言一样，只包括两个记号系统：人称的和非人称的。这两个系统并不必然提供对人物和非人物的语言标志。例如，可能有以第三人称写出的叙事或至少是插段（episodes）。而此第三人称的真正机制（instance）是在第一人称。在此情况下如何作决定呢？对叙事［或段落（passage）］进行"改写"、用"我"置换"他"，这就足够了。只要此运作在语法人称的变化之外未导致话语中的其他变化，我们就显然仍然在一种人物的系统之内：《金手指》的全部开端，尽管是用第三人称写出的，实际上是由邦德说出的。为了使层级改变，改写就必然成为不可能了。因此，句子"他看到一个50岁左右的人，看起来相当年轻"等等完全是人称性的，尽管有他（"我，邦德，我看见"等等），但是叙事句"冰击窗子的响声似乎给了邦德突然的灵感"不可能是人称性的，由于动词"似乎"成为"非人称的"系统之记号（而不是"他"）。显然非人称系统是传统的叙事样式，发展了适合叙事的［以不定过去时（aoriste）表达的］时间系统语言，必定排除了说话者的现在式：本维尼斯特说："在叙事中没有人说话。"但是人称层级（在某种掩饰的形式中）逐渐侵入叙事，叙事作用指涉着相关于场所的"当下"（hic et nunc）（这是人称系统的定义）。所以我们今天看见很多故事，而且是最普通的那种，以极其快的速度，往往是在单个句子范围内，混合着人称的和非人称的表达。例如《金手指》中的句子：

他的眼镜	人称的
灰蓝色的	非人称的
盯住邦德的眼镜，他不知道应采取什么态度	人称的
因为这种固定目光混合着天真、嘲讽和自贬	非人称的

诸系统的混合显然被体验为一种方便手法。这种方便手法可能进而成为欺骗。阿加莎·克里斯蒂（Agatha Christie）的侦探小说（*Cinq heures vingt-cinq*）只是通过假扮作叙事的人物来维持此神秘：一个人物从内部被描述，而他已经是谋杀者①：一切发生的事情似乎是，在同一人物内部，存在有一种内在于话语的证人意识，和一种内在于所指者（référent）的谋杀者意识。两种系统的歪曲性转换才使得此神秘性存在。所以我们理解，在文学的另一根轴上，所选系统的严格性应当成为作品的必要条件——虽然并不能一直如此视之。

某些当代作家加以研究的这种严格性，并非必然是一种美学性强制。所谓心理小说通常以两种系统的一种混合为标志，它们依次调动着人称的和非人称的记号。"心理学"实际上不可能——矛盾地——适应一种纯人称系统，因为在将全部叙事纳入话语层级时，或者如果人们偏爱特殊话语（locution）运用时，人物的内容本身就会受到威胁：（所指者层次上的）心理人与语言人没有任何关系，后者永远不按照倾向、意图、特点来定义，而只能按照他在话语内的（被编码的）位置来定位。我们今日要努力探讨的正是这种"形式的人物"（personne formelle）：它关系到一种重要的颠覆（此外，公众的印象是人们不再写"小说"了），因为它企图使叙事从纯陈述的（constatif）（它迄今如是支配的）秩序，转变到执行式的（performatif）秩序，按此理解，言语的意义就是说出此言语的行动

---

① 人称样式："在 Burnaby 看来什么都未改变"，等等。——在 *le Meurtre de Roger Ackroyd* 中此类涉及甚至更无掩饰，因为在此谋杀者实际上说着：<u>我</u>。

本身①：今日写作不是在"讲述"（raconter），而是，人们在讲述时使一切所指者（"所说的内容"）相关于这个言语行为。因此当代文学的一个部分不再是描述性的而成为转换性（transitive）的了，并企图在言语内完成一种纯现在式，从而使话语等同于发出话语的行动，全部 logos 被置入——或被扩展至——一种 lexis 之内。②

(二) 叙事情境

因此叙事层被叙事性（narrativité）记号所占据，操作项（opérateurs）全体把功能和行动都括入叙事沟通之中，而后者是围绕其给予者和接受者来连接的。这些记号中的一部分已经被研究过：在口头文学中我们已知诵读代码（韵律格式，表演的习常规则），而且知道"作者"并不是那些发明了最佳故事的人，而是那些最好地掌握了他与听众共同使用的代码的人。在此类文学中，叙事层如此清晰，其规则如此具有约束性，以至于难以想象一个欠缺叙事编码记号的"故事"（"从前有一次"，等等）。在我们的书写文学中，"话语形式"（实际上是叙事性记号）很早就被认识的：作者介入了样式分类法，由柏拉图提出，由 Diomedes 采用③，叙事开端

---

① 关于执行式，参见托多洛夫的前引《文学叙事范畴》。——一个执行式的经典例子是：我宣布战争。此句既非"陈述"也非"描述"任何事情，而是使其全部意义局限于自己的言语（与此对立的句子是：国王宣布了战争。此句既是陈述的也是描述的）。

② 关于 logos 和 lexis 的对立，参见前引 G. Genete："Frontières du récit"。

③ Genus activum vel imitativum（在话语中无叙事者介入：例如剧院）；genus ennarativum（只有诗人说话：sentences，益智诗）；genus commune（两种样式的混合：史诗）。

与结尾的编码，种种再现风格的定义（oratio directa，oratio indirecta，连带其 inquit，oratio tecta）①，"观点"的研究，等等。所有这些成分都属于叙事层。此外显然还须加上写作全体，因为其作用不是"传送"叙事，而是显示（afficher）叙事。

实际上在叙事显示中较低层次上的单元被整合了：叙事的最终形式，像叙事一样，超越了其内容以及其真正叙事的形式（功能和行动）。这就说明为何叙事代码应该是我们的分析可能达到的最后的层次，除非从叙事客体（objet-récit）出发，即除非超越了作为其基础的内在规则。叙事作用实际上只能从使用它的世界获得意义：越过叙事层次就是世界的开始，世界即其他的系统（社会的、经济的、意识形态的），其组成项不再只是叙事，而是有其他实质内容的成分（历史现象，决定作用，人类行为等等）。正如语言学止于句子，叙事分析止于话语：之后应该过渡到另一种符号学。语言学认识这种边界，它已在情境的名字下被假定着，虽然还未被探讨过。阿利代（Halliday）把"情境"（相对于一个句子）定义为无联系的诸语言事实之组和②；普里托（Prieto）将其定义作"在语义行为中并独立于此行为的、为接受者所认识的事实组合"③。同样的，我们可以说，每一叙事都依存于一个"叙事情境"，一组规约，叙事按其加以完成。在所谓"古老"社会，叙事情境是明显编码的④；今日，只有先锋派文学仍然梦想着运用读解规约；体现戏剧性的是

---

① H. Sörensen, *Mélanges Jansen*，同前书，p. 150。
② M. A. K. Halliday，前引《一般语言学和应用语言学》，6页。
③ L. J. Prieto, *Principes de noologie*，Mouton，1964，p. 36。
④ 如吕西安·塞巴格（Lucien Sebag）所说，故事可在任何时刻和任何地点讲述，而神话故事则并非如此。

马拉美作品，他希望书籍按照一种精确的组合（combinatoire）方式被公开朗读；布托（Butor）通过排字方式企图用自己的记号表达书籍。但是在一般情况下，我们的社会尽可能地当心避免叙事情境的编码：无数的叙事设计企图，通过假装赋予它以一种自然性原因，并可以说通过使其"去开创化"（désinaugurer），而将连续性的叙事自然化：书信体小说，伪称再发现的手稿，遇到过叙事者的作者，在片头前故事就已开始的电影。不情愿显示其所用代码，乃是资产阶级社会的特点，由此产生了大众文化：人人要求记号看起来不是记号。但这可以说只是一种结构的副现象：今天翻开一部小说、一张报纸或者拧开一个电视台的动作，不论多么习见，不论多么无关紧要，这个简单的过程立即在我们的内心轻易引起我们所需要的叙事代码。因此叙事层具有一种含混的作用：临近于叙事情境（而且有时甚至将其包含在内），它向叙事在其中散开的（完成的）世界敞开；但是同时，为了完成在前的层次，它结束了叙事，明确地将其构成为一种语言结构（langue）的言语（parole），此 langue 预见到并具有自己的元语言（métalangage）。

五、叙事系统

　　严格的语言结构可以按照两个基本过程的互动来定义：分节或切分，其产物是单元（本维尼斯特称之为形式），以及整合，后者把这些单元聚集为一种更高层次（即意义层次）的单元。这个双元过程存在于叙事的语言结构内，它也包括一种分节和一种整合，一种形式和一种意义。

(一) 变异 (distorsion) 和扩展 (expansion)

叙事形式基本上以两种力量为标志：沿着故事路线扩张其记号的力量，以及在这些变异中纳入不可预见的扩展的力量。这两种力量似乎是自由的表现；但是叙事的特性正在于把这些"差异"(écarts) 纳入其语言结构之内。①

记号的变异存在于语言结构中，巴利（Bally）在此问题研究中讨论了法语和德语②；当（一个信息的）诸记号不再简单地并列时，当（逻辑的）直线性被干扰时（例如谓语在主语之前），就出现了"句法变异"（dystaxie）。我们可以看到句法变异的一个突出形式，当同一记号的诸部分被信息链上的其他记号分离开时［例如，在句子"elle ne nous a jamais pardonné"中的否定词 ne jamais（绝不）和动词 a pardonné（原谅了）］：这个记号被分裂时，其所指被分布于若干能指中，彼此相互分别，而如分开来看则均不能理解。如我们在有关功能层次的问题上已经看到的，这正是在叙事中所发生的现象：一个片断的诸单元，虽然在该片断上构成了一个整体，但可以由于插入来自其他片断的单元而彼此分开。如我们说过的，功能层次的结构是"赋格式"的。③ 在巴利（Bally）的术语系统中，他

---

① 瓦莱里："小说在形式上接近于梦境，二者都可由对以下奇特性质的思考定义：它们的一切差异都属于自身。"

② Charles Bally, *Linguistique générale et Linguistique française*, Berne, 4 éd., 1965.

③ 参见列维-斯特劳斯（《结构人类学》，同前，234 页）："属于同一关系束的诸关系，可能在较远间隔后历时性地再出现。"——格雷马斯坚持此功能分离说（《结构语义学》，同前）。

把在其中 dystaxie 起主要作用的综合性语言结构（如德语）和更强调逻辑直线性和单义性（monosémie）的分析性语言结构（如法语）加以对立，按此可以说叙事是一种强综合性语言结构，它基本上建立于一种套接（emboîtement）和包围（enveloppement）之句法上：当邦德要一杯威士忌时正在等飞机，这杯威士忌作为指号，具有一种多义值，即一种象征结点，它聚集了若干所指（现代性，富裕，闲适）。但是，作为功能单元，威士忌的购买行为必定流动，一步一步地，通过众多中继点，以便找到其最终意义：统一性通过整个叙事来"把握"，但叙事也只有通过其单元的变异（distorsion）和扩散（irradiation）才能被"维持"。

一般化的变异赋予叙事语言结构以其特有标志：纯逻辑现象，因为它根基于一种往往是较远的关系，而且它调动着一种对理智记忆的信任，它不断把意义置换为相关事件的简单复制。在"生活"中，极少可能发生如下情况：在一次相遇中某人落座的事实，不直接跟在邀请落座行动之后。在叙事中，从微观角度看彼此衔接的这些单元可以被一由插入段组成的长序列分开，这些插入段属于完全不同的功能领域。这样就建立了一种<u>逻辑时间</u>，它与真实时间关系极小，连接着片断内诸核心的这种逻辑，始终牢固地维持着诸单元的表面上的分散（pulvérisation）。"悬念"显然只是变异的一种特别的，或者可以说，极端的形式：一方面，通过保持一个片断的开放［通过延迟和重启的共感（emphatiques）过程］，它强化了与读者（听众）的接触，保持了一种显然是维持对话的（phatique）功能；而另一方面，它赋予其一种有关片断未完成的威胁，一种敞开聚合体（如我们所相信的，一切片断都有两个轴向）的威胁，即一种逻辑干扰的威胁，而且此干扰是在焦虑和快乐中完成的（特别因为最终它永远会被修复）。因此，"悬念"是这样一种结构的游戏，此结构的作用在于，可以说，使其经风险和使其受赞扬：它构成了一种真正的可理解性之"刺激"，在其脆弱性中再现着秩序（以及不再再现着系列），它实现着语言结构观念本身，它似乎是更具感性的，也是更具理性的；"悬念"所俘获的是"精神"，而不是"脏腑"。①

可被分离者也可被充实。功能核心扩张后提供了几乎可加以无限充实的插入空间。人们可以用极其大量的催化剂间隙来使其充实。但是在此一种新的类型学介入了，因为催化剂的自由可以按照功能的内容加以调节（某些功能可以比其他功能更向催化剂敞开：如*等待*）②，而按照叙事的内容［书写具有远高于电影的"分镜头"（diérèse）的——因此即催化的——可能性：我们"切分"一个被叙事的姿态，可能远比切分一个用形象表现的同样的姿态要容易］③。叙事的催化力附带产生了一种省略（elliptique）效果。一方面，一种功能（他吃好一顿饭）可能精简了它所包含的一切潜在的催化剂（那顿饭的细节）④，另一方面有可能把一个片断归约为其核心，并

---

① 费伊（J. P. Faye）在谈到克罗索斯基的 *Baphomet* 时说："很少有小说（或叙事）如此清楚地揭示永远必然如此之事：'思想'对'生活'的实验。"（*Tel Quel*，第 22 期，88 页）

② *等待*从逻辑上说有两个核心：(1) 等待之设定；(2) 等待之满足或失望。但是第一个核心可以被广泛催化，有时是无限地被催化（《等待戈多》）：此外就是此处这种如此极端的与结构之游戏。

③ 瓦莱里："普鲁斯特把其他作家习惯上一笔带过的东西进行区分，使我们感觉到可以无限区分下去似的。"

④ 再一次看到，存在有内容方面的详细说明：文学具有一种无可比拟的省略效力——电影则不具有。

把诸片断的等级结构归约为它的更高层的词项，而故事的意义并不改变。一个叙事可以被识别，即使我们把其全部组合段归约为其行动位和其主要功能，这样它们就产生于对诸功能单元的渐进的假定。① 换言之，叙事可被加以概述（résumé）[通常称作内容简介（argument）]。乍看来，一切话语均如是，但每一话语具有自己的概述类型；例如，抒情诗，只是一个单一所指的扩大化隐喻②，对其制作的概述就是提供此所指，而此运作如此激烈，竟取消了诗歌的特性（经概述后，抒情诗被归约为作为所指的爱情和死亡）；由此产生了一种信念：不可能为诗歌作概述。反之，叙事的概述（如果这是按照结构性准则产生的）维持着信息的特性。换言之，叙事是"可转译的"，不会导致基本损害——不可转译的东西只是在最终叙事层次上被决定的——例如，叙事性之能指，从小说过渡到电影时可能是困难的，因为电影只是非常例外地了解人物处理③，而最后的叙事层，即写作层，从一种语言结构不可能过渡（或不顺利过渡）到另一种语言结构。叙事的可转译性来自其语言结构。按照相反的路径，它因此有可能通过对一个叙事的（种种的）可转译的和不可转译的成分，进行区分和分类，以识认这个结构：不同的和

---

① 这种归约步骤不必然对应于书籍区隔为章节的情况。反过来章的作用似乎越来越在于建立断裂（ruptures），即悬疑（连续剧技术）。

② 尼古拉斯·鲁伊特在《语言·音乐·诗歌》（同前，199页）中说："诗歌可被理解为应用于句子我爱你的一系列转换的结果"。Ruwet 在此暗示弗洛伊德对有关 Schreber 的偏执狂分析（"对一个偏执狂案例自述的精神分析笔记"，标准版，第12卷）。

③ 我们再次指出，在叙事者的"语法"和一个电影导演以自己方式表现的"个性"（或主体性）之间没有任何关系：摄影机前的我（从角色眼光连续认定的）是电影故事中的特殊现象。

相互竞争的符号学（文学、电影、漫画、影视）的（当前）存在，大大促进了这种分析方法。

（二）模仿（mimésis）和意义

在叙事的语言结构中第二个重要过程即整合：在某一层次上（一个片断，例如）被分离者，往往在一个更高的层次上（一个等级结构中在上的片断，指号扩散中的所指全体，一个人物类的行动）被再结合。一个叙事的复杂性可比拟于一个信息流程图的复杂性，它可把"跃前者"和"退后者"整合起来。或者更准确地说，具有种种形式的这种整合，有可能把一个层次上诸单元之看似难以控制的复杂性予以减弱。整合性能够对不连续的、邻接的、异质的诸成分的理解方向予以调节（好像它们呈现在组合段中，后者只相关于唯一的向度：相续性）。如果我们按照格雷马斯理论称意指作用单元为同位素（isotopie）（例如，此单元含有一个记号及其语境），就说整合是一种同位素因素：每一（整合性）层次都赋予较低层次单元以其同位素，以防止意义的"摇动"——因为如果看不见层次的移动，就必然会发生这种情况。然而叙事整合并不以明显规则性方式呈现，有如一座美丽建筑通过无限多简单成分的对称壁板而通向某些复杂整体。情况往往会是，同一单元可能有两个相关项，一个属于某一层次（一个片断的功能），另一个属于另一层次（指涉一个行动位的指号）。叙事呈现为一个由直接成分和间接成分组成的极其错综复杂的系列。句法变异（Dystaxie）导向"水平的"读解，而整合加予其一种"垂直的"读解：存在有一种结构的"不规则运动"，作为诸潜力的不停游戏，其种种下降运动给予叙事以其"活力"或能量：每一单元可按其表面和深处被看见，叙事就这样"前进"着：结构由于两条路线的竞争而分裂、扩大、显示——以及被恢复：新的结构始终是规则性的。当然存在有叙事的一种自由（有如每一说话人相对于其语言结构都拥有一种自由），但此自由肯定是有限制的：在语言结构的代码和叙事代码之间，可以说，确立了一种空隙：句子。如果我们企图理解一部书写叙事整体，我们看到它开始于较强编码（语音层或音素特征的），逐渐放松扩展到句子，即结合性自由的极点，之后再次收紧，从若干小的句组（微片断）开始，仍然保持相当的自由，一直达到主要行动部分，后者形成了一种既明确又有限制的代码：叙事的创造性（至少在其"生命"的神秘外表中）于是被置于两种代码之间：语言的和超语言。因此我们可以不无矛盾地说，艺术（在其浪漫的意义上）是一种细节陈述的问题，而想象即是对代码的掌握。爱伦·坡写道："总之，我们看到，天才人物永远充满想象，而真正具有想象力的人只可能是一位分析家……"①

因此必须放弃对叙事（小说）"实在论"的幻想。邦德在执勤办公室接电话时"在思考着"，作者对我们说："与香港的通信永远都是既困难而质量又差的。"但是，在此无论是邦德的"思考"还是低质量的电话通信，都非此处真正的信息。这类偶然性可能显得"生动真切"，而其后衍生的真正的信息是电话声的空间位置，即香港。因此在一切叙事中，模仿始终是偶然的②；叙事的功能不是去

---

① *Double Assassinat dans la rue Morgue*，波德莱尔译，巴黎，NRF；Livre de Poche，1969。

② 热奈特（参见前引文："Frontières du récit"）正确地把模仿（mimésis）归约为所报道的对话之片断；但是甚至于这类对话永远隐含着一种理智性的和非模仿性的功能。

"再现",而是去构造一个对我们仍然具有疑迷作用的场景,但它不可能属于模仿性领域。一个片断的"实在性"不在于构成它的诸行动的"自然"序列,而在于被说明、被历险、被满足的逻辑。我们可以换一种方式说,一个片断的根源不是对现实的观察,而是去改变和超越人所具有的第一种<u>形式</u>的必要性,这就是重复性:一个片断基本上是一个整体,在其核心处并无重复;在此,逻辑具有一种解脱性价值——而且它伴随着整个叙事。情况可能是:人们不断地把自己已知的、所体验过的东西再投射入叙事中。至少,他们在这样一种形式中这样做,此形式克服了重复性,而建立了一种生成(devenir)模式。叙事并不指示,并不模仿;激发我们阅读一本小说的激情并不是一种对"视像"(vision)(我们的确一无所"见")的激情,而是一种对意义即对一种较高的关系秩序的激情,后者也具有自己的情绪、希望、威胁、胜利:在叙事中"所发生者",从所指者的(实在的)观点看,实际上只是<u>空无</u>(rien)①,"发生"的东西只是语言、语言的历险,它的出现永远是值得庆贺的。虽然我们对于叙事的起源并不比语言的起源知道得更多,我们可以合理地认为,叙事与独白同其久远,其产生似乎在对话的出现之后。我们不必勉强做出一种"种系发生学式"的假设,无论如何,重要的可能是去注意:儿童在同一年龄段(3岁左右)之间同时"发明"了句子、叙事和俄狄浦斯情结。

Communications,1966

---

① 马拉美:"……一部戏剧性作品显示了行动外在因素的连续体,却任何时候都未曾保持其现实性,而归根结底什么也未发生。"(Crayonné au théâtre, *Oeuvres Cpmplètes*, *op. cit.*, p. 296)

行动序列[*]

按照最初的一些叙事结构分析,一个故事(conte)即行动的一个系统连接,诸行动分布于少数人物中间,而其功能在不同的故事中等同。普罗普通过对几百个斯拉夫故事的分析成功地确立了诸成分(人物和行动)和诸关系(行动的连接)的常量(constance),后者构成了民间故事的形式。然而,这种形式在普罗普的著作中始终是一种图式(schéma),一种组合段的构图(dessin),它从种种故事内的行动展开中抽象而来。列维-斯特劳斯和格雷马斯完成并更正了普罗普的理论,企图通过把叙

---

[*] 写于1969,载:*Patterns of Literary Style*,Joseph Strelka(编),The Pennsylvania State University Press,1971,无法文版。

事序列（suites）中的诸行动连接起来，以对此展开过程加以组织，这些行动在故事过程中被其他行动和某种时间距离所分离，但被聚合体的对立关系连接起来（例如：<u>主人公发生困难/对此困难的克服</u>）。最后，布雷蒙按照人类行为的某种逻辑，研究了叙事行动的逻辑关系，例如，阐明了有关策略和欺诈的某种常量，这是故事中非常常见的情节。① 我们现在也企图对此无疑是叙事结构分析之基础的问题进行讨论，分析某些不是取自民间故事而是取自文学叙事的行动片断：此处讨论的例子取自巴尔扎克的小说《萨拉辛》（在其《巴黎生活场景》系列中出版）——虽然我们并不关心巴尔扎克的艺术或"现实主义"艺术。我们只讨论叙事形式，而不讨论故事特点或作者的写作实践。

　　一开始让我们提出两点看法。首先是：故事分析揭示了主要行动，故事的首要连接方式（主人公实行的约定、考验或历险）；但是在文学叙事中，一旦这些主要行动被认定，假定了可以实行，仍然存在有许多看起来无关紧要而又属于机械性的微小行动（<u>叩门</u>，<u>进行谈话</u>，<u>定约会</u>，等等）；我们是否会认为这些辅助性行动都是某种不重要的背景，并因此从分析中将其排除呢，其理由会是：<u>显而易见</u>，故事话语把它们说出，以便把两个主要行动连接起来吗？不，这将导致我们对此叙事的最终结构进行预先推断，这就意味着将该结构转向一种统一的、具等级结构的方向上去。反之，我们认为一个叙事的所有行动，不论其看起来多么无关紧要，都应加以分

---

① 特别请参见：格雷马斯：《神话故事解释理论基础》，*Communications*，第 8 期（1966），28~59 页；*Du sens*, Paris, Seuil, 1970；布雷蒙：《叙事信息》，*Communications*，第 4 期，4~32 页；《可能叙事逻辑》，*Communications*，第 8 期，1966，60~76 页。

析，都应整合入一个我们应当加以描述的秩序之中：在书写文本中（与口头叙事相反）没有任何言语特点是无关紧要的。

我们的第二个看法是：文学叙事的行动序列，甚至于比民间故事更易于陷入无限丰富的其他"细节"流、其他特征流中去，这些细节和特征却根本不是行动。它们或者是心理性指号，指示着人物或地点的特性；或者是谈话交流，参加者借以彼此接触、说服或欺骗对方；或者是话语展开中的描述，用以设定、延迟、解决迷疑；或者是来自特殊知识或智慧的一般思考；或者是，最后，语言的发明（如隐喻），分析者必须一般地将其纳入作品的象征领域。所有这些特征都不是"自发的"或"无关紧要的"：每一特征都从一组系统的"思想方式"中获得其权威性和熟悉性，也就是从集体规则的重复中，或者是从一种大文化代码中：心理学、科学、智慧、修辞学、解释学，等等。在其他记号的这种扩散中，人物的行为（就其在一致性序列中彼此联系在一起而言）来自一种特殊代码，一种行动逻辑，它肯定深刻地影响着文本结构，赋予其"可读的"（lisible）性质和叙事理性的外表，这些被古代人称作似真者（vraisemblable）的，却远未占据文学叙事的全部意指性表层：在全部书页中，非常可能是<u>什么也未发生</u>（即未描述任何行动），而其在其他地方作为后果的行动，可能被大量记号所分离，这些记号是由不同于行动代码的其他代码所产生的。于是不要忘记，行动只能作为一个人物的指号（<u>他曾经习惯于……</u>）被陈述：也就是，它们是由一个积累过程，而不是由一种逻辑秩序，连接起来的，或者说，至少它们所指涉的逻辑是心理性的而非实践性的秩序。

虽然有这些保留（它们代表着大量文学叙事），在（在现代期以前的）古典文本内部仍然有一定数量的行动信息是按一种<u>逻辑时</u>

间秩序（在其后到来者，也即是其结果）连接在一起的，因此是在个别的系列或序列中组织起来的［例如：（1）（来到一扇门前）；（2）敲门；（3）看到某人出现在那里］，其内在的发展（即使缠结于其他平行片断中）为故事提供了前进推力，并使叙事成为一种"行进有机体"（organisme processif），即朝向其"结尾"或"终结"而前进。

如何称呼行动叙事的一般代码——其中有些看起来重要，具有较大的小说密度（谋杀，诱拐，宣布爱情，等等），而另一些似乎十分平常（关门，坐下，等等）——用以区别于文本中所具有的其他文化代码（这种区别显然只具有一种分析价值，因为文本的各种代码是混合在一起的，看起来是编在一起的）？我从亚里士多德词汇中借用一个词（亚氏毕竟是作品结构分析之父），建议①称这个叙事行动代码为选择性（proaïrétique）代码。亚氏确立了行动科学或实践学（praxis）后，实际上在其之前安排了一个附带的学科 proaïrésis（选择），或者说，人类事先权衡一种行动之结果的能力，在有待实现的两项中进行二中择一的选择（取其语源学意义）的能力。现在，在每一行动序列的结点，叙事本身［最好说叙事在说，而不说作者在说，因为我在此指一种叙事语言结构（langue），而不是指一种故事讲述的实行（performance）］也同样在诸可能性之间进行"选择"，而此选择时时牵扯到故事的未来：显然，故事将因为门被叩敲时是否打开了而改变（布雷蒙特别研究了这种二中择一结构）。结果叙事在面对着每一种二中择一行动前永远选择其有

---

① 在有关 *Sarrasine* 的结构分析作品中（*S/Z*，Paris，Éd. du Seuil，1970；"*Points*"丛书，1976）。

利项（赋予它某种后果），即何者确保其作为叙事的存在。叙事绝不选择会终止故事或使其夭折的项目（似乎表达着自身的完成）。某种意义上确实存在有一种叙事保存本能，叙事在被表达的一个行动中所蕴涵的两种可能结果之间，永远选择会使故事"重新活跃起来"的一项。这种显然之理，看似平凡而实际上研究甚少，值得我们关注，因为叙事艺术（此种艺术属于"实行"，即一个代码的实践）正在于赋予这类"结构决定作用"〔它只观察叙事的而非其中主人公的"解救"（salut）〕以一般心理的、道德的、感情的动机因果性（借口）：叙事实际上选择着自身之延存，而人物似乎在此选择着自身之命运。某人的保存本能由他人的自由加以掩饰：叙事机制（就像金融机制一样具有强制性）升华到人的自由意志境界。我于是建议把选择学（proaïrétisme）一词的意涵，应用于含有一致性、同一性序列的一切叙事行动中去。

我们应当进一步了解如何能构成这些序列，如何决定一种行动是属于此一序列而非属于彼一序列的。实际上，序列的这种构成紧密地与其命名联系在一起。反之，序列分析与所发现的名字的展开相联系。这是因为我可以自发地将离开、游玩、到达、留守等行动都纳入作为通名的旅行（Voyage）之内，序列因此取得了一致性并被加以个别化（使其对立于其他序列、其他名字）。反过来，因为某些实际经验使我相信，在约会词语下通常可纳入一系列行动，像提议、接受、兑现等，在文本中这个词以某种方式被我知悉，我有权利对其叙事图式加以详细研究。为了（从我们提到过的文本的大量混杂的意指性信息中）引出片断，须按照一种通名对行动加以分类（约会、旅行、远足、谋杀，等等）。为了分析这类序列，须将此通名展开于其组成部分中。认为简单命名即为研究现象构成提供了一种完善的标准，可能看起来太过轻率，等于完全诉诸分析者的主观思量，简言之也就是，非常"不科学"。这是否在说，对于每一序列而言：你存在着，因为我在为你命名；以及，我这样为你命名，只因为我喜欢如此？回答似乎是，叙事科学（如果存在的话）不可能遵循精确科学或实验科学的标准。叙事是一种语言活动（意指活动、象征化活动），而且正由于语言的关系，叙事才应该被分析。于是，命名对于分析者来说即是一种充分确立的运作，与其对象保持一致性，正如测量对于几何学家，称量对于化学家，显微镜检查对于生物学家一般。再者，我们为片断发现的名字（名字也构成着片断）是一种系统的见证，它自身来自构成语言结构的大量分类学活动。如果我称某序列为 Enlévement（诱拐），是因为语言结构本身，已在一种独一的概念下，为多种多样的行动进行分类和加以掌握，此概念由它传递给我并因此确保了其一致性。我从文本内散见的行动碎片中所构成的诱拐，于是对应着我读过的一切诱拐。名字是某种已被写出、已被阅读、已被完成的事物的精确的、无可怀疑的痕迹（trace），它们如科学事实一样坚实。因此，发现名字绝不是某种任由个人畅想的随意运作。发现名字，即是发现已经构成了代码的东西，它确保了文本和构成叙事语言结构的一切其他叙事之间的沟通，因为语言学的和符号学的工作只可能是去发现促使语言的"在前性"和文本的"当前性"连接起来的过渡项（passage）。最后，在为片断命名时，分析者只是以一种更具应用性的、更合理的方式重复读者的工作，而且其"科学"根植于一种阅读现象学：读解一个叙事，实际上（按照阅读的急切节奏）是在结构的片断中对其加以组织，是努力朝向把多多少少大量描述片断加以"概述"的名字，是在"吞噬"故事时，在自身进行的命名调整，是不断按照已知名字对阅读内容之新颖性进行的控制，这些名字是来自阅读中大量在先出现的代码的：例如，某些指号使名字<u>谋杀者</u>，在我身上非常快速地出现，我对故事的接受才实际上成为一种<u>阅读</u>；不是因为对我了解其语言意义的句子所具有的简单知觉，也不是因为叙事意义本身：阅读即命名（这就是为什么人们会有如此极端之说法，至少相对于一些现代文本而言，阅读即写作）。

我们不自以为涵括了一切行动逻辑，甚至于并不认为此种逻辑是单一性的，我们想把几种选择性片断归约为少数简单关系。这样我们可能对于古典叙事的某种合理状态具有某种初步的观念。

（1）连续性（Consécutif）。在叙事中（而且其标志或许在此）没有纯连续性——时间性立即为逻辑性所贯穿，<u>连续性</u>同时即是<u>后果性</u>[①]——<u>在后</u>发生者似乎是被<u>在前</u>发生者所产生。但是，在解剖某些运动时我们接近于纯粹时间性，这样，在知觉一个物件比如一幅图画时（<u>环视/知觉物件</u>），这些（相当少见的）片断的微弱逻辑特性出现于此：每一项仅指重复着前一项，如在一个系列（不是一个结构）中：<u>离开第一处</u>（例如房间）/<u>离开第二处</u>（包含此房间的建筑物）。但是这种逻辑是非常贴近常识的，它具有一种蕴涵关系的形式：为了"知觉"<u>必须</u>先"看到"；为了"走进一房间"必须先"走进一大楼"；更合理的是，如果运动包含一种返回（郊游，*Promenade amoureuse*），那么此结构似乎是偏弱的（由于层级低）：此即去与回的结构。但是只须想象一下，一个词项未被提及而用来衡量叙事突然成为其载体的逻辑荒谬性：<u>无返回的旅行</u>（通过序列中一项的直接欠缺）即为可能提出的最重要的例子之一。

---

① 参见前引文：《叙事结构分析导论》（本书 102～144 页）。

(2) 后果性 (Conséquentiel)。这是两个行动之间的典型关系，其中一者为另一者的决定因素（但是，让我们重复说，与前面的关系虽对称却相反，最经常的情况是：因果联系渗透着时间性）；后果性表达，显然是最丰富的表达之一，因为它某种意义上支持着叙事的"自由"：让一个后果是正面的或负面的，故事的整个命运将因之而改变。

(3) 意志性 (Volitif)。一个行动（例如：<u>穿衣</u>）之前关于意图或意志的描述（<u>想要穿衣，决定穿衣</u>）。在此，这一关系再次可能偏离，意志可能与其行为之完成相分离（<u>想要穿衣而未穿</u>），如果前于一个第二片断的偶然事件扰乱了第一片断的逻辑过程的话（对我们来说，这个事件永远须加以注意）。

(4) 反应性 (Réactif)。接续一个行动（例如：<u>碰触</u>）的即其反应（<u>喊叫</u>）；这是一种后果性图式，但是此处的模式特别是偏于生物性的。

(5) 持续性 (Duratif)。话语在标记一个行动的（或一个状态的）开端或持续之后，标记其中断或其终止：<u>发出笑声/终止</u>；<u>隐藏/走出隐藏地</u>；<u>沉思/从梦境中苏醒</u>，如此等等。同样的，这些片断的极其平凡性都是有意义的。因为如果叙事没有标记一个状态或一个行动的结束，就会出现一种真正的叙事荒谬：关于中断的描述似乎是叙事语言的真正限制，或者说，被转移至话语层，这是雅克布森在谈到语言时所说的<u>强制项</u>（rubriques obligatoires）。

(6) 对极性 (Équipollent)。少数片断（归约至其核心）仅只实行着词汇表中所标记的各种对立。于是，<u>提问/回答</u>（或者：<u>提出一个问题/提出解答</u>）这两项当然被一简单蕴涵逻辑所连接（某人回答，因某人提问了），但是此结构是一种形式补充（complément

的结构，如我们在对立词汇表中所看到的。

在行动序列中肯定有其他逻辑关系，而且这六种被识别的关系，无疑还可进一步化简和形式化。对于分析来说，逻辑联系的性质比其描述的必要性更重要。叙事必须标记关系的两项，否则即成为"不可读解的"了。但是，如果逻辑联系似乎比其表达较少具适切性，这是因为叙事指涉的逻辑只是一种<u>已读</u>（déjà-lu）逻辑。此定式（来自数百年之久的文化）乃叙事世界存在的真正理由，此世界完全建立于经验（更多是书本的而非实际的）留在读者记忆中的、并对其加以构成的痕迹之上。所以我们能够说，给予读者最强逻辑确定性的完美片断，是最具"文化性的"片断，在其中可立即识别出阅读和谈话的全体。如（在巴尔扎克的<u>小说</u>中）<u>职业经历</u>片断：到巴黎去/为大师工作/离开大师/获奖/获得一位大批评家认定/离开意大利：这个序列难道不是无数次印记在我们的记忆中吗？必须承认，叙事逻辑只不过是亚里士多德的或然性概念（probable）之发展（公共意见，而非科学真理）。所以，使此逻辑（以美学限制和价值的形式）合法化的企图是非常正常的，第一批古典叙事理论家们所发展的仍然是亚氏的观念：<u>似真性</u>（vraisemblable）。

现在还须讨论行动序列以何种方式出现于文本中。

以上分析集中于若干逻辑核心或结点上，并可能主张，序列在按定义由一个组合段秩序中导出后具有一个二元（聚合体的）结构，但这可能只是一个分析幻觉。如果我们把可被命名（即被一个来自作为文化一部分的词汇学的普通词项所涵括）作为序列的判准，就必须承认序列的词项数目是极其多种多样的。当序列指示一种平凡运作时，其词项一般来说很少；而当它指示一部大型小说模式时，情况正相反（*Promenade amoureuse*，*Assassinat*，*Rapt*，等等)。此外,在这些主要片断中,不同的结构可能重叠:例如,话语可以把"真实"事件的指示(在其逻辑时间序列中)和修辞学的dispositio的通常词项(宣布,部分,概括)混合起来,因此将序列扩展而并不使其分散。话语也能假定两个或三个主要的(以及不同的)项目,并且对每一项目重复多少次(通过改变其能指):一个人物,由于某种情境,可以希望/失望/弥补,但希望、失望和弥补通过主体反思的节奏以及借助倒叙;最后,我们不应忘记,词项的重复(序列一次扩展的原因)可以有一种语义值(具有其自身的内容,如重复性)。这就是作为危险和威胁的片断的情况,在其中同一词项(引起危险,经受威胁)的扩增,具有一种戏剧性压力值。

一般来说,叙事结构分析,在通过作为其行为主体(agent)或行为客体(patient)的人物加以详细说明之前,并不为行动分类(普罗普称作功能)。就此而言,分析者应当注意,序列几乎永远由两个或三个参加者加以运作。在像行动/反应这样的序列中,显然存在有两个不同的行为主体,但这是属于较高程度的分析。从一种(此处关心的)简单结构化的观点看,合理的是,把行动词项看作是从任何个人过程中产生的和在其作为纯语义素(sémantème)的状态中被理解的(此外,某些动词的语义性质自身已经包含了行为主体的二元性,如结合)。

一个序列,如果有一定长度,就可以有辅助序列,后者作为"子程序"(sous-programme,在控制论中称作"信息单元"者)被插入其一般展开中。片断叙事在一定时刻可以包括词项约会(约定时间以便讲故事)。这个词项可能也包含一个片断(要求定约会时间/接受约会/拒绝约会/实现约会,等等)。原则上,行动网是依不同情况通过一种扩展的或缩减的置换法来构成的。有时话语分解一个词项，因此产生了一种新的行动片断；有时话语将若干运作概述在一个单一词项下。这种伸缩自由适合于分节语言（例如在电影语言中受到更多限制）。

当一个序列似乎呈现出某种非逻辑性时，多数情况下只须扩大分析并进行某种初级置换，以便其后使其恢复合理性。在片断叙事中，词项接受建议的约会相当于同意你讲述该故事；如果在叙述一个故事的秩序和此故事的效果之间出现了一个"洞隙"（对听故事者而言），这是因为叙事行动没有被清楚指示，而是由故事的文本本身表达的：于是欠缺的词项是整个故事，它被开始其陈述的引述号所意指着。

这些置换法［应该说这些重建法（restitutions）］是必不可少的，因为通常的情况是，在古典叙事中序列倾向于包括讲述得尽可能完全的事件：存在有一种叙事迷执性，它以尽可能最大量的决定作用包围着事实。例如，叙事将同时前置有行动的条件和原因。事实（或者事实于其中表达的行动结）由其前件予以扩展（这一过程的典型例子是一种倒叙法）。从行动的观点看，叙事艺术的原则（或者说它的伦理）是补足（complément）：它相关于产生一种话语，此话语充分满足完全性要求，并使读者免除"空虚的恐惧"。

这些相关于某一叙事层次（它包括许多其他层次）的研究，其目的在于引出（以某种初步证明之清单的形式）一种特殊的问题：使一个叙事成为"可读的"东西是什么？什么是一个文本的"可读性"的结构条件？此处所说的一切似乎都是"自明的"。但是如果这些叙事条件似乎是"自然的"，这是因为其背后潜在地存在有一种叙事的"反自然"（某些现代文本无疑对此构成了新的经验）：在为行动序列的基本合理性定位时，我们接近了叙事的界限，超过此界限就开始了一种新的艺术，违背叙事作用的艺术。但是，行动的序列某种意义上是这种可读解性的特权占有者：通过其行动片断的伪逻辑，一个叙事似乎对我们是"正常的"（可读的）；如我们所说，这种逻辑是经验性的，不可能将它与人的心智联系起来。对它来说重要的是，它为叙述的事件序列提供了一种<u>不可逆转的（逻辑—时间）秩序</u>：<u>正是此不可逆转性构成了古典叙事的可读性</u>。所以我们理解，叙事通过在其一般结构中强化可逆转性作品，而将自身颠覆（使自身现代化）。但是，典型的可逆转层次是象征的层次（梦境。例如，它被排除于逻辑时间秩序）。作为一部浪漫主义作品，我们谈过的巴尔扎克作品，在历史上处于行动性和象征性的十字路口上：它清楚表达了从简单可读性向复杂的（受威胁的）可读性的过渡，前者以（古典型的）行动之强制不可逆转性为标志，后者屈从于扩散的和象征成分可逆性的力量，屈从于时间和理性的摧毁者。

II

领域篇

符 号 学 历 险

- ◎ 索绪尔、记号和民主
- ◎ 意义的调配
- ◎ 社会学和社会逻辑
  ——关于列维-斯特劳斯的两部近著
- ◎ 广告信息
- ◎ 物体语义学
- ◎ 符号学和城市规划
- ◎ 符号学和医学

索绪尔、记号和民主[*]

民间语言和卢梭本人都用"traisait"代替"trayait"：因为人们按照"plaire"模式来为"traire"变位，plaire 的非完成式为"plaisait"。这是一个 4 项比例式，卢梭称之为类比［analogia 实际上意味着比例（proportion），而我们今日宁肯称其为同态（homologie）］。

索绪尔认为，类比是一种基本的原动力，是语言结构的存在："类比的作用巨大"；"类比原则与语言机制原则基本上同一"。索绪尔极其热情地论述此突出特点：他称颂着类比的力量、德性、智慧；他将其提升到一种创造性的、造物主的地位，并因此

---

[*] Le Discours social，3～4 期，avril 1973, "Socialité de l'écriture"。

改造了当时语言学的等级结构；他认为，类比现象的聚集，比声音的变化（这是先前语言学的偏爱主题）重要得多。经过几个世纪的演化，语言结构的成分被保留下来（简言之：被予以不同的分配）；索绪尔扩大了语言结构的抗力、稳定性和同一性（它始终倾向于把历时性吸收入同时性之内），而此永恒性的理由即类比性："类比性显然是保守的"；"此一类比的革新性实际上并不如看起来那么大。语言结构是件袍子，它由自己的材料制作的补缀所覆盖"：法语的五分之四是印欧语。这一类比赋予了语言结构以永恒性。

　　类比概念的这种提升，暗中显示了对发生学的深刻敌意。到了索绪尔时代则又发生了认识论变化：类比性取代了进化论，模仿性取代了派生法。不像通常那样说"magasinier"来自"magasin"，而说"magasin/magasinier"是根据"prison/prinonnier"模式形成的。不说字源科学的对象是从目前的形式溯源到一种原始形式，而应满足于把字词置入一种邻近词项组成的图式，置入一种关系网，对此而言，时间——其力量是薄弱的——只是从形态上对其变异。

　　不难感觉到这样一种概念的意识形态含义（实际上，情况往往是，没有什么比语言学更直接地具有意识形态性了）。一方面，类比性的提升加入了一整套模仿社会学，后者曾由塔尔德（Tarde）（他的书，索绪尔无疑比涂尔干读得更多）加以系统化，并与大众社会开端非常符合。在文化秩序中，特别是在服装秩序内，中产阶级开始通过模仿而掌握了资产阶级价值。时装，对不断被再超越的标新立异之疯狂模仿，就是这种社会模仿的胜利〔它迫使资产阶级在时装之外、在简单而困难的"高贵"（distinction）范畴中来肯定自身〕。索绪尔，像同时代许多人一样，从斯宾塞到马拉美，都被时装的重要性所触动，对此他在语言领域内称之为 inter-course（互惠）。再者，索绪尔，在把语言结构永恒化之后，某种意义上，就是示意着"根源"概念的退场（由此导致他对语源学的忽略）；语言结构不再拘束于演化过程，继承性受到贬低。科学方法不再是说明性的（演变关联，原因探索，前后连接关系），而成为描述性的：字词距离不再指其始源和其后继之间，而是指一种旁系（并行）关系（collatéralité）；语言结构的成分——它的个体——不再相当于"子女"，而是相当于"同胞"：语言结构，甚至于在其演变中，不再是一种"贵族制"，而是一种"民主制"：字词的权利和义务（它们构成了其意义），为平等个人间的同处与共生。①

索绪尔的类比原则如此强而有力，而其根源来自记号的身份。在语言结构中，记号是"任意性的"，在能指和所指之间无自然的联系，而且这种任意性关系必定被一种作为类比的稳定化力量所抵补。因为记号并不"自然地"存在（其意指的垂直性是错误的），为了延存它必须依赖其环境。邻近（同胞）关系将接替意指关系，契约将取代因不确定而失效的自然。让我们来回顾一下索绪尔的这幕小科学序曲的经历，他似乎曾如此受到意指作用欠缺的煎熬，直到他后来能够阐明其价值理论为止。

索绪尔把记号看做被区分的、被隔离的和被封闭的个体，它们是真正的单子，其中每一个在自身的圈子里——在其存在中——都

---

① 我们知道，乔姆斯基反对索绪尔的类比原则，而代之以另一种创生原则。这就是在决定另一种选择。对于乔姆斯基来说，重要的是将人和动物、机器分开。这种区别必定<u>在科学中以及在政府中</u>受到尊重。由此产生的运动，同时为乔姆斯基语言学和乔姆斯基对权威的、技术支配的和好战的国家之反对，奠定了基础。

包含着一个能指和一个所指：这就是意指关系（signiication）①。于是出现了两种困难：一方面如果语言结构只是在其"单子"（monades）之上被连接的，它将只不过是僵死的记号之集合，一个名称之表列——显然它不应该如是；另一方面，如果我们把意义归结为能指和所指之间垂直的、显然封闭的关系，由于此关系不是自然的，我们也不可能明白语言结构具有的稳定性。"一种语言结构（如果它只是一个诸单子的集合）根本没有能力抵制造成能指和所指之间关系时时刻刻改变的因素。这是记号任意性的后果之一"。所以，如果我们依赖意指作用，时间和死亡将不断威胁语言结构。这个危险乃一种原罪的结果——索绪尔似乎对此始终不能释怀——记号的任意性。那个时间、那个秩序、那个世界、那个语言将会多么美好，在其中一个能指，无需任何人类契约性、社会性之助，将可永远地说明其所指，在其中一种"薪酬"将会是劳作的"公平"价格，在其中纸币将会永远与其含金量相当！因为我们在此讨论的是一般交换理论：对索绪尔来说，劳动和黄金是声音、薪酬、纸币的所指：<u>所指的黄金</u>！这是一切解释学的呼喊，这些符号学都在意指作用前停住：对他们来说，所指是能指的<u>基础</u>，正如在良好金融体系中黄金是通货的基础；一种不折不扣的戴高乐概念：<u>让我们保持金本位</u>，并<u>对此清楚</u>，这是将军的两句口头禅。

索绪尔的小插曲，不同于骄傲的保守派，其意义是，他既不信任记号也不信任黄金，而是清楚看到，纸币与黄金的联系、能指和所指的联系是移动的、不稳的，此联系并无任何保障。它是受制于时间、历史之变迁的影响的。在其意指作用概念中，索绪尔实际上

---

① 随境不同而可译作：意指、意指作用、意指关系。——中译者注

处于目前的金融危机点：黄金和其实际替代物美元正在瓦解之中。人们在想象一种体系，在其中通货将独立存在，不依赖任何自然标准：简言之，索绪尔是"欧洲式的"。

最后，索绪尔，比当前欧洲政治家更幸运，他发现了这个支持系统。他从如下观察出发：句子不是通过自身封闭的记号，沿着言语链上的简单并置来起作用的，语言要求"具有"更多的东西，他发现了价值：现在他可以摆脱意指作用的瓶颈了，对所指（对黄金）的关系是不确定的、脆弱的，（语言的、通货的）这个系统是由能指本身（通货本身）的行为使其稳定的。

什么是价值呢？不必期待索绪尔的《教程》对此给予清楚的说明。让我们举一个不是从语言学手册中选取的例子（sheep/mutton）：在日内瓦大学实验室内我们看到一个非常特殊的（虽然是官方的）标记：两个门上写着<u>先生</u>和<u>教授</u>，本来通常这种二分法是相关于性别的。在纯意指作用层次上，此标记没有意义：教授难道不就是先生吗？而在价值的层次上，此对比，尽管在道德含义上不无荒谬，是有说明性的：两个聚合体发生冲突，其隐含意义是：先生/女士//教授/学生：在语言结构作用中，肯定是价值（而不是意指作用）具有其明显的、细致的、社会的意义负荷：在此就是教育的和性别的隔离。

在索绪尔的研究中，价值是这样一种救赎概念，它使人们有可能挽救语言结构的永恒性和克服所谓<u>信任焦虑</u>。索绪尔的语言观和瓦莱里的语言观十分接近，或者反过来说也一样，他们彼此互不知悉一事，°无关紧要。对瓦莱里来说，商业、语言、通货和法律，都是由同一系统、相互性系统来规定的：它们不可能在没有社会契约的条件下起作用，因为只有契约可以纠正标准的欠缺。在语言结构中，这种欠缺烦扰着索绪尔（比瓦莱里更感不安）：记号的任意性不是使语言中时时刻刻有被导入时间、死亡、"安纳奇"的危险吗？因此，语言结构，以及其后的社会，必须假定一个规则系统（与其延存相联系的必要性）：（类比的和价值的）经济规则、民族规则、结构规则，这些规则使这些系统相关于一种博弈（象棋博弈，索绪尔语言学的主要隐喻）；语言结构接近于经济系统，当后者放弃了金本位时；接近于政治系统，当社会从君主和其臣民的<u>自然的</u>（永恒的）关系，转变为公民之间的社会契约关系之时。索绪尔语言学模式是民主制：我们没有从索绪尔的自传情境中吸取论点，他是一位杰出的日内瓦公民。瑞士为欧洲最古老的民主制之一；而且在此国家中，瑞士也是卢梭的城市。我们只想指出在认识论层次上把社会契约和语言契约联系在一起的不可争辩的同态性。

我们知道，存在有另一个索绪尔：Anagrammes（易位构词法）的索绪尔。这个索绪尔已经在古代诗歌声音和语义之聚集中倾听到了现代性：于是不再有契约，不再有清晰，不再有类比，不再有价值；取代所指之黄金的是能指之黄金，金属不再是货币而是诗歌。我们知道，这样的"倾听"曾经相当地烦扰着索绪尔，甚至于使其狂躁不安。索绪尔似乎在失去所指之焦虑和发觉纯能指之可怕返回中间，度过了自己的一生。

意义的调配[*]

一件衣服,一辆汽车,一碟菜肴,一个姿态,一部电影,一曲音乐,一个广告形象,一件家具,一个报纸标题,这些看起来都是种类各异之物。

它们之间共同的东西是什么呢?至少可以说:都是记号。当我在街道上——或生活中——穿行遇到这些东西时,我对它们全体,也许并无意识地,施以同一种行动,即某种读解(lecture)行为:现代人,城市人,是花时间阅读的。首先,他阅读的是形象、姿态和行为:这部汽车告诉了我车主的社会地位,那件衣服非常准确地告诉了我衣服主人的符合潮流和偏离潮流的程度,这种开胃酒(威士忌,

---

[*] *Le Nouvel Observateur*,10 décembre 1964.

pernod，或 cassis 白葡萄酒）显示了主人的生活情调。甚至在有关书写文字时，在第一信息字里行间我们经常读出一种第二信息：如果我在报纸标题上读到：*Paul VI a peur*（保罗六世害怕），这也意味着：如果你读下去，你就会知道为什么。

所有这些"读解"在我们的生活中都很重要，它们蕴涵了如此众多的社会的、道德的、意识形态的价值，以至于我们并不企图在此对它们加以系统的思考：这种思考，至少此时此刻，我们称其为符号学。关于社会信息的科学？文化信息的科学？第二种信息？对世界上作为"剧场"的一切进行的理解，从教会的浮华到披头士的发型，从客厅睡袍到国际政治辩论？此时关于定义的多样性和模糊性无关紧要。

重要的是能够使大量表面上混乱的现象服从于一种分类原则，而且正是意指作用提供了这种原则：在种种意指作用（经济的、历史的、心理的）之外，我们因此必须预见到一种新的现象性质：意义。

世界充满着记号，但是这些记号并非都像字母、公路标志或者像军服那样简单明了：它们是极其复杂的。多数情况下我们把它们看作"自然的"信息。一架捷克机关枪在刚果叛军手中被发现：这是一则无可争辩的消息。但是，就当时想起世界各国政府使用的美国武器数量而言，它显示了一种政治选择。

揭示世界记号永远意味着与对事物的某种无知的斗争。我们对法语都了解得这么"自然"，以至于从未想过法语是极其复杂的系统，其记号和规则绝不是自然的；同样的，我们需要经过不断观察以便不是研究其信息的内容，而是研究其信息的构成：简言之，符号学家，像语言学家一样，必须进入"意义调配"。

这是一个巨大任务。为什么？因为一个意义永远不可能在隔离的方式中加以分析。如果我确定蓝色牛仔裤是某种青春放荡的记号，或者由一家时尚杂志所拍摄的牛肉汤具有一种戏剧性的乡村风味，而且如果即使我扩大这些明证，以便构成类似于词典字行中的记号清单，我也不会发现任何东西。<u>记号是由区分构成的</u>。

在符号学研究计划开端，人们认为，用索绪尔的话说，主要的任务是在社会生活的核心研究记号的生命，而且因此去重构对象的语义系统（服装、食品、形象、礼仪、音乐，等等）。这是有待去做的。但是在符号学进入这个已然庞大的计划时，就遇到了新的任务。例如，为了研究这种神秘运作，按此运作任何信息都可能具有繁杂的、意识形态性质的第二意义，而且此意义被称作"蕴涵的（connoté）意义"。如果我读到下面报纸标题："一种热烈氛围弥漫于孟买，却不无奢华，也不无炫耀"，我当然获得了一定分量的关于欧亚大会氛围的书面信息；但是我也看到一种定式句，它由诸否定的微妙平衡所组成，这就赋予了我某种关于平衡的世界观。这些现象是常在的，我们因此必须按照语言学的一切资源对它们进行大量研究。

如果符号学任务在不断扩大，这肯定因为我们不断更多地发现世界上意指作用的重要性及其规模之广大。意指作用成为现代世界的思想方式，有些像"事实"先前在构成实证科学思想单元时的情况一样。

社会学和社会逻辑*
——关于列维-斯特劳斯的两部近著

在研究地中海海岸某些地方度假俱乐部所建帐篷度假村之心理社会组织时,一位年轻的法国社会学家①做出了如下观察:这些人工村落的结构、它们的"位置"的内在分布、半功能性半礼仪性的特点,似乎与度假村所在环境之风景没有什么关系。没有什么会妨碍人们在荒凉而丑陋的地点去搭建一个完整的村落,连带其帐篷、饮食、跳舞、谈话、

---

* *Information sur les sciences sociales*, vol. 1, no. 4, nouvelle série, 12/1962。

① 亨利·雷蒙德(Henri Raymond),在其未发表的著作中。然而也参见同一作者关于此主题的论述:"Recherches sur un (village de vacances)", *Revue française de sociologie*, July-September, 1960, pp. 323~333。

运动和洗浴。在度假村的节庆功能和其位置的枯燥甚至互不协调特点之间，显然并无冲突。这个例子无疑令列维-斯特劳斯产生兴趣：不仅是表面上由于在帐篷村和"原始"村之间存在有对象的类比性，而且因为彼此都是按照某种空间关系，即按照某种逻辑，建立起来的。也就是因为这种逻辑在两方面都涉及一整套世界表象，由此可证明到处存在有一种形式的责任性，从澳大利亚"原始人"到"文明的"地中海人。因为如果亨利·雷蒙德的观察是有根据的，如果帐篷村，这个属于一种休闲社会学的典型现代现象，可以在任何地理的或心理的决定作用之外，被定义作一种功能组织，人们就必须对一种新的类型进行分析，并因此诞生了一种结构社会学（或者，至少在一种结构人类学内部，人种学和社会学彼此相遇）。在什么条件下呢？这正是应该加以研究的。

列维-斯特劳斯的最近两部著作《今日图腾》[1] 和《野性的思维》[2] 促使人们（尽管在此只能仓促地）进行这样的研究。就前书而言，因为，尽管属于严格人种学的对象（图腾制），它对当代科学的常见态度之一进行了严厉批评，此种态度重视社会象征的内容，而不重视其形式。就后一书而言，因为，除了它所显示的结构思想的深化和扩展之外，它在几个地方对现代现象、对一种严格社会学实践［修补术（bricolage），当代艺术、饮食、专名、服装］，提出和进行了某些分析。社会学家，或者更广泛地说，当代社会分析家，因此在这里也提供了研究原则和与他自己的思想可能相关的例子。

---

[1] 巴黎，PUF，《神话和宗教》丛书，1962。
[2] 巴黎，Plon，1962。

我们看到，帐篷村构成了一个极好的结构分析对象，因为其构成（而且因此其使用）包含着一种分析家负责加以重构的社会逻辑。这个例子是独一无二的吗？现代社会中适合于结构分析的对象是什么呢？一种功能社会学（在此词的逻辑意义上）领域可能是什么呢？正是在这里提出了对这些问题进行回答的方法假定：或许对于列维-斯特劳斯而言，没有任何人类的"生产"、对象、礼仪、艺术、制度、作用、用法等可能被完成，如果它们不被社会本身置入"理智中介"（médiation de l'intellect）内的话：没有任何实践（praxis），人类精神不是通过一种实践体系的形式，对其加以掌握、解剖和重构的。① 如果理智是一种自主的调节者，如果它必然将一种形式强加于质料和强加于使其转换或完成的行动（但是这种形式显然随着社会不同而变异），没有理由从结构分析中排除任何社会性对象（但此外会有其他种类的对象吗？）：不论呈现于他的是什么，分析家必定在其中识别出心智的痕迹，一种集体性工作，它由思想加以实行，以便使现实服从于一种逻辑形式系统。因此，不管问题相关于什么，一个村落、一件衣服、一顿饭、一次庆典、一次使用、一种作用、一种工具、一种制度、一种行动甚至是一种"创造性"活动，如果将其规范化的话，所有这些社会材料的成分都属于一种"原始的"、历史的或现代的社会，它们都导源于这种社会逻辑，此逻辑是由列维-斯特劳斯的著作加以假定、要求和在很多方面最后确定了的。简言之，对于上层结构的原理来说，人种学是不

---

① "我并不怀疑基础结构的毋庸置疑的优先性，我相信，在实践（praxis）与实行（practiques）之间永远存在着调节者，即一种概念图式，彼此均无其独立存在的质料与形式以形成结构，即形成既是经验的又是理智的实体。"（《野性的思维》，原版，173 页）

可能从社会学以及从历史分开的（条件是，历史不再只是事实性的）：这是因为，可理解性无处不在，在人文科学中不可能有"例外保留对象"；这是因为，社会，不管它是什么，总是直接致力于现实的结构化，因此结构分析是必要的。

所以，列维-斯特劳斯所发展的结构人种学，包含着一种（按其方法和目标而言的）领域普遍性，它使结构人种学与一切社会学对象接触。但是我们必须说（不必重复一次旧的争论[①]），社会学的对象，在两点上，不同于人种学对象（我们在此只谈具有结构意义的区别）。首先，所谓大众化（massification）似乎使结构方法失效，因为数字似乎只能够被统计方法所支配：结构分析寻求（单元间的）性质差异之处。统计社会学寻求着平均数；前者追求的是彻底性，后者追求的是整体性。仍然应该说明数字所改变的是什么。大众社会以其所发展的每一模式的机械性扩增为特点：一本杂志，一部汽车，一件大衣，以数百万件的规模被复制着。同一帐篷村出现在地中海的 10 个地方。但是如果原始模型数量上有限（正如情况所示），实际上没有什么能够禁止其结构化的发展：结构化（不需再强调）不在于计数单元，而在于记述差异。从可理解性角度来看汽车品牌型号时，2CV Citroën 的数目大大超过 Facel-vega 的数目一事，没有任何重要性。不是为了理解汽车市场而是为了理解汽车"形象"，重要的是，这两种型号通过具有制度性区别的一个机构（一个"系统"）而存在[②]。对此问题，一种结构社会学有可能比任

[①] 关于人种学、人类学、社会学之间的关系，参见列维-斯特劳斯著《结构人类学》，巴黎，Plon，1958，第 17 章。

[②] 在此我们看到索绪尔在作为限制性抽象系统的语言结构和作为其实现过程的言语之间作出的区别。

何其他学术更重视大众社会具有的一个精细的、畸形的、歪曲的特征，对此问题，统计社会学却认为并不重要：不是因为一种现象稀有，其意指作用就较少，因为进行意指的不是现象本身，而是它与其他或与之对立、或与之合作的现象之关系。统计社会学多多少少牵扯到一种规范性（normalité）社会学。反之，我们对于一种结构人类学所能期待的是，它确实是一种整体社会学，因为，在其看来，任何关系，即使是把少量成分结合起来的关系，都不可能是"例外的"：疯人比正常人少得多，但是极其重要的是，<u>首先</u>，社会把一种排除关系制度化了①；优秀文学只是由少数人完成的产品，但重要的是，社会在两种文学之间确定了一种结构关系：好与坏。定义"好"的文学的理由，<u>首先</u>不是相关于其美学内容，而是相关于其在一般书写产品系统中的某种位置。所以只需收集相对少量的模式，这些模式被我们的社会将其大量投入流通，以便获得形式和关系的系统，由于此系统的存在，社会使其文学或其汽车成为可理解的，或者更准确说，世界通过其汽车和其文学，使自身成为可理解的。

当然，2CV Citroën 或 Facel-vega 的买家数目不是无关紧要的，在研究汽车市场经济和消费者生活方式时，就极为重要。但从一种结构观点看，这个数字不是一种记号，而只是一种指号：2CV 牌买者数量使我们注意一个词的特殊用法，它在话语中的重复，"揭露"了说话者的处境、情绪以及，甚至于可以说，其下意识。在同一价格下，某一社会对一种汽车型号比对另一种汽车型号更偏爱一事，

---

① 参见福科：《疯癫的历史》，巴黎，Plon，1963。——排除关系可以被社会和时代以不同方式决定，数量在此没有结构的价值：被排除的不一定是少数。

所表达的不是该结构,而是一个社会集团(该型号的买者群)使用该结构的特殊方式。这就是为什么,不无矛盾地,阶级社会关系和大众社会关系,无疑只能在一种结构社会学的层次上加以分析,此结构社会学可以区分一切型号及其特殊消费的意义(sens)。

然而在另一点上,人种学社会和社会学社会彼此之间的分歧性,比彼此数量的差别问题看起来大得多。所谓原始社会是无书写的社会。结果,书写和由书写引生的话语的一切制度形式,由于其独特性,被用来定义社会学的社会(当然包括历史社会):社会学是对"书写"社会的研究。这绝非对其作用的限制:在现代社会中很难想象有什么东西在某一时刻可以不经书写的中介而发生。书写不只是倍增了在口头通信(神话、叙事、消息、游戏)中发展出来的一切功能,而且它进一步有力地发展并促进了其他沟通手段:施用于形象(在有图片的报刊上),施用于物品本身(在商品目录和广告上物品"遇到"书写,广告无疑是更有力的结构化因素①)。但是,书写的功能在于构成语言的储积,这些储积必然联系于语言通信的某种实体化作用(solidification)[可以说一种语言的物实化(reification)作用②]:书写产生着书写,或者说"文学",而且通过这些写作或文学,大众社会把其现实铸造为制度、实践、物品甚至于事件,因为自此之后,事件永远是被书写的。换言之,永远存在有这样的时刻,当大众社会设法通过语言使其现实结构化,因为它"书写"的不仅是其他社会所"说"的(叙事),而且也包括它们加以制作(工具)的或加以"实行"的(仪式,惯习)。但是我

---

① 广告至此按其动机作用,而非按其意指作用,被考虑。

② Cf. J. Gabel: *La Fausse Conscience*, Paris, Minuit, 1962, p. 127, p. 209.

们知道，语言本身已经是一种结构——而且属于最强的结构之一。因此大众社会按照两种并存的形式来组织其现实：对其进行生产和对其进行写作：一部汽车同时既是一个汽车结构的成员，也是一个话语（广告、谈话、文学）的对象；它通过两条路径使自身成为可理解的：形式路径和字词路径。重要的是去确定这两种结构的关系：书写是否在肯定、扭转或反对着由实践本身所已经提供的那种"失写性的"（agraphique）可理解物？真实的（或至少说物质的）帐篷村和广告单，与谈话中的帐篷村是相同的吗？换言之，在"书写"社会中语言是否具有一种纯指示（dénotation）功能，或者反之，具有一种复杂涵指（connotation）功能？就后者而言，有人会说，结构分析必须发展一种涵指符号学，其材料显然是语言性的，而其对象可能是社会通过对其书写所强加予的一种现实之第二结构，后者是社会已经通过对其进行制造而予以结构化了的。

仍然存在着方法的问题。关于什么的方法呢？对一个社会的系统或分类系统的一次再发现①：每一社会都按照自己的方式对事物进行分类。而这种方式构成了它赋予自身的可理解性本身。社会学分析必须是结构的，不是因为对象"本身"是被结构化的，而是因为社会不停地对其进行结构化②。简言之，分类学是一种上层结构社会学的说明模式。但是，分类学作为一种一般科学并不存在。存在局部分类学（植物学的，动物学的，矿物学的），但是，除了这类分类学均属临时性的之外（而且，这已最好地说明了分类学样式

---

① "正像涂尔干有时似乎领悟到的那样，社会学的基础是那种称作'社会逻辑'的东西。"（《野性的思维》，原版，101 页）

② "结构化活动有其自身固有的功效，而不管导致这种活动的那些原则和方法是什么。"（同上书，19 页）

的历史的和意识形态的特征；因为一种尚有待产生的形式史，正像我们迄今所一直致力的内容史一样，对我们具有同样丰富的教益），我们还没有在大众社会层次上发现它们：我们对于以下方式一无所知，按此方式，社会对其生产的无数物品进行分类、分配、联结和反对，而且其生产活动是一种直接分类的结果。因此仍然必须重构大量特殊的分类学，但也须从此开始去建立一种，可以说，诸分类学的分类学：因为如果确实存在有大众社会，我们必须承认，或者永远存在有一种分类样式类型对万事万物的影响，或者存在有若干分类样式之间的同态相符性。

  分类学研究能够说明的类别（classements）是什么呢？这并不一定是那些"常识"会对我们提出的类比（虽然这些"常识"类别有自己的意指方式）。在讨论现代食物时，我们按照一种合理的分类学对产品进行分类：有时是水果，有时是饮料，等等①。这是一种偷懒的语言分类（它相关于一种语言类型学，后者在通名存在之处决定着组合）。但是列维-斯特劳斯清楚指出，可能产生其他组合：某种"知觉逻辑"将有时导致对野樱桃、肉桂皮、香子兰和雪利酒的组合，有时导致对白桦树、熏衣草和香蕉的组合，然而在这些联系中发现了化学分析的结果，因为后者在每一组合中侦测出一种共同成分（此处是乙醛，彼处是酯）。② 特别是一种"社会学的"分类学的任务，通过语言、超过语言、有时或许反对着语言，再发现着社会所消费的物品系统。如果，按此观点，我们对我们的食物再现

---

① 大体上，这相关于一种"商业的"类别，其单位应该是专门化的商店。但是我们知道，一种多功能商店、一种新食物分类正在产生。

② 参见《野性的思维》，原版，20 页。

秩序一无所知的话①，颜色现象已经对此有所提示了。列维-斯特劳斯从人种学观点关心这个问题②，他的研究已经完全被一种时装文本的语义分析所证实：不论表面如何（时装似乎在对大量颜色进行操弄），当代时装只掌握两种颜色的意指组合（当然二者是对立的）："有标"（marquées）颜色（此即颜色）和"中性"颜色。某种意义上在此对立的影响下，可理解性可以清楚地区分同一颜色：存在着亮黑色和黯黑色，正是此对立本身在进行着意指，而不是，例如，黑色与白色的对立在进行意指。

于是，可理解性范畴似乎是特殊性的。由此产生了对于决定它们的巨大便利。而且，在这一点上，列维-斯特劳斯所作的巨大方法论贡献，无疑将遇到众多抵制，因为它涉及形式主义的禁忌，即，可以说，从"内容"中把形式坚决"拆下"来。在此我们应该记得，不只是人种学，而且甚至是大部分社会学——就其涉及此问题而言——通常对象征（此词为社会学之奉献）形式中知觉部分和其他部分（观念、信仰、感情）的相互符合进行描述。但是象征是由一个能指和一个所指的所谓独一性结合来定义的，二者的等价性是在深层被读解的，每一形式只是一种特殊内容（例如一种无意识原型）的多多少少具类比性的物质化（matérialization）。这是因为列维-斯特劳斯的分析倾向于，以形式本身之间关系的广泛形象，来取代上层结构和基础结构之间关系深处的形象。按照列维-斯特劳斯方法，首先研究某一社会的诸形式的"区分性差异"（écarts différentiels），然后研究这些差异被组

---

① 参见罗兰·巴尔特：《论当代饮食的一种心理社会学》，载 Annales，9～10月，1961，977～986页。

② 参见《野性的思维》，原版，特别是75页。

合以及按照某种同态程序相互符合的方式①，我们可以希望达到的不再是既具反常性又具类比性的散乱社会形象，而是诸形式功能的结构化机制，以及用一种记号社会学取代一种象征符号学：与象征相反，记号实际上不是以其相对于某一内容的类比性关系和某种自然关系来定义的，而是基本上以其在一种（在聚合体层面上的对立和在组合段层面上的联系之间的）差异系统中的位置来定义的。正是这个记号系统，成为一个社会刻于其现实、刻于其现实之上的标记。换言之，感性的中介，不是建立在片断性形象（象征）层次上的，而是建立在一种一般形式系统（记号）的层面上的。列维-斯特劳斯的人种学在通向一种社会逻辑或者说通向一种符号学时（而不是象征学时），它仅只是正面地批评着一个已经在妨碍着上层结构社会学的问题，这就是社会在现实和其形象之间安排的中介问题。这种中介现象迄今为止似乎仅以一种过于概略的方式被加以构想。对辩证法的依赖，并未防止历史主义的社会学家，按照每一内容直接决定着其形式的思想，把集体形象深入地设想为一种现实的类比物。反之，列维-斯特劳斯促使我们对社会所发展的中介形式进行全面描述，并将类比模式上的旧因果链，代之以一个同态模型上的新意指系统。这样，虽然长时期以来，我们（成效不彰地）探索着迫使某一部族选取某一动物作为其图腾（象征的因此是类比的问题）的理由，列维-斯特劳斯建议，我们不要考虑部族和动物，而是考虑部族关系和动物关系。部族和动物消失了，一者作为所指，一者作为能指：是前者的组

---

① "如果允许这样说的话，使彼此相似的不是类似，而是差异"：《今日图腾》，原版，111页。

织在意指着后者的组织，而且此意指关系本身在指示着、发展着自身的现实社会。我们可以类似地想象（即建议将这种方法应用于当代材料），在当代皇家形象这类再现系统中（我们已熟知其在报刊上的重要性），每一"角色"并不直接指示一种社会的或心理的原型（国王、酋长、父亲），而是说，只有在作为一个角色形式系统的皇家"世界"（扩大的家庭或"人们"）层次上，意指作用才开始①。于是，似乎至少在两点上（语义范畴的特征和区分性差异的形式分析），列维-斯特劳斯探索的社会逻辑，在细节上调整后，可以从人种学社会扩展至社会学社会。仍然存在这种逻辑的形式性质的问题。列维-斯特劳斯在此遵循着语言学模式，他相信问题在于二元逻辑②；心智永远构造着（有标型和无标型的）对立项，但是这些对立项的实质不是稳定的，并显然没有人类学价值：一个社会可以将黑与白对立，另一个社会将亮黑与黯黑对立。二元制是一个有诱惑性的逻辑假设：我们知道它在音位学、控制论以及或许在生理学内的成功。③ 但是，局限性已经出现了，因此要求妥协。马丁内拒绝承认音位对立二元制的普遍性身份，而雅克布森通过两个一为中性的（既非 a 也非 b）、另一为混合的（同时为 a 和 b）导出项之补充说明，完成了二元对立图式（a/b）。

---

① 皇室家庭的"形式化"于是会说明，何以"加利马式的"角色可以无区别地赋予一个国王或一个皇后，只要角色的形式分布被尊重：伊丽莎白和菲利普夫妇与伊朗国王夫妇之间存在着充分的同态关系。

② 列维-斯特劳斯谈到了"借助二元对立运作的、与象征主义第一表达层次相互符合的逻辑之出现"（《今日图腾》，145 页）。

③ Cf. V. Belevitch, *Langage des machines et Langage humain*, Paris: Hermann, 1956, pp. 74~75.

列维-斯特劳斯本人往往承认中性项或零度的重要性。① 我们可以仔细地再问询（虽然这只是一个想法，甚至于还不是一个假设）：面对着具有二元制逻辑的（即使当他们施行着一种记号的零度）诸人种学社会时，后者是否并不倾向于发展更复杂的（或简言之，较少被肯定的）逻辑呢？不管是因为他们多方面地依赖从矩阵图对立导出的项目，还是因为他们有力量想象诸项目所组成的系列，简言之，即想象出一种强化的聚合体，在此类聚合体中语言结构可导引出一种完全相对的非连续性来。这显然会是应用于现代社会的一种社会逻辑的基本任务：社会在其最形式化的一般性中去建立针对其现实思考所使用的逻辑类型——二元的，复合的，系列的或其他的。当然，仍然有待确定，二元制的复杂化或二元制的放弃是否来自如下事实：我们的社会倾向于发展一种独创性的逻辑；或者反之去确定，这是否只是在纯话语理性表象下掩饰着的一种真实（而羞怯的）二元制的方式？于是现代性的逻辑混淆，可能构成了一种纯历史的物实化（réification）过程。正如"原始"社会形成自己的逻辑以便从自然过渡到文化一样，同样而方向相反的，现代社会，"模糊"着其自身的逻辑，仅只是躲避在从文化向自然的神话式返回中，这种返回过程不无矛盾地标志着我们时代的大多数意识形态和道德。如果这样，形式分析就会成功地履行其社会学研究的人本主义功能，因为这一研究任务在于，在大众社会理性背后，或者说，在其叙事中，来发现以理性加以掩饰的那种社会逻辑，并将此社会逻辑转换为叙事。

---

① 特别是关于 mana 作为一个零象征值（"莫斯文集导论"，载莫斯：《社会学和人类学》，巴黎，PUF，1950，xlix 以下诸页）。

由于在我们思想社会整个领域中存在着形式主义禁忌的力量，我们应该强调，列维-斯特劳斯思想（以及它对一种可理解性社会学的可能贡献），是一种深刻负责的思想。以如此理由谴责形式分析，宣称它只是对历史、对社会的闪避行为，就必须首先（以预期理由方式）宣布形式是不负责任的。与之相反，列维-斯特劳斯的全部努力似乎在于将人类自由领域扩展至一种功能秩序，此秩序迄今被认为是毫不重要、毫无意义，或注定失败的。在我们所讨论的两部著作范围内，这种思想的能动性，而且因为任何科学都不能摆脱伦理学，此思想的深刻丰富性，可以在若干层次上加以肯定。首先在历史层次上，历史对人种学只提供着微不足道的助益，但是列维-斯特劳斯对图腾制概念历史环境的描述，乃是相关于一种历史社会学模型的。① 其次，在社会的伦理学层次，列维-斯特劳斯提出的社会逻辑，不是与一种无关于制作它的人的游戏；反之，游戏可描述为人对掌握事物的非连续性所作的努力，以及"对立，不是成为对整合的一种障碍，而是可用于促进整合"②。就此而言，社会逻辑有朝一日也许能够说明大众社会的伦理含混性，这个大众社会在社会层次上（而不再在自然层次上）被异化，但又被用于通过此异化作用来理解世界。最后，在文化本身的层次上，就其应用于理智行为而言，列维-斯特劳斯所把握的社会学，是一种"严格意义上人的"社会学：它赋予人以无限的权力来使事物进行意指（faire signifier）。

---

① 参见《今日图腾》，导论。
② 同上书，128页。

广告信息[*]

一切广告都是一种信息：它实际上包含着一种发送源，即被投放的（以及被赞扬的）产品所属于的企业，一种作为公众的接收者，和一种转播渠道，这正是所谓的广告的支柱。而且因为信息科学今日还是新生现象，我们可以试图将一种（晚近）来自语言学的分析方法应用于广告信息。为此，我们应该采取一种内在于我们想研究的对象的立场，即应该审慎地放弃任何相对于传播或相关于信息接收的研究，并把自己置于信息本身的层次上：在语义学上，这就是采取通信[①]的观点，一个广告文本如何

---

[*] *Les Cahiers de la publicité*，n°7，juill.-sept. 1963.

[①] 或译沟通。——中译者注

被构成呢（此问题也适用于形象，而回答则要困难得多）？

我们知道，每一信息都是一个表达（或能指）层和一个内容（所指）层的交遇。但是，如果我们检查一个广告句子（此分析对于较长文本也是一样的），就容易发现这类句子实际上包含着两种信息，二者的混合构成了广告语言的特殊性，这是我们将借助两个由于它们的简单性而选择的口号例子加以研究的：Cuisinez d'or avec Astra（用 Astra 黄金烹调）和 Une glace Gervais et fondre de plaisir（Gervais 冰激凌，与快乐一起融化）。

第一个信息（在此存在的是一种分析的任意性领域）是由在其直意中理解的（如果可能的话）句子内构成的，正好抽离其广告意图。为了抽离这第一个信息，我们只需要有某个"休伦族"土人，或者某个火星人，简言之，来自另一个世界的人物，假定他突然降临到我们的世界之中；而且，一方面，他们熟知我们的语言（至少是其词汇和句法，如果不包括修辞学的话），而另一方面却对商业、烹调、美食以及广告一无所知。休伦人或土人，魔术般地兼具已知和无知部分，将会得到完全清晰的信息（但是在我们知悉一切者看来，却是完全陌生的）。对于 Astra，他将把此直接看作进行烹调的指令，而且作为一种无可争辩的保证，这样烹调的食物将导致获得相关于称作金子的金属质料；而就 Gervais 而言，他将理解，某种冰激凌的品尝，将肯定伴随有整个存在的聚合，后者并带有快乐的效果。自然，我们的火星人的理智并不注意我们语言的隐喻，但是这种特殊的聋哑障碍，并未阻止他接收一种组成完全的信息。因为这个信息包含着一个表达层（这是字词的声音的或图形的实体，收到的句子的句法关系）和一个内容层（这是同一批字词和同一批关系的直接意义）：简言之在此第一层次上，存在有一个充分的能指集合，而此集合指涉着同样充分的所指聚合。相对于每种语言均被看做是"翻译"的实在，此第一信息被称作<u>直指</u>（denotation）信息。

　　第二个信息不具有第一个信息的任何分析性特点。它是一个完整信息，而且它从其所指的单一特性取得其整体性：<u>在一切广告信息中，此所指是独一的，而且永远是同一的</u>：一句话，它是所公布的产品的典范。因为十分肯定，不管人们如何对我直接地谈 Astra 或 Gervais，我<u>最后</u>只被告知一件事：Astra 是最佳食用油，而 Gervais 是最佳冰激凌。这个所指在某种意义上就是此信息的内容，可以说，它充分表达了通讯的意图：广告的目的，在此第二所指被看到后，就被实现了。至于此第二信息的能指（其所指为产品的典范），是什么呢？首先，来自修辞学的风格特性（风格修辞格，隐喻，句子的停顿，词的组合）。但是，由于这些特征被结合入已经脱离整体信息的直接意义的（书面）句子（而且有时甚至于完全包含着它，如果，例如，我们在讨论一个有韵的或有节奏的广告时），结果，第二信息的能指实际上由<u>第一信息全体</u>来形成，这就是何以说第二信息<u>蕴涵</u>着第一信息（我们看到它是一种简单的直指）。所以，我们在此遇到了一种真正的信息结构体（而不是简单的叠加或连续）：它本身由能指和所指的一次交遇构成，按照一种分离运动，第一信息成为第二信息的简单能指，因为第二信息的一个第一成分（它的能指）是与第一信息全体范围相同的。

　　这种"脱节"（décrochage）或"涵指"现象是非常重要的，而且其作用远远超过了广告现象本身，它实际上似乎紧密地与大众通讯相联系着（在我们的文明中，大众通讯的发展广为人知）：当我们阅读报纸时，当我们去看电影时，当我们看电视和听无线电广播时，当我们注视着商品包装纸时，实际上可以确定，我们所收到的只是涵指信息。还未曾决定涵指是不是一种人类学现象（以不同形式为一切历史和一切社会所共有），可以说，我们，20世纪的男女，生活在一种涵指文明中，而后者引导我们去检验现象的伦理学意义。广告无疑构成着一种特殊涵指（如果它"坦诚"的话），所以按此我们不可能选择任何涵指。但是，由于其构成的明确性，广告信息至少使我们能够设定问题，并考虑一种一般思考如何能够根据信息的"技术"分析来加以表达，如我们刚才所概述的那样。

那么，当我们收到一种双重（直指的和涵指的）信息时（这是千万人"消费"广告的实际情境），会发生什么呢？我们不应假定第二信息（涵指信息）是"隐藏"在（直指的）第一信息内的。正相反，我们直接看到的（我们既不是休伦人也不是火星人）是信息的广告特点，它的第二所指（Astra，Gervais是极佳产品）：第二信息不是悄悄出现的信息（相对于其他涵指系统而言，那类涵指系统就像走私货品一样被悄悄塞进呈现其纯粹性的第一信息之内）。在广告中，反之，必须说明的东西是直指的信息作用：为什么不直接说去买Astra，去买Gervais，而不必使用此双重信息呢？无疑，我们可能回答说（而这或许是广告作者的观点），直指有助于发展某种观点，简言之，有助于劝服目的。但是情况更可能是（以及更符合语义学的可能性），第一信息更精巧地用作使第二信息产生<u>自然化</u>：它消除其所关心的目的性、它的肯定的无根据性、其威胁的严厉性。Astra和Gervais将在其中<u>自然地</u>被购买之世界景象取代了平庸的吸引行为（购买）。商业动机于是不是被掩饰，而是被一种大得多的再现作用所<u>倍增</u>，因为它使读者与人类宏大主题进行沟通，这些主题本身，时时把快乐与一种丰满生存相比拟，或者使一个典范物品与黄金之纯粹性相比拟。按其双重信息，广告的涵指语言重新把梦境导入购买者的人性：梦境无疑即一种疏离（竞争社会的疏离），但也是一种真实（诗的真实）。

实际上，在这里直指信息（它也是广告所指的能指）可以说体现着广告中的人类责任：如果它是"好的"，广告就被丰富化了；如果它是"坏的"，广告就被贬低了。但是，对于广告信息而言，什么是"好"与"坏"呢？使一种口号获得效力，不是去提供一种解答，因为此效力的途径仍然是不确定的：一个口号可以"引诱"，却不使人信服，然而它却仅因此引诱行为而导致购买完成；在信息的语言学层次上，我们可以说，"好的"广告信息其本身吸收了最丰富的修辞学和准确地（往往可仅用一个词语）体现了巨大的人类梦幻主题，因此实践着那种对诗歌本身进行规定的重要形象（或通过形象）之解放。换言之，广告语言的判准即诗歌的判准：修辞学的修辞格，隐喻，双关语，一切古代记号，它们都是双重记号，把语言扩大至潜在的所指，并因此赋予接受者以经验整体性的力量。换言之，一个广告句所包含的双重性越多，或者，为避免词语矛盾，其多重性越多，就越能实行其涵指信息功能。让一客冰激凌"快乐融化"，或者我们用一种经济的语言，把某一可融化实体（而且其最佳状态依赖于其融化的节奏）的书面再现和人类销毁主题，通过快乐结合起来。如果使食物具有金色，这就是，以压缩方式表达的，有关一种无可评估的价格和一种松脆实体的观念。因此，广告能指的理念在于获得人们须知如何使其具有的一种力量，以便把读者和最大可能的"世界"连接起来：世界，即是对古老形象的体验，对世世代代用诗意语言命名的身体的含混而深刻的感觉，对人与自然关系的智慧体验；世界也是通过无可争辩的人类语言力量，使人类缓缓上升到一种对事物之可理解性的体验。

这样，通过对广告信息的语义分析我们可以理解，对语言"正当性"的证明不是其对"艺术"或对"真理"的服从，而相反的是其对此双重性的服从；或者更恰当地说：此（技术性的）双重性根本与语言的"坦直性"（franchise）不相容，因为这种坦直性不与<u>陈述</u>的内容有关，而与信息中涉及的语义系统所宣布的特性有关。就广告而言，第二能指（产品）永远向这样一种明净系统敞开，它揭示了其双重性，因为此<u>明白</u>的（evident）系统，不是一个<u>简单</u>的系统。实际上，通过把两种信息进行连接，广告语言（当它"成功"以后）向我们展开了一种人类长久以来所实践的、被言说的世界之再现，这就是"叙事"：一切广告都<u>言说着</u>（dit）产品（这是其涵指），而<u>它却叙述</u>（raconte）着其他事物（这是其直指）。这就是为什么我们只能在那<u>些</u>重要心理营养食粮中进行组织分类［吕耶（R. Ruyer）的用语］，这些精神食粮对于我们来说包括文学、表演、电影、运动、媒体、时装等：在通过广告语言谈论产品时，人类赋予了其<u>意</u>义，并因此把其简单的使用转换成一种精神的体验。

物体语义学[*]

我想对通常称作技术文明的我们这个文明中的物体（objet）[①] 概念作一分析。我想把此分析置于目前在若干国家正在进行的研究环境内，其名目即符号学或记号科学。Sémiologie，或如在英语中更常说的，semiotics，是大约 50 年前由伟大的日内瓦语言学家索绪尔所提出的，他预见到语言学最终将只

---

[*] 本文是作者于 1964 年 9 月在威尼斯 Cini 基金会召开的会议上的演讲，会议名称为"当代社会中的艺术和文化"。出版于：Arte e Cultura nella civiltà contemporanea，Piero Nardi 编，Sansoni，Firenze，1966。

[①] objet 可译为：对象、物体、物品、客体、物，等等，随境而异。在本文中，译者主要选择"物体"一词，偶尔译为"物品"，以尽可能地表达原词义兼具一般性和多样性之特点。——中译者注

是一个具有更大一般性的记号科学的一个部门,此记号科学他特别称之为符号学。但是这一符号学设想,近年来却面对着一种新的状况,获得了一种新的力量,这是因为其他科学,其他附属学科发展迅速,特别是信息科学、结构语言学、形式逻辑、人类学的某些研究。所有这些研究都有助于凸显一门符号学学科的重要性,符号学所研究的是人类如何赋予事物以意义。近代以来发展的一门科学,研究人类如何赋予分节声音以意义,这就是语言学。但是人类如何赋予不是声音的对象以意义呢?至今仍然在进行这样的探索。如果这一研究还未完成决定性的一步,其原因如下。首先,因为我们在这个层次上只研究极其初级性的代码,它们并无什么符号学的重要性,例如公路规则[1]。其次,因为世界上具意指性的事物永远都多多少少和语言混合在一起:我们不会在其纯物态中意指物体系统。语言永远介入,像是一个调节者,特别在形象系统中,如字幕、解说词、文章,因此仅说我们生活在一个形象文明中是不确切的。所以,在此符号学探求的一般环境内,我想提出对物体在当代世界的意指方式作一快速概略的思考。然而我得马上先说明,我赋予"意指"(signifier)一词以极强的意义;我们不应当把意指和沟通[2]混为一谈:意指是指对象不仅载有它们借以进行沟通(通讯)的信息,而且也构成着记号的结构化系统,即基本上是由区分、对立和对比所组成的系统。

首先,我们该如何定义物体(在看到它们能够如何意指之前)呢?词典提供的定义十分模糊:物体是视觉所见者,即相对于思想

---

[1] code 的一般义为"规则",随境不同转译为"代码"、"法规"等。——中译者注

[2] communication,此词须随境而异地译作沟通或通信。——中译者注

主体而言的被思想者，简言之，正如多数词典所说，物体是某物（queleque chose），这个定义什么也没说，除非我们企图理解物体一词的涵指是什么。对我来说，我看见了两组涵指，第一组由我称作物体的存在性涵指所构成。对我们而言，物体马上被理解作一种事物的显现或存在，此事物不指人，却多多少少一直相对于我们而存在。按此观点，关于物体出现了众多发展和文学性处理。在萨特的《呕吐》（la Nausée）中有若干著名篇幅用于描述物体如何顽执地外在于人，存在于人之外，在面对着公园内树干或面对着自己的手时，叙事者身上如何引起呕吐感。尤内斯库（Ionesco）戏剧，以另一种风格，为我们提供了关于物体如何极度扩散的例子：物体侵入无法自卫的人身，人遂为物体所窒息。接着出现了一种更具美学性的物体处理，它被呈现为含有一种有待重构的本质，而且正是这种处理，我们可在静物画或在一些导演的电影中看到，其风格正在于对物体（objet）的反思〔这让我们想到布莱森（Bresson）的电影〕。在一般称作新浪潮的电影中，也有对物体的特殊处理，此物体在其精确的呈现中被详细描写。于是，在此方向中，我们看到物体朝向着无限主体的一种冲击，并因此导致一切作品都倾向于显示物体为人类发展了一种荒谬性，而且人们会说，它具有某种无意义的意义。物体正是在那里意指着，它没有任何意义。所以，甚至于按此观点，我们处于某种语义环境中。我们要讨论的还有另一组涵指：它们是物体的"技术性"涵指。在此物体被定义为制作物或生产物。它由标准化的、具形式的并被规范化的材料所构成，即服从于制作规范和质量规范。于是物体首先被定义作一种消费成分：物体（或物品）的某种概念在世界上，按照成千上万样例，被千百万份地复制着：电话、手表、饰物、碟子、家具、笔，它们的确是我们通常称作的物品。物品不再冲向无限的主体，而是冲向无限的社会。我要继续讨论的正是这后一种物体概念。

通常我们把物体定义为"用作某物的某物"。因此，物体乍看起来完全被吸收进其用法的有限性之中、吸收进一种功用之内。因此，我们自发地感受到一种物体的传递性：物体被人用于作用于世界、改变世界并积极地生存于世界。物体是一种行动和人之间的中介者。然而我们可以在此指出，实际上没有任何物体没有目的。当然有的物体以无用的饰物形式存在，但是这些饰物永远具有一种美学的目的性。我想指出的矛盾是，这些原则上永远具有功能、用途、目的的物体，我们以为只是将其经验作纯粹的工具，而在现实中它们还连带着其他东西，它们也是某种其他的东西：它们起着意义载体的作用。换言之，物体有效地被用作某种目的，但它也用作交流的信息。我们可以总结说，永远存在有一种超出物体用途的意义。我们能够想象出有什么物体比电话更有用的吗？但一部电话的外表永远具有一种独立于其功能的意义：一部白色电话永远传递着有关某种奢华性或女性的概念；有办公室电话，有传达着某一时代（1925）概念的老式电话。简言之，电话本身能够属于一个物体作为记号的系统。类似的，一支笔必然显示一种富裕、简朴、严肃、幻想等意义；吃饭的碟子永远也具有一种意义，而当它没有意义、当它假装没有意义时，那么到头来它恰可具有一种没有意义的意义。因此，没有什么东西能够逃脱意义。

物体的这种语义化过程是何时产生的呢？物体的意指作用是何时开始的呢？我会倾向于回答说：一旦物体被生产和被人类社会消费时，一旦它被人类社会制作和消费时，就出现了。相关的历史例证不胜枚举。例如我们知道古代罗马共和国士兵肩上披着用于防雨、防风、防寒的毯子。当然，当时作为物体的衣服尚不存在，它还没有名字、没有意义；它被归约为一种纯使用性。但是，自从毯子被撕开、被大量生产、被给予一种标准化形式时，就必须给它一个名字，而且这个没有名字的衣物就成为了"pénule"。在那时，这种含混的覆盖物就成为一种具有所谓"军事性"的意义载体。属于一个社会的一切物体都具有一个意义。要想找到没有意义的物体，我们就须想象那种完全是即兴产生的物体。但是，实际上，这样的东西是找不到的。列维-斯特劳斯在其《野性的思维》中的著名一页上告诉我们，由一位修补匠、一位业余者发明的<u>修补术</u>（bricole），其本身就是对意义的探索，并将意义强加于物体；为了找到绝对即兴的物体，我们将不得不进入完全非社会的状态。我们可以想象，一个流浪汉，例如，用报纸即兴做成了一个像是鞋的东西、生产了一个完全"自由"的物体（至少）；但是情况甚至还不是这样；很快，这张报纸就成为流浪汉的记号。简言之，一个物体的功能永远成为（至少说是）该功能的记号：在我们的社会中，绝对没有一种物体是没有一种功能的附加物的，至少它是使得该物体意指着自身的一种细微痕迹。例如，我极其需要一部电话并因此而在桌子上有了一部电话，同样的，在一位不熟识的来访者的眼中，这部电话起着一个记号的作用，它是关于如下事实的记号：我是一个需要和他有业务接触的人。而且甚至这杯水，我的确使用过它，因为我非常渴，尽管如此，我不可能改变的事实是，它起着发言者之记号的作用。

像记号一样，物体处于两个坐标、两个定义的交叉点上。第一个是我称作象征的坐标：每一物体可以说都有一种隐喻深度，它指涉着一个<u>所指</u>；物体永远具有至少一个所指。让我们来看一些形象，它们是取自广告的：你们看到这里有一盏灯，并很快理解这盏灯意指着夜晚，或更准确地说，意指着夜色感。如果你看见一个意大利馅饼（我是说一则法国广告），显然意大利三色旗（绿、白、红）显示为某种有关"意大利性"的记号。因此第一坐标就是象征坐标，它是由以下事实构成的：每一物体至少是一个所指的能指。第二坐标是我称作分类的坐标，或者分类学坐标〔分类学（taxinomie）是关于分类的科学〕。我们的生活中，在不同的自我意识程度上，永远存在着物体的各种分类，它们是由我们的社会强加于我们的，或向我们提出的。这些物体分类在大企业中或重工业中非常重要，在那里我们必须知道如何为一切物件或仓库中一切机器零件、螺丝、螺栓、螺丝钉等分类，所以在那里我们必须采取分类标准。存在其他的现象秩序，在其中物品分类是非常重要的，而且这是一种非常习见的秩序：相当于一种百货店。在百货店业务内存在某种物品分类观念，而且，这种观念当然不是无根无据的，它涉及某种责任性。另外一种重要的物体分类例子是百科全书。当我们想要编制一部百科全书而不打算按字母顺序对字词分类时，我们肯定必须采取一种物体分类法。

　　前面我们判断说，物体永远是一个记号，这个记号由两个坐标加以规定，其中一个是深度象征坐标，另一个是扩大的分类坐标。现在我想再谈一点有关严格而言的物体语义系统问题。在此所能论述的不过是一种展望，因为我们的研究在严格的意义上仍然是有待于未来发展的。事实上对于研究物体意义来说，我们面对着很大障碍，而这种障碍我称之为明显（evidence）障碍：如果我们要研究物体意义，我们必须创造某种距离，以使物体客观化，使其意指作用结构化：为此，存在一种每一物体语义学家都能使用的手段。即依赖一种再现秩序,在其中物体以一种同时为戏剧性的、夸张式的和意图性的方式被呈现,也即在广告、电影或者甚至是戏剧中被呈现。对于戏剧处理的物体,我们在布莱希特对一些演出所作的评论中看到极富智慧的表现。其中最有名的评论是有关《母亲勇气》(*Mère Courage*)的演出,在此布莱希特说明了必须强加于某些演出使用物体上的拖长而复杂化的处理,以便使其意指着某种概念。因为戏剧法则是,仅使再现物体真实是不够的,其意义也必须在某种程度上与实在脱节:向观众显示一件真正破旧的女小贩外套以便让它意指着"破旧性",这还是不够的;作为导演,你应当发明一种关于破旧性的记号。

因此,如果我们依赖这类不论多么宝贵的人造"作品",像戏剧、电影、广告,那么我们有可能在被再现的物体中使某种能指和所指分离。物体的能指当然是物质性单元,像所有记号系统的能指一样,如颜色、形态、属性、陪衬。我将在此按复杂性渐增的程度指出能指的两种主要状态。

首先,它是一种纯象征的状态。如我已经说过的,这是当一个能指,如一个物体,指涉一单一所指时。宏大型人类学象征属于此类,如十字架,或者如月牙,而且情况或许是,在这里,人类只支配着某种有限的宏大象征物体的存储,人类学的存储或至少主要是历史性的存储,后者因此涉及一种科学,或者可以说,涉及一种可称之为<u>象征学</u>的科学。这种象征学一般用于对过去社会中的艺术作品作精细的研究,这些艺术作品体现着象征。但是我们是真正地在研究这种象征学呢,还是仅在我们自己的当前社会中对其进行研究呢?我们有理由问,这些宏大象征体在我们这样的技术社会中还有多少残留;这些宏大象征体是否已消失,是否已变形,是否已隐蔽？这些都是我们可能提出的问题。例如我们想到有时在法国公路上见到的一则广告。这是一个关于卡车商标的广告，这个例子很有趣，因为设计这个张贴海报的作者制作了一个蹩脚的广告，正因为他没有从记号角度思考问题。为了指出卡车寿命长久，他再现了一个手掌，手上有一个十字架。对他来说，所指的是卡车的寿命，但我相信，按照象征学规则，手上的十字架被看做是一个死亡象征：甚至于在广告这样的平凡领域内，这种相当古老的象征学之组织都必须加以探讨。

另一个简单关系的类型——我们仍然在物体和所指的象征关系中——是关于一切<u>移位性</u>（déplacées）关系的：我们以此指在其整体中看到的一个物体，或者在其整体中给予的广告，虽然参与意指的只是其诸属性之一。我们可以在此举出许多相关例子来。一个橘子，虽然完整再现，却只意指<u>多汁性</u>和<u>解渴性</u>：被物体表象所意指的不是其整个物体，而是其<u>多汁性</u>。所以此处出现了记号的移位。当我们再现一杯啤酒时，构成此信息的主要不是啤酒，而是啤酒冰凉这个事实：在此也出现了移位。或许可以称此移位不再是隐喻的，而是换喻的，即通过一种意义的滑动形成的移位。这类换喻的意指作用在物体世界中是极其常见的：这是一种非常重要的机制，因为意指性成分是可知觉的——我们以充分明晰的方式接受它——而且在某种意义上它们被淹没、被自然化在可称之为物体的存在中。所以我们遇到了一种矛盾的物体定义：一个橘子在广告夸张的样式中是<u>橘子加多汁</u>；橘子永远在那里作为一个自然物体，它承载着它的性质之一，后者成为其记号。

在纯象征性关系之后，我们应该检查附着于物体集合的、附着于物体之有组织复合物的一切意指作用。在这类情况下，意义不是从一个物体而是从诸物体的一个可理解的集合中产生的；意义，在某种意义上，被扩展了。我们应该避免用物体来比较语言中的字词，或用物体集合来比较句子。这类比较是不准确的，因为孤立的物体已经是一个句子。这是一个语言学家现在已经阐明了的问题：<u>字词—句子问题</u>。当你在电影中看见一把手枪，手枪不相当于属于一个更大集群的字词，手枪本身已经是一个句子，显然是一个非常简单的句子，其语言学等价物可以是：<u>这里有一把手枪</u>。物体的意指性集合，是极其大量的，特别是在广告中。让我们看这个例子：男人在夜晚阅读。在此形象中有4个或5个意指性物体，它们结合起来传达着一个独一无二的完整意义：休闲、休息。这里是一盏灯，那里是厚实羊毛衫的舒适感，这里是皮沙发，那里是报纸；报纸不是书，因此不那么严肃，它是消遣；这一切意味着我们可以在夜晚安安静静地、不受打扰地喝上一杯咖啡。这些物体的集合体是<u>组合段</u>，即扩大的记号片断。物体的句法当然是极其初级的句法。当物体被放在一起时，我们不可能赋予它们像人类语言中那样复杂的并列关系。在现实中的物体——不管它们是形象物体还是屋内、街上实际的物体——只是被一种单一连接形式连在一起，这就是"并列"关系（parataxe）：诸成分的纯粹而简单的并列。物体的这种并列在生活中是极其平常的：例如一间屋内的一切家具所服从的一个系统。一间屋子的家具只是由诸成分的并置才获得一种最终意义（一种"风格"）的。再看一个关于某一品牌茶叶广告的例子。在此我们应当意指的不是英国，因为相关主题比"英国"更微妙，我们意指的是"英国性"或不列颠性，即一种有关英国人的修辞学身份；所以，此处我们通过一种审慎方式组成组合段，遂有了殖民时代建筑的遮帘，男人的衣服、胡须，英国人对海军和骑马的典型热爱，它们表现在这些瓶内的船舰内、这些铜马内，而且最后我们在此形象中相当自发地，仅通过一定数量物体的并置，读解着一种极强的所指，这就是我们所说的一种"英国风"。

这些物体系统的所指是什么呢，这些物体传递的信息是什么呢？在此我们可以提出的只是模糊的回答，因为物体的所指相当大程度上不是依赖于信息发出者，而是依赖于信息接受者，即物体的读解者。实际上，物体是多义的，即它可导致若干种不同意义的读解。一个物体出现时，几乎永远有若干种可能的读解，而且这不仅发生于一个读者和另一个读者之间，也有时出现在同一读者身上。换言之，我们每一个人，可以说，在自身都存有若干套词汇，若干种读解潜能，它们依赖于读者拥有的知识和文化层次。在一个物体和/或一个物体集合面前可能有不同程度的知识、文化和情境。我们甚至可能想象，在同一物体或同一组物体前，我们可以有真正个人性的读解，我们在物体的图景中可输入那种可称之为自身心理的东西：我们知道物体可以在我们身内产生一种精神分析学层次上的读解。这并不削弱物体的系统的、编码的性质。我们知道即使我们下降到个人心理深部，我们并不因此逃脱了意义。如果我们对数千主题提出一种 Rorschach 试验，我们就获得了非常严格的不同类型的回答——我们越是想象着是在下降至个人反应之深部时，就越可发现某种简单的、被编码的意义——不管在读解此物体时处于哪个层次，我们会发现意义永远、处处穿越人和物体。

物体是否外在于意义，即处于边界态（cas limites）呢？我不这样认为。一种非意指性物体，一旦它被社会接受——而且我看不到有可能不是这样——至少起着一种非意指性的记号作用，即它意指着"非意指性"（insignifiant）。我们可在电影中看到这种情况：我们看到导演的全部艺术在于，为了论证的需要，暗示着非意指性物体。稀奇古怪的物体本身不是在意义之外，我们必须追求意义，存在有我们质询的物体：<u>它是什么</u>？这是一种轻微创伤性的（traumatique）形式，但是这种不安最终不会持久，物体自身提供了一种解答，甚至于提供着一种满足。在我们的社会中，一般来说，不存在这样的物体，它最终不提供任何意义，或对我们在其中生存的物体之重要代码不进行整合。

这样，我们就在一种理想的层次上对物体进行了解剖。在第一阶段（所有这些都是完成于纯运作层次上），我们说物体永远对我们呈现为通常的、功能性的对象：它只是一种用处，一种人与世界之间的中介。电话供打电话，橘子供吃。然后，在第二阶段，我们看到在现实中功能永远具有一种意义。电话指示着某种世界中的活动样式，橘子意指着维生素、富有维生素的橘汁。但是我们知道意义不是一个行动过程，而是一个一个等价关系，换言之，意义并不具有一种及物性价值；意义在某种意义上是惰性的、不运动的，所以我们可以说，在物体中存在有一种在其功能的活动性和其意指作用不活动性之间的斗争。意义使物体"去活动性"，使其具有"不及物性"，赋予它在我们称之为人类形象储存库中的被冻结的位置。这两个阶段，在我看来，并不足以说明物体的路径（trajet）：我还要补加上我个人所说的第三个阶段，在其中出现了一种返回运动，它将使物体从记号返回到功能，不过是以一种特殊方式进行的返回。这样，物体并不为我们提供它们以直接的、明显的方式所呈现的意义。当我们阅读一个高速公路记号时，我们接收到一个绝对直接的信息，这个信息并不表现为一种"非信息"，它确实呈现为一种信息。类似的，当我们阅读书写信件时，我们意识到在接收一个信息。然而提出一种意义的物体在我们眼中永远是一个功能物体：这个物体似乎永远是功能性的，当我们把它读解作一个记号时。我们认为，一件雨衣用作防雨，即使我们把它读解作一个情境气氛的记号。记号最后转换为一种乌托邦的、非真实的功能（时装可以提供雨衣，后者根本不用于防雨）是，我相信，一种重要的意识形态现象，特别是在我们社会中。意义永远是一种文化现象，一种文化产物。但是，在我们社会中，这种文化现象不断地被自然化，被言语恢复为自然，言语使我们相信物体的一种纯及物的情境。我们以为自己处于一种由物体、功能、物体的完全控制等等现象所共同组成的实用世界中，但在现实里我们也通过物体处于一种由意义、理由、借口所组成的世界中：功能产生了记号，但是这个记号又恢复为一种功能的戏剧化表现。我相信，正是文化向伪自然的这种转换，定义了我们社会的意识形态。

符号学和城市规划[*]

本讨论的主题有关若干城市符号学的问题。

但是我必须补充说,任何人想要描述一种城市符号学,都需要既是一名符号学家(一名记号专家),又是一名地理学家、一名历史学家、一名城市学家、一名建筑师,而且,也许还须是一名精神分析学家。我本人显然不具有上述这些条件,——实际上,上述专家身份,我不具其一,也许勉强算是一名符号学家——我将对你们提出的讨论,乃是一位"业余家"的思考,在此词的字源学意义上,一

---

[*] 本文是作者1967年,在由那不勒斯大学"建筑和历史研究院法国所"主办的研讨会上的发言,与前文载于同一期刊,重印于 L'Architecture d'aujourd'hui., n°53, déc., 1970-janv., 1971。

位喜爱记号的"记号业余家",一位喜爱城市的"城市业余家"。这样,我可被看做是一个既爱城市又爱记号的人。而且这种双重喜爱(实际上,也许只是一回事)迫使我相信,也许不无假想性地,一门城市符号学产生的可能性。那么,在何种条件下,或者准确说,在何种谨慎性和初级性的层次上,我们将说一门城市符号学是可能的呢?

这就是我将提出的思考主题。我想首先提醒你们一件大家熟悉的事情来作为开场白:一般来说(不仅是对都市空间而言),人的空间永远是一个意指性空间。科学地理学,以及特别是近代制图学,可被视作客观性加予意指作用的一种抹消作用、一种监管作用(此种客观性是一种形式,正像任何其他形象储存一样)。此外,在谈城市前,我想回顾一下西方(特别是古希腊)文化史上的若干现象:人类居住形式,"oekoumène",有如我们从希腊地理学家(Anaximandre, Hécatée)的第一批地图中可能看到的,或者从像希罗多德这样的人的心理制图术中看到的,构成了一种真正的话语,它带有其对句性、位置对立性,带有其组合段和聚合体。一幅希罗多德的世界绘图,其构成建立在诸对立上,像是一种语言,像是一个句子,像是一首诗:热国和冷国,已知国和未知国;然后一方面是在人之间的对立,另一方面是在两种怪兽之间的对立,如此等等。

如果我们从地理空间转到城市空间,严格地说,我将提醒你们注意 Isonomie① 概念,这是公元前 6 世纪一个叫克利瑟奈(Clisthène)的人在雅典所创制的,它是一个真正的结构性概念,按

---

① 可试译为:同则态,权力平等。——中译者注

此，只有中心是具有特权的，因为所有市民都与其有关系，这种关系既是对称的也是可逆的。[1] 在此时期，城市概念特别具有意指性，因为今日无疑公认的有关基于功能和用途的都市布局功用性概念要到很久以后才出现。我想指出意指空间概念中的这种历史相对主义。

最后，晚近一位结构主义者列维-斯特劳斯在其《忧郁的热带》中创造了一种形式化都市符号学，即使是在缩小的规模上，他按照一种基本语义学的方法，研究了一个博罗罗（Bororo）部落村庄的空间。

奇怪的是，与这些具强意指性的居住空间概念相比，城市学家们的理论探讨，迄今为止，如果我没有弄错的话，对此意指作用问题，远未给予足够重视。[2] 当然，也有例外，有些作家根据意指作用谈到过城市。其中一位，我相信，是雨果，他表现过都市空间所具有的基本意指性特色。在《巴黎圣母院》中，雨果写出了讨论一种精妙理性的非常优美的一章，"这个将杀死那个"。在这里，这个指此书，那个指此建筑物。这样表达之后，雨果以一种相当现代的方式表现出对建筑物和城市的理解，也就是将其视作一部写作，视作人在空间中的一次"刻写"活动（inscription）。雨果的这一章有关两种写作方式的竞争：石头上的写作和纸上的写作。然而，这个主题可以从哲学家德里达关于写作的论述中看到其现代版本。在当前城市学家中，意指作用实际未被提及，但出现了美国凯尔文·林奇（Kevin Lynch）的名字，他的论述似乎最接近城市语义学的问题，因为他从知觉意识角度思考着城市，即在该城市的读者内规定

---

[1] 关于其人及此概念，参见：P. Leveque & P. Vidal-Naquet, *Clisthène l'Athénien*, Paris, Macula, 1983。

[2] Cf. F. Choay, *L'Urbanisme：utopie et réalités*, Paris, Seuil, 1965.

着城市的形象。但实际上，林奇的研究，从语义学的观点看，仍然是含糊不清的。一方面，在其作品中存在有一整套意指作用词汇（例如他赋予城市的可读解性以相当的注意），而且作为一位优秀语义学家，他具有离散单位（unités discrètes）意识：他企图在都市空间中再发现非连续性单位，后者，在一定限度内，类似于音位和语义位（sémantèmes）概念。他把这些单位说成是路径、围墙、小区、交叉路口、指示点。这些都是单位范畴，它们不难变为语义学范畴。但是，另一方面，尽管有此词汇表，林奇的城市概念仍然是格式塔性质的，即尚未达到结构化性质。

除了那些显然具有城市语义学观念的作家外，我们注意到对于城市空间内象征功能的意识在逐渐增加。在基于定量估算和动机调查的若干城市学研究中，我们看到毕竟出现了纯定性的象征化动机，尽管只是为了记忆，后者甚至今日也常用于说明其他现象。例如我们在城市学中发现了一种相对常见的技术：模拟（simulation）。但是模拟技术，即使以相当狭窄的和经验的态度加以应用，可导致对模式概念的一种更彻底的研究，此模式概念是一种结构的或至少是前结构的概念。

在这些城市学研究的另一阶段上，出现了有关意指作用的思考。我们逐渐发现，在现象的意指作用和其他秩序之间存在有一种矛盾，因此，意指作用具有一种不可归约的特性。例如，某些城市学家，或某些在研究城市规划的研究者，必须注意，就某些情况而言，在城市的一部分建筑（如街区和城区）的功能性和所谓它的语义学内容（它的语义学力）之间，存在有一种冲突。所以他们天真地（而我们开始时或许无法避免此类"天真"）注意到，罗马，在现代生活的功能必要性和由历史传达的语义学负担之间，呈现了一种永恒的冲突。而且在意指作用和功能之间的这种冲突，产生了城市学家的失望。在此也存在着意指作用和理性之间的冲突，或者至少在意指作用和计算理性之间的冲突，这种理性要求一个城市的一切成分都在规划中统一地予以恢复，而越来越明显的是，一个城市不是一个由可以被发明出来的诸平等成分构成的织物（tissu），而是由强成分和中性成分组成，或者如语言学家告诉我们的，有标成分和无标成分（我们知道在记号和记号欠缺之间的、在可量度和零度之间的对立，构成了意指作用发展中的主要过程）。显然，一切城市都具有这种韵律。林奇注意到：在每一城市中，自从其有人居住和被人建成以来，存在有基本的意指作用韵律，包括其有标成分和无标成分之间的对立、替换以及并置。最后，在意指作用和现实之间，至少在意指作用和客观地理现实即地图现实之间，存在有一种最终冲突。心理社会学家所作的研究显示，例如，两个街区相邻，如果我们是根据地图，即根据"现实"、根据客观性来规定的话；然而当他们触及两种意指作用时，上述地形认知在城市形象中却被彻底分裂了：意指作用是在与客观材料完全对立中被体验的。

城市是一个话语，而且这个话语实际上是一种语言：城市对其居民说话，我们通过居住、穿行、注视来谈论着我们身处的城市。但是，问题是从纯隐喻阶段中抽出像"城市语言"这样的表达。我们不难以隐喻方式来说城市语言，就像我们说电影语言或花卉语言一样。当我们不用隐喻来谈论城市语言时，才是达到了真正的科学飞跃。而且我们可以说，这正像弗洛伊德首次谈论梦幻语言时的情况一样，他排除了梦幻的隐喻意义表达，以便赋予其真正的意义。我们也须面对这个问题：当谈论城市语言时，如何从隐喻转移到分析？让我再来谈城市专家们的例子，即使他们远离这些城市语义学的问题,但是他们已经注意到(我在引述某一研究结果):"社会科学中的有用资料,提供了一种很不适宜于被纳入模式的形式。"的确,如果我们难于把心理学、社会学、地理学、人口学向我们提供的资料插入一种模式中,这正因为我们欠缺一种最终技术、关于符号的技术。因此,我们需要一种新型科学能量,以便将这些资料从隐喻转换到、转移到对意指作用的描述,而且在这里符号学(在此词的最广义上),通过一种尚难预测的发展,可能提供给我们某种帮助。我无意在此讨论如何发现一门城市符号学的程序。这些程序似乎在于使城市文本分解为单元,然后把这些单元分布到诸形式类之中,最后再发现这些单元及这些模式的结合规则和转换规则。我将限于谈论三种研究,它们与城市没有关系,但可能有助于我们探索一门未来城市符号学,因为它们为当前符号学现状提出了简明描述,并应考虑到如下事实:近年来符号学的"地形图"不再与以前相同了。

  第一种研究是,"象征主义"(它必须被理解为关于意指作用的一般论述)。今日,至少一般来说,不再被视为在所指和能指之间的一种规则的相符性。换言之,几年前重要的一种语义学概念现已过时,我是说词汇学概念,即有关在所指和对应的能指的一系列清单概念。词汇学概念的损耗可以在许多研究部门看到。首先有像卡茨(Katz)和福多尔(Fodor)这些乔姆斯基弟子的分配语义学,他们对词汇学给予了有力评判。如果我们从语言学领域转到文学批评领域,我们可看到 15 到 20 年间风行一时的主题批评,至少在法国已构成了我们所知为新批评研究的主要部分,它现在却已遭受到限制和改变,其结果遂不利于新批评所提出的要加以破解的"所指"研究。最后,在精神分析学领域,我们不再谈一种词项对词项的象征主义，这肯定是弗洛伊德著作中已死的部分：一种精神分析学词汇学已不再被探讨。所有这一切都为"象征"这个词投下了不信任票，因为这个词永远暗示着：意指关系是基于所指的，基于所指之存在的。我个人使用"象征"这个词时，是用其指一种组合段的和聚合体的，而不再是语义学的意指性组织：我们必须在象征的语义学的内涵和此同一象征的组合段的和聚合体的性质之间做出明确区别。

同样，企图发展一门城市意指作用词汇学也是荒谬的，按此，位置、街区、功能和意指作用被分置两边，或一边是作为能指的位置，另一边是作为所指的功能。一个城市街区可承担的功能清单是长期以来被知晓的，一个街区大致存在有 30 个左右的功能（至少对于城市中心地区来说：此地区从社会学角度已被仔细研究过）。这个清单当然可予以完成、丰富和发展，但是它将只构成极其初级水平的符号学分析，随后或许将必须被修改：不仅仅因为历史所加予的重量和压力，而正是因为所指有如极其不精确的神秘存在物，而且因为在某一时刻它们永远成为另一物之能指：所指消失，能指留下。因此，寻找所指可以只是一种临时性工作。当设法把所指的作用抽离出来后，只是提供我们一种关于意指性分布的特殊状态。此外，我们应该注意，对于"空所指"、对于所指之空的位置，我们赋予了越来越大的重要性。换言之，成分作为能指，与其本身相对位置的关系，比与其内容关系更大。这样，东京，作为在语义学式想象中可能得到的最复杂的都市综合体，仍然具有一种中心。但是这个由皇宫占据的中心，却被体验为一个空的中心，它由深堑所环绕并隐蔽在绿阴之中。一般而言，由不同城市的城市核心组成的研究显示，我们称作"坚实核心"的城市中心点（每一城市有一中心），并不构成任何特殊活动的最高点，而是构成中心之社群形象的一种空"心"。在这里出现有某种空的位置，它对于城市其他部分的组织而言是必需的。

　　第二种论述是，象征主义应该基本上被定义为能指的、相关关系的世界，而且特别是那样一种相关关系的世界，它不可能被封闭于一种完全意指、一种最终意指之中。所以，从描述技术的观点看，成分，即能指的分布，已"穷尽"了语义学的发现。对于卡茨和福多尔代表的乔姆斯基派语义学来说，甚至于对于列维-斯特劳斯的分析来说，这是确实的，后者所根据的关系不再是类比的而是同态的了（这是人们很少提及的作者关于图腾制的书中所作的证明）。所以我们发现，如果我们想产生一种城市符号学，就必须更精心地推进意指分划（division signifiante）。对此，让我谈一下我作为一名城市业余研究者的体验。我们知道，在某些城市，存在有一些空间，它们促成了一种非常精细的功能专门化出现。例如，东方风味的阿拉伯市场即如此，在那里一条街为制革业保留着，另一条街专门为金银首饰匠保留着。在东京，同一街区的某些部分，从功能观点看，非常具有齐一性：我们发现这里只有酒吧、快餐店或娱乐场所。但是，我们应该超越这种初步外观，并且不将语义学描述限制于这一单元；我们应该试图按照如下语言学中的同一方式来分解各种微结构，即在一长句子中分离出小的句子片段。所以我们应该习惯于通向微结构的一种精细分析，并反过来习惯于一种通向大结构的扩大分析。我们都知道东京是一个多核心的城市，它具有围绕着五六个中心的若干核心；我们应该学会从语义学上区分由火车站所显示的这些中心。换言之，甚至在此领域，最佳的城市语义学研究模式，我相信，至少在开始，将会被话语的句子所提供。在此，我们重新发现了雨果早先直观到的一种认识：城市是一种写作。城市中移动着的人，即城市的使用者（我们都是城市使用者），是一种读者，他，按其义务需要和其身体移动，选取着陈述的片断，以便私下里将其实现。当我们在城市中漫游时，我们都处于凯诺（Queneau）所著《100 000 millions de poèmes》一书的读者的地位上，在此我们可以通过改变其中一个诗句而发现一首不同的诗的出现。我们自己可能没意识到，我们在城市中的体验可能正类似于一位先锋派的读者。

最后，第三种研究是，今日符号学不再假定一种确定所指的存在。这意味着，所指永远是其他物的能指，而且反过来也一样。在现实中，在任何文化的或者甚至心理的综合体中，我们面对着无限长的隐喻链，其所指永远后退着，或者本身成为一个能指。如你们所知，这种结构开始在拉康的精神分析学中被探讨，以及在写作研究中提出了问题，但此问题未被实际探讨。如果我们将这些概念应用于城市，我们将无疑被导向关注一个维面的存在，对此维面，我必须说，在都市学研究中我还未见其被提到过，至少未被明确提及。这个维面就是<u>色情面</u>（dimension érotique）。城市色情是我们可从城市话语的无限隐喻性质中引出的教诲。我是在其最广义上用色情这个词的：把城市色情仅与保存这类欢乐场所的街区等同起来是荒谬的，因为欢乐场所概念是都市功能主义的最顽固的神秘作用之一；它是一个功能性的而不是语义性的概念。我在此并无分别地使用着色情概念和<u>社会性</u>概念。城市，基本上，在语义上，是我们与他者碰面之处，因此中心即任何城市的聚会点。城市中心首先是由年轻人、青春男女所设立的。当青春男女表达他们的城市形象时，他们永远倾向于限制、集中、压缩此中心。城市中心被体验为社会活动的交换站，而且我几乎想说，在该词的广义上，即色情活动。或者最好说，城市中心永远被体验作那样一种空间，在其中某些颠覆性力量在作用着和触碰着，它们是断裂的力量、游戏的力量。游戏主题在关于中心的研究中被经常强调。在法国存在有一系列关于巴黎对其郊区吸引力的研究，并且通过这些研究我们注意到，对于外围来说，作为中心的巴黎永远在语义学上被体验为特权场所，在那里存在有"他人"，在那里我们自己成为"他人"，那里是体验游戏的场所。反之，凡非中心之处，也正好不是游戏之处、不是具异他性之处：家庭、住宅区、同一性。当然，特别对于城市来说，应当研究替代色情的隐喻链。我们必须在主要范畴之中特别研究重要的人类习惯，例如饮食和购物，它们实际上是一个消费社会中的实际"色情"活动。让我再一次举东京为例：主要火车站是主要街区的指示坐标，它们也是大百货场。日本火车站，作为商店的火车站，肯定具有独一无二的意指作用，而这种意指作用是色情性的：购买或交会。于是我们会探讨都市因素的深刻形象。例如，很多研究强调<u>河道</u>（cours）的想象功能，河道在任何城市都被体验为一条河流、一条运河、一道水源。在道路和河流之间存在有一种关系，而且我们知道，对意指作用最具抵制性的城市，使其居民最感难以适应的城市，正是欠缺水源的城市，城市而无海滨、无水池、无湖泊、无河流、无水道。所有这些城市都是难于生存的、难于读解的。

在本讲结尾，我只想说：在我举出的研究中，我并未谈及方法论。为什么？如果我们企图研究一种城市符号学，在我看来，最好的办法，正像对于任何语义学活动一样，将是发挥读者一侧的某种智慧。这将要求我们众人设法破译我们所居住的城市，如有必要，从一份个人报告开始。把各种读者类别的读解报告收集起来（因为我们有一批读者，包括定居居民和外来人士），我们将因此而发展对此城市语言的研究。这就是为何我会说，最重要的不是扩大对城市的研究或相关功能研究，而是扩大对城市的读解，对此，不免遗憾的是，迄今为止只有作家们给我们提供了一些例子。

从这类读解出发，从一种城市语言或一种城市代码来进行这种都会重构时，我们可能会朝向一种更具科学性的方法论：即对单位、句法等等进行的研究，但永远要记住我们绝不要企图使所发现的单元之所指固定化或僵死化，因为历史上这些所指都是极其不精确的，具有挑战性的，或难以驾驭的。

每个城市都是按照海船 Argo 形象被我们建造、创造的，其中每一个都不再是原始的东西，但仍然是海船 Argo，即一组现成可识认的、可识别的意指作用。在对城市的语义学研究中，我们应该设法理解记号的相互作用，理解任何城市都是一个结构，不过我们永远不应该企图、不应该希望将此结构填实。

因为城市是一首诗，正如人们常说的，并且正如雨果比其他人表达得更好的；但它不是一首古典诗歌，不是以一个主体为中心的诗歌。它是一首展现能指的诗歌，而且正是这种能指之展现，才是一门城市符号学应该设法最终加以把握和颂咏的对象。

符号学和医学[*]

符号学这个词，在今日人文科学所使用的意义上，是大约于 50 年前，由索绪尔在其《普通语言学教程》中提出的，它是有关于记号的一般科学，这门科学当时尚未存在，但后来语言学成为符号学的一个分支。当由索绪尔提出并随后由其他人所发展的符号学（sémiologie）成为国际研讨会的对象时，这个词曾被认真分析过，并被人们建议代之以"sémiotique"一词。这正是使我们对此问题加以关心的理由：为了避免在一种语言学根源的 sémiologie 和医学根源的 sémiologie 之间发生混淆，人们觉得

---

[*] 载于：*Les Sciences de la folie*，Roger Bastide（高等研究院社会精神医疗中心出版部）主编，Mouton，1972。

需要尽量用 sémiotique 一词来指非医学的符号学。我认为这是某种不必要的担心或防范，因为 sémiologie 这个词在"后语言学的"意义上，已经根植于我们的思想词汇中了，而且一旦词语进入语言，将其取消使用是危险的和无谓的。Littré 词典解释"sémiologie"（在这个问题上，我认为"sémiologie"有时被一些医生使用，但按照任何正统语言学来看，这是一个错误，因为在法文中复合元音 ei 永远写成 i：所以正确的是"sémiologie"，而不是"séméiologie"）为一种医学术语。Littré 说，这个词指关于疾病记号的医学部分。但是 Littré 也提到 sémiotique。实际上，我们在 16 世纪安布鲁瓦兹·帕雷（Ambroise Paré）的著作中发现了"sémiotique"一词，其后在 19 世纪早期的医学书中也发现过。我想指出，在 Littré 时代，sémiotique 这个词也有不同于医学词的另一种意义。它可能指通过用记号，而不是用声音来指挥士兵运动的一种行军艺术；所以那时所相关的是一种记号科学的问题，该类记号并不是分节语言的记号。

显然，在一般符号学和医学符号学之间不仅存在有字词的同一性，而且也存在有系统的对应性，系统、结构之间的对应性。围绕着记号概念，甚至于存在有一种意识形态含义的同一性，在此词的广义上，记号似乎更经常地是一种历史概念，它与某种文明（我们自己的文明）类型相联系。最后这一点曾被福科加以研究，他在《诊所的诞生》中讨论了医学记号。我想不谈这个问题，首先因为事实上福科已经讨论过了，而且因为记号的哲学研究将超出我们的讨论范围，我们的讨论在于阐明医学记号和语言记号的关系。因此我将限于讨论这两种符号学之间的系统对应问题。

我发现这个问题确实十分重要，而且，尽管不是一名医生，我曾希望能够在带有医学符号学名称的书中顺利地理解其原则。这些书籍却没有为我提供任何帮助，因为它们都是纯技术性的，在我的阅读范围之外，而且也因为它们既未涉及符号学的概念化也未涉及任何医学记号科学。所以我将必须非常简略地提出一种朴素的以及所谓原始的框架——即在两种符号学间建立初步对应性的框架——并期待着能够在此报告中引起医生的回应。

我将以非常简单的方式围绕着几个概念把这些研究组合起来。首先是记号概念本身。我相信，就像福科和晚近医学词典所肯定的，将征兆①和记号（signe）加以区别和对立是有益的。从符号学观点看，征兆是什么呢？按照福科的理解，它是疾病在其中显现的形式。一部医学词典这样定义："症状：疾病状态在肌体内引起的特殊现象"。以往，客观症状由医生认定和发现，主观症状由病人指出。如果保持这个定义——而且我认为这样做是重要的——症状就相当于显现现实，或者说实在之显现。让我们称其为现象物（le phénoménal）。但是现象物实际上既不具有符号学性质也不具有语义学性质。症状是客观的、非连续的病态现象。这就是为什么我们可以像在19世纪医生的话语中常见的那样说症状的模糊和混淆。这并不是说记号的含混，而是反之说病态现象的含混，也就是说它还没有达到记号的性质。这个定义是重要的，如果正确的话，它意味着"症状"这个词并不直接涉及意指作用观念，正与此词在其隐喻的意义上所理解的涵指相反——实际上，当我们以隐喻方式谈到"症状"时，我们已经把一种语义学观念加予该词了。我们相信，症状是某种应当破译的东西，而实际上似乎是，症状观念并不直接

---

① symptôme，或译症状。——中译者注

涉及一种破译，涉及对一个系统的读解，涉及对一个所指的发现。实际上它只是在此工作开始之前被用于一种破译工作的事实材料。如果我们打算探讨它与符号学或普通语言学范畴的类比性，我们可以说，症状对应于叶姆斯列夫所说的能指之 substance（实体），即作为实体的能指，作为尚未切分为意指性单元的 matière（质料）之能指。

面对着症状，属于医学符号学的定义的记号可能实际上成为症状另加上、另补充以医生的组织性意识。福科坚持这一论点：记号是症状，因为它发生于描述中；它是以语言清晰表达的产物，因为它参与医生话语的临床学图画的发展。医生于是可能是这样一个人，他通过语言的中介——我认为这一点很重要——把症状转换为记号。如果这个定义有效，它就意味着，我们已从现象领域过渡到语义学领域。对此我们提出两点看法：医学记号，借助于我们马上要讨论的它的某种运作，显然指涉着一个所指。因此之故，它是一个记号。存在着一个所指，或者无论如何对于若干记号来说有可能假定一个所指。这个所指是病情学的，它是通过记号或多个记号被给予名称的疾病。因此，在医学环境里，我们的确从文本组合的观点处理着一种完全正规的记号，即以一种双面单元，其中包含有待发现和待命名的隐藏的一面，大致来说这就是疾病，以及被物质化、最终被切分为若干所指的外在化的一面，它应该被构造、解释、赋予句法，如此等等。第二点看法是，对立于症状的记号属于可理解性领域：从症状转为记号时，医学记号强制主宰着时间控制、作为实验的疾病的控制。所以我们承认希波克拉底（Hippocratique）医学的原则。就医学记号被构造以便控制疾病时间而言，它具有三重价值或三重功能：既往病历功能，它表明所发生之事；预后功能，它表明将发生之事；诊断功能，它表明正在发生之事。医学记号因此可比拟于句子的严格结构成分，即比拟于连接诸能指的句法成分，这些能指在逐渐展开的意义中把这些成分连接起来。我所考虑的不只是动词，而且也考虑句子的组合段时间性，后者依赖于它的句法部分，以及考虑如下事实：一个命题，像一种设计中的情况似的，宣布句子的另一个成分的存在，这个句子稍后将重复出现。我们可以说，在一个句子中句法就是这种支配时间的力量——句子的实际时间，而不是现实的时间。换言之，记号在揭示、在定义或在宣布，但是它也预告。所以我将说，如果症状对应于能指的<u>实质</u>，记号就在非常广泛的意义上属于能指的形式，或者无论如何蕴涵着能指的形式。对症状的和记号的概念，我们就谈这么多。

一般符号学的另一个基本概念是系统概念。系统是由记号的相关关系组成的系统。我将指出符号学中一种非常普通的对立，即聚合体和组合段的对立。聚合体是由一个记号和其种种邻近记号之间的、一种现象和其潜在邻近现象之间的对立所组成的层次。例如 p 和 b 处于聚合体关系，因为在从 b 过渡到 p 时，我们实行了一种意义改变，因为至少在法文中，"boisson"（喝）与"poisson"（鱼）不具有相同意义。在此由两个成分组成的潜在对立层次上，二者之中只有一个是实现于被使用的字词或句子中。医学记号的一个聚合体（我不知道它是否存在或是否被如此知觉）在于使医学记号彼此对立，因为这样一种对立会涉及一种疾病的改变。所以我们把医学记号制成清单，因为其中每一个都是与另一个记号对立的，这样的对立涉及一种所指的改变，即疾病读解的改变。此外，从理想上说，我们应当能够把两个记号的这种对立，简单化为或化简为一个成分的出现或不在，即归约为有标成分和无标成分的对立。我们知道，在音位学中我们最终能够把语言的一切意指性对立归约为有标物和无标物之间的那种交替作用。有标项具有无标项所没有的一种性质。我们能够想象，在医学符号学中，当然在一定的语境中，可以通过将记号归约为一种性质的"在/不在"来为记号进行分类吗？我们就是要提出此疑问以考虑医学聚合体问题。对于一个局外人，十分明显，在医学中，如果我们想通过一种性质的欠缺来决定一个记号，此记号，为了进行意指，就要求有其位置，即一种身体性的空间。记号按一定的身体空间进行意指，除非我们能够想象一个没有位置的医学记号类别，或整个身体都是其位置，例如发烧现象。于是我们看到医学符号学——而且在这里它会与语言机制相区分——，为了使记号实行其意指功能，要求一种身体性支撑、一种被特殊化了的位置，后者与语言中的情况不同，在语言中音位的声音不是由一种独立于它的质料所支撑的。

　　至于组合段——即记号的扩大组合或"记号束"，几个记号通过身体被同时或相继地解读——，它显然是医学符号学的基本部分：在此我们识出了与在语言学和符号学中相同的运动和相同的等级结构，在语言学和符号学中看起来最重要的概念，最终并不是聚合体，尽管它可能是实际上最初被发现的，而是组合段。正是在句法（发展最快的语言学的这个部分）的名义下，组合段被研究得最彻底，而语义学本身不只是发展受阻，而且在目前，甚至于处于停滞阶段。医学的组合段研究，因此就是通过一种结合运作（opération de combinaison）所形成的记号运作（mise en oeuvre du signe）。对此让我们也增补几点说明。首先提出一个问题：在医学中是否存在像一种纯记号这样的东西：我是指在疾病的一般临床图画中是否存在一种记号，例如，它本身就足以揭示、<u>命名</u>一个所指，即一种疾病，而不需结合任何其他记号？我假设这是存在着的，因为在我看来，我们看到了这类现象，因为我们已将某些典型记号归于一些发现了它们的医生。或许，在此时刻，我们是否想说，我们看到了那种典型记号的呈现，这种记号本身就能够最终意指着一种疾病的实际特性？如果这样，这种独一无二的、自足性的记号，就相当于语言中、感叹语中的词与句。但是我假定，目前的情况显然是，记号的相互作用，即记号的结合性运作或句法，包含着作为一种阅读空间的时间，即记号显现的历时性，这当然是非常重要的。例如，在19世纪初期，卡巴尼斯（Cabanis）曾经很好地提出了医学记号的结合性问题，他说，在病理条件下，永远只出现少数主要现象，一切其他现象来自这些主要现象的混合以及它们的不同强度作用，而它们于其中显现的秩序、它们各自的重要性、它们的种种关系，都足以产生各种各样疾病。这就是一种过程的典型定义：结合运作力，连带少数被弱化的成分，导致读解的结果。在我看来，同样医学记号的一种稳定的、重复的配置（configuration），可被精确地称作征候群（syndrome），后者于是相当于在语言学上的所谓固定组合段，固定组合段即定式化的词组，它们以同样方式被组合入种种语句内，而且，即使本身严格来说是由两个、三个、四个等若干词项组合而成的，它因此，像一个词一样，绝对呈现为同一功能值。我们知道，这是，或至少曾经是，语言学的主要问题之一：如何同时以系统的、理论的和实践的方式——一句话，操作的方式——来看待固定组合段？例如，当我们说 pomme de terre（土豆）时，我们的说话方式提出了问题；显然，它实际上是一个词，虽然落实在三个词项上。但它是一个引起困难的词，特别当我们处理机器翻译问题时，因为我们不能在形式上把它处理为一个单一词。索绪尔清楚看到由固定组合段引起的困难，就它们倾向于构成纯聚合体和组合段之间的中间态而言，因为正是组合段成分，字词序列，最终具有一种聚合体意义。于是，征候群或许就是：对记号配置的一种读解行为，即对一定数量的一种意指的、稳定的、规则的、合法的配置形成的医学记号进行理解，这种记号指涉着一个永远同一的所指。但是，诊断正是对一组记号配置的读解行为；词典说："医生的行为是，他把病人呈现的病症聚集起来，将它们联系到一种在病态分类学系统内占有位置的疾病上。"

在此出现了一个新的问题，对此，十分遗憾，我因不具备医学知识不能作答：我们如何能够以语言学的、结构的方式来定义诊断的困难或错误呢？肯定有可能为医生在读解一个记号或若干记号时所遇到的困难，为对记号做出的错误判断，给予一种结构的说明。但是，在此结合运作的哪一确定时刻会出现困难或错误的风险呢？从记号系统学的观点对此做出阐释，或许非常值得注意（还不用说此一问题的解决可能对病人产生的影响了!)。

现在，围绕着所指概念，我们可以提出一两点评论。当然，医学记号的、分节性记号的组合段配置，指涉着一个所指。这种医学所指是疾病分类学系统内的一个位置、一个地点。医生将所有这些病症，即记号，联系到一种在疾病分类学系统内具有自己位置的疾病上。于是疾病分类学系统的位置简单来说就是一个名字，它是作为名字的疾病。至少这是早期诊所时代绝对无可争议的方式中的情况。这也正是福科所揭示的，他指出诊所诞生过程中语言的作用。实际上读解一种疾病就是赋予其名字；而且从此时刻开始——此外正是在这里，问题变得相当微妙——存在着一种完全的可逆性，即语言本身的可逆性，在能指和所指之间令人目眩的可逆性。疾病被定义为一个名字，被定义为记号间的相互作用：记号的相互作用只在疾病的名字内定位和充实，存在着无限的回路。诊断的读解，即医学记号的读解，似乎是以命名来结束的：医学所指只在被命名时才存在。我们在此看到最近由一些哲学家提出的记号过程：我们只能通过为所指命名来操控一个或若干记号的所指，但是通过此同一命名行为我们已把所指转换为能指。反过来，所指成为能指，而且这一命题，实际上把某时期的，例如最近四五十年来的符号学形势图，进行了彻底的改变和重组，因为现在我们更好地理解——虽然还未看清其全部结果——，意义过程是无穷无尽的，而且所指的退却在某种意义上是不可能终止的。从理论上说，我们永不可能将一记号止于一个最后所指之上。在读解一个记号时我们可能加予其上的终止性来自实践，而非来自符号学系统本身。让我们举两个例子。在医学中，使这种所指退却、转换至能指过程终止的东西，是医学实践；事实是，一旦所指被理解为疾病的名字，我们就把符号学系统转换为一种治疗问题了，于是我们着手治疗疾病，并因而在此时刻，通过在意义之外的操作性、通过该操作性的闯入，避免了能指和所指的这种令人目眩的回路。在语言学中，情况也一样。在词典中，每一个能指都是由其他能指定义的，也就是一个词由其他词定义的。但是，如果我们为这些其他词定义，我们仍然必须依赖其他词，而且永远不可能终止能指和所指之间的这种回路关系。从理论上、系统上说，一部词典是一个不可能的对象，它是一个令人感到目眩的对象，而且在某种意义上是一种具有魔力的对象。但是，词典是有用的和可掌握的，正因为在某一时刻，我们通过操作性行为的侵入终止了此无限过程，也就是我们直接停止在一个定义前，而且通过对其使用而完成一种实用性或操作性的任务。

关于这个所指问题，我也想知道在医学符号学中是否不存在极限情况，即是否不可能发现在某种意义上只在指涉本身的记号。我偶然遇到一种疾病，这是一种渐进的色素皮肤病。现在，如果我理解正确的话，在这种由皮肤小斑点所意指的疾病中，这些斑点除了本身以外什么也未指涉。因此斑点并未必然引致任何读解过程或深化解释过程。疾病或许就是记号本身。也许我们可以将此现象哲学化为：皮肤病只能归约为一种记号疾病。如果我对某些医学记号做的这种假设大概是真确的话，这就会相当于我们在语言学中称作自指示（autonymie）的概念——自指示即记号指示着自身。

在结束本文时，我想以质询方式提出一个语言问题。在临床学空间（我再次重复，我选择通过福科的著作，也就是或许在临床学的考古学时代，对此临床学空间进行质询），疾病似乎是一个真正语言性领域，因为存在有一个实质（substance）、一个症状和一个形式、记号（一个能指/所指的二元秩序）；一种弱化的结合项（combinatoire démultipliante）；一种像是在词典中命名的所指；以及一种读解、诊断，它进而像在语言中一样，要求一种学习。后一问题是，这种记号秩序是否真的是一种语言；这是有关双重分节的问题，因为它似乎有效地确定人类分节语言基本上是由此双重分节定义的，此定义基于如下事实，存在着作为意指单元的初级单元（premières unités），其中每一个都具有一个意义（这些大致相当于字词）；而且这些能指单元的每一个反过来都能够被分解为特征单元（unités distinctives），即分解为音位，每一音位成分不再具有一种意义；由于此双重分节，语言可以因极少数成分而具有此无限丰富性。大约用 30 个语言音位，我们就能构造出千百万词条来。

所以，我们可以问，是否医学语言也服从双重分节规律。我想说，在某种意义上是如此，因为存在有特征性的或无意义的单元，记号本身并不意指，但诸记号可结合成意指性单元，而且因为像音位一样，每个记号都能参与若干征候群。我想通过以下4种记号举出大约150年前做出的一种诊断为例：可能属于水肿病的肌肉疲弱；可能属于肠梗阻的青灰脸色；可能属于天花的身体斑点；可能由牙垢积存引致的牙龈肿。但是如果把这些记号从其存在的某些复合环境脱离，如果把它们再聚合的话，就可能产生另一种坏血病疾病。就是说，你实际上具有的记号属于若干疾病，但它们的独一无二组合则产生了一种特殊病态。实际上，这可能就是双重分节图式本身。

现在我们可以提出最后一个属于哲学、意识形态领域的问题：语言学和近年来的符号学是否属于某种记号史、某种记号的意识形态。因为如果疾病领域的符号学性质（而且这是福科的假设）符合于某种历史，那么记号概念的主导性，记号概念的文化，就符合于我们文明的某种意识形态阶段。但是，在此时刻，如何有可能在一种实证主义科学和一种意识形态科学（如解释学）之间出现一致性呢？实际上，就19世纪临床学而言，存在有一门医学解释学。一种实证主义科学能够等同于一门解释学吗？后者毕竟介入某种世界的意识形态观之内。实际上，一种实证科学的运用，如医学，并不排除如下可能性——在其之内流通着某种"神话图式"，因为医学符号学非常紧密地符合某种泛灵论类型图式——疾病实际上成为可理解的，正像一个人，他首先存于皮肤之下的身体秘密中，如果可以这样说的话，而且他释放出记号、信息，对此，医生必须予以接收和解释，就如一名破解密码的占卜者一样：实际上，这是一种占卜术，一种占卜艺术。仍然有待回答的最后一个问题是：今日医学仍然真的还是一门符号学吗？

Ⅲ

分析篇

符 号 学 历 险

- ◎ 叙事结构分析
  ——关于《使徒行传》第 10~11 章的分析
- ◎ 与天使摔跤
  ——《创世记》第 32 章第 23~33 节的文本分析
- ◎ 爱伦·坡一则故事的文本分析

叙事结构分析[*]
——关于《使徒行传》第 10～11 章的分析[①]

第 10 章

哥尼流蒙主指示

1. 在凯萨里亚有一个男子,名叫哥尼流,是个军官,隶属的军队叫做意大利部队。

2. 他是个虔诚人;他和全家的人都畏惧上帝,常常给民众许多慈悲施舍,又不断恳切乞求上帝。

---

[*] 写于 1969 年,载于:*Exégèse et Herméneutique*,Seuil,1971。

[①] 作者在本文中移录《使徒行传》第 10 和 11 章,所据版本为 *Traduction oecuménique de la Bible*(Du Cerf.)。中译本的相应译文录自《基督教希腊语圣经新世界译本》(纽约,1995),1 242～1 245 页。文本小段标题与作者引录的法文本的分段与标题不尽一致,而两个版本的分句编号完全一样。各不同圣经版本相同章节中的用字不尽相同。照录的中译文仅供示意。——中译者注

3. 有一天,大约第九小时,他在异象中清楚看见上帝的天使进来,对他说:"哥尼流!"

4. 哥尼流凝视他,就惧怕起来,说:"主啊,什么事呢?"天使说:"你的祷告和慈悲施舍已经升到上帝面前,蒙他记念了。

5. 所以,现在你要差遣人往约帕去,请一个别名彼得的西门来。

6. 他在一个制革匠西门家里做客;西门的家就在海边。"

7. 对他说话的天使一离开,哥尼流就叫了两个家仆和常常侍候他的一个虔诚士兵来。

8. 向他们叙述一切,然后派他们往约帕去。

彼得见异象

9. 第二天,他们前行接近那座城的时候,大约第六小时,彼得上房顶祷告。

10. 后来他觉得饥饿,想吃东西。众人正在准备,他进入了出神状态。

11. 看见天开了,有某样器皿降下,好像一大块亚麻布,系着四端,缒到地上来;

12. 里面有地上各种各样的四足生物和爬物,还有天上的飞鸟。

13. 有声音对他说:"彼得,起来,宰了吃!"

14. 彼得却说:"主啊,千万不可,因为我从来没有吃过任何污秽不洁的东西。"

15. 到第二次,声音又对他说:"上帝洁净了的东西,你不可再说是污秽的。"

哥尼流所差的人来寻彼得

16. 彼得心理大感迷惘,还在猜想所看见的异象究竟是什么意思，看啊！哥尼流所派的人几经查问，终于找着西门的家，站在门外了。

17. 他们呼叫，查问有没有别名彼得的西门在这里做客。

18. 彼得还在反复思量那个异象，灵就说："看啊！有三个男子在找你呢。

19. 起来，下楼跟他们一起去，一点不要怀疑，因为他们是我派来的。"

20. 彼得就下楼对那些男子说："看啊！我就是你们要找的人。你们为什么在这里呢？"

21. 他们说："军官哥尼流，是正义而又畏惧上帝的人，全犹太国族都赞赏他。他凭着圣天使得了上帝的训示，请你们到他家里，要听你所说的话。"

22. 于是彼得邀请他们进去，款待他们。

彼得往哥尼流家传道

第二天，彼得起来跟他们一同离去，约帕有些弟兄也跟他一起去。

23. 再过一天，他进了凯萨里亚。当然，哥尼流正期待他们来到，而且把亲戚密友都叫齐了来。

24. 彼得一进去，哥尼流就迎接他，伏在他脚前下拜。

25. 彼得却拉他起来，说："起来，我自己也是人。"

26. 彼得一边同他交谈，一边进去，发觉有许多人聚集在那里，

27. 就对他们说："你们清楚知道，犹太人无论跟异族人在一起，还是接近他们，都是不合例的；但上帝已经向我显示，任何人我都不可说是污秽或不洁的。

28. 所以我被请的时候，毫无异议就来了。现在请问，你们为

什么请我来呢?"

29. 哥尼流就说:"从这个时辰算起,四天前第九小时,我在家里祷告,看啊!当时有一个男子穿着明亮的华服,站在我面前,

30. 说,'哥尼流',你的祷告已经得蒙垂听,你的慈悲施舍已在上帝面前得蒙记念了。

31. 所以,你们差遣人往约帕去,请别名彼得的西门来。这个人在制革匠西门海边的家里作客。

32. 于是我马上差遣人往你那里去;你来了真好。现在我们所有人都在上帝面前,要听耶和华吩咐你说的一切话。"

彼得宣传耶稣

33. 彼得就开口说:"我实在看出上帝是不偏心的,

34. 无论哪个国族的人,只要畏惧他,行正义,都蒙他悦纳。

35. 他已经把神圣的话语传给以色列众子,向他们宣扬借耶稣基督而来的和平的好消息:这位耶稣就是主,是统管其他一切的。

36. 你们知道,在约翰宣讲浸礼以后,从加利利开始,直到全犹地亚,人人都议论纷纷,

37. 谈论拿撒勒的耶稣,说上帝用圣灵和力量膏了他,他又走遍境内各处,广行善事,医好所有被魔鬼压迫的人,因为上帝和他同在。

38. 他在犹太人的地区和耶路撒冷所做的一切事,我们都可以做见证人。但是人竟然把他悬在木柱上除灭了。

39. 第三天,上帝使他兴起,叫他显现出来,

40. 不是显现给所有人看,而是显现给上帝预先委任的见证人看,也就是我们这些在他从死人中起来以后,跟他一起吃喝的人。

41. 他还吩咐我们向人民宣讲,彻底作见证,表明他就是上帝

所立要审判活人死人的。

42. 所有预言者都为他作见证：凡信从他的，都可借着他的名，使罪得蒙宽恕。"

圣灵降在众人身上

43. 彼得还在讲这些话的时候，圣灵临到所有听见神圣话语的人身上。

44. 那些受过割礼、跟彼得一起来的忠信的人，见圣灵倾注在众国族的人的身上，叫他们也白白得恩赐，就很诧异。

45. 原来他们这些人说外语，尊上帝为大。于是彼得回应说：

46. "这些人既然像我们一样得着圣灵，谁能禁止他们守水浸礼呢？"

47. 就吩咐他们奉耶稣基督的名受浸。后来，他们请求彼得多留几天。

第 11 章

彼得辩白给外邦人施洗的事

1. 犹地亚的使徒和弟兄听说众国族的人也接收了上帝的话。

2. 到彼得上了耶路撒冷以后，支持割礼的人就开始同他争辩，

3. 说他竟然进没有受割礼的人家里，跟他们一起进食。

4. 彼得就开口把详情一一说明，对他们说：

5. "我在约帕城祷告的时候，在出神状态中看见一个异象，有某样器皿降下，好像一大块亚麻布，系着四端，从天上缒下，直来到我面前。

6. 我凝视观察，看见里面有地上的四足生物。野兽、爬物，还有天上的飞鸟。

7. 我也听见有声音对我说,'彼得,起来,宰了吃!'

8. 我却说,'主啊!千万不可,因为任何污秽不洁的东西,从来没有进过我的口。'

9. 到第二次,声音又从天上回答说,'上帝洁净了的东西,你不可再说是污秽的。'

10. 这样的事又有了第三次,一切就都拉回天上去。

11. 就在这个时刻,看啊!有三个男子站在我们所住的家门前;他们是从凯萨里亚派来找我的。

12. 灵就叫我跟他们一起去,一点不要怀疑。这六位弟兄也跟我一起去;我们就进了那个男子的家。

13. 他告诉我们,他怎样看见天使站在他家里说,'你要派人往约帕去,请别名彼得的西门来,

14. 他有话要告诉你,叫你和你全家的人都可以得救。'

15. 可是我开始讲话的时候,圣灵就临到他们身上,正像当初临到我们身上一样。

16. 于是我想起主的话,他以前常常说,'约翰用水施浸,可是你们会在圣灵里受浸。'

17. 上帝既然白白给他们同样的恩赐,就像给我们这些信靠主耶稣基督的人一样,那我又是谁,竟能阻止上帝呢?"

18. 众人听见这些话,就默然同意,荣耀上帝说:"这样看来,上帝也让众国族的人悔改,使他们得享生命。"

我的任务是提出通常所谓的叙事结构分析。应该承认,名字出现在事物之先。目前命名的可能性来自一种研究集体,但它还不是

一门科学，甚至于严格说也不是一种学科。称其为学科就意味着叙事结构分析是被教授的，而情况并非如此。因此本分析开篇明义，提出一种警告：目前不存在一门叙事科学（即使在我们赋予科学以相当的广义时）；目前并不存在一门"故事学"（diégétologie）。我事先在此提醒，以免大家失望。

叙事结构分析的起源如果不是含混的，至少是"可灵活处理的"。我们可以把其发生想象得相当遥远，或许可追溯至亚里士多德《诗学》和《修辞学》中主导叙事和文本分析的那种精神倾向。稍后可以看到亚式的古典继承者以及文本样式理论家。再晚近，甚至于最近，但在特定范围内，可以追溯至俄国形式主义，其中一些作品已由托多洛夫翻译为法文①。这种俄国形式主义（以及此处关心的相关变体）包括诗人、文学批评家、语言学家、在 1920 年到 1925 年期间研究文学作品形式的民间故事学者。该小组之后被文化斯大林主义打散，成员流亡到国外，特别是通过布拉格语言小组。这一俄国形式主义研究的精神，基本上传递到当代伟大语言学家雅克布森的作品中。

从方法论说（而且不再是从历史上说），叙事结构分析的起源，当然是所谓结构主义语言学的晚近发展。基于此语言学，作为一种雅克布森的研究结果，出现了一种沿着诗学信息和文学信息研究方向的"诗学"扩展，而且也出现了一种人类学的扩展，作为列维-斯特劳斯神话研究的结果和其所延续的民间故事家普罗普的工作，后者是最重要的俄国叙事研究形式主义者之一。目前，法国在此领域的研究，是在高等研究院内大众通讯研究中心，以及在我的朋友和

---

① T. Todorov, *Théorie de la littérature*, Paris, Seuil, 1965.

同事格雷马斯的符号学—语言学小组中进行的。这种研究类型正在开始深入教学体系，特别是在 Vincennes。在国外，沿此方向的诸独立研究者主要是在俄国、美国和德国。我将指出一些研究成果，以便将它们加以协调：在法国，*Revue de Poétique* 期刊的出现（当然是在"诗学"一词的雅克布森的意义上）是在托多洛夫和热奈特（Gérard Genette）的指导下；在意大利的 Urbino 举办年度叙事分析研讨会；而最后，一个规模不小的"国际符号学学会"（即关于意指作用的科学）刚刚建立起来；它已有了自己的会刊 *Semiotica*，会刊将会经常研究叙事分析问题。

然而，目前这一研究比较分散，而且这种分散性，在某种意义上，对于此研究本身是具有建设性的——至少我是这样看的。首先，这类研究仍然是个人性的，但不是个人主义的，因为所要求的是一种<u>精细</u>的工作——对意义或文本意义的研究（因为这就是叙事结构分析），不可能与一种现象学的出发点相交叉——不存在某种读解意义的机器。当然存在有翻译机，但是这类机器如果能够翻译直指意义、直接意义，却显然不能掌握一个文本在涵指的、联想的层次上的第二意义。一开始，必然仍然是一种个人式的读解运作，而且在此层次上，一个"小组"概念，我认为，还是非常虚幻的。叙事结构分析，作为一个学科，不可能像生物学那样，甚至于不可能像符号学那样被对待：不应该存在标准的论述，一位研究者不可能用另一个人的名义发言。此外，这种个人式研究，在每一研究者层次上，均处于<u>过程之中</u>：每一研究者有其自身可能在变异中的历史，特别因为周围的结构主义历史，是一种加速发展中的历史：概念演变迅速，分歧迅即产生，争论突然趋于敌对，而这一切都会影响到研究的状况。

最后，我想大胆说，这是我真正相信的：因为我们在研究一种文化语言，即叙事语言，分析对于它的意识形态内涵是极其敏感的（而且我们对此必须了然于胸）。目前，所谓"结构主义活动"实际上是一个相当具有社会学性质的概念，并相当具有人为性质，因为它竟被人们看成了一个统一的学派。其实并非如此。至于法国结构主义，无论如何，在拥塞在同一结构主义篮子里的种种代表人物之间，存在着深刻的意识形态分歧。例如在列维-斯特劳斯、德里达、拉康或阿尔杜塞之间。因此存在有一种结构主义的分裂主义。而且如果我们要为其定位（虽然这并不是我此处想要做的），我相信，它是围绕着"科学"这个概念被凝结起来的。

我这样说是为了尽量防止失望，以及为了不必对一种科学方法过于期待，它不过勉强地算是一种方法，却肯定不是一门科学。在我们来谈此处讨论的《使徒行传》文本之前，我想先提出三个一般原则，它们应当被一切今日关心叙事结构分析的人所承认。此外，我还将增加有关分析的运作配置法的讨论。

一、一般原则和分析配置

（一）形式化原则

此原则也可称作<u>抽象原则</u>，它来自索绪尔关于语言结构和言语的对立。我们认为，每一叙事（我们应记住，在世界上和在世界历史上，以及在世界各国历史上，人类制作的叙事作品数量不可计数），在此显然五花八门的叙事总体中的每一则叙事都是索绪尔意义上的言语，一种一般叙事语言结构的信息。这种叙事语言结构（langue du récit）须在语言学家严格意义上的语言结构之外定位。诸民族语言结构的语言学（叙事在其中出现）止于句子，句子成为语言学家能够处理的最后单元。超出了句子，结构不再相关于语言学，而是相关于第二语言学、超语言学，这正是叙事分析的场所：在这里若干句子结合在一起。那么接下来该如何呢？我们还不知道；而很长时间以来我们曾认为是亚里士多德和西塞罗的修辞学为我们准备了相关知识。但是那种修辞学概念已经过时，因为它主要是规范性的。然而，古典修辞学虽然衰退，但还未被取代。语言学家们还未敢于承担这一任务。本维尼斯特对此课题一如以往那样锐利地提出过一些建言。也有一些美国学者关心言语分析，但是这门语言学还有待于建立。而且，叙事分析，叙事语言结构，至少我们可以假设说，属于一门超语言学（trans-linguistique）。

我们企图按其建立一种叙事语言结构的这一抽象原则，实际上导致了：我们不可能、不希望分析一个文本本身。然而我们必须如此做，我将讨论的正是一个单一文本：我这样做不免有些尴尬，因为古典叙事分析态度并不思考孤立文本问题。就此而言，叙事结构分析和传统上所说的文本说明之间，存在着根本分歧。对我们来说，一个文本，是一个相关于语言结构的言语，一种涉及一个代码的信息，以及涉及一种"潜能"的"实行"——所有这些词语都是语言学家的词语。叙事结构分析，基本上，在构成上，则是比较的：它寻求形式，而不是内容。在我讨论《使徒行传》时，目的不是要说明该文本，而是要以一名研究者身份处理此文本，其任务将是把材料结合起来，以便构造一部语法。为此，语言学家必须把句子结合起来，形成一个"语句总集"（corpus）。叙事分析家面对的任务也是一样，他必须把诸叙事结合起来，形成一个"叙事总集"，以便设法从中抽取出一个结构来。

(二) 适切性 (pertinence) 原则

这第二个原则的根源来自音位学。音位学和语音学对立，它不研究每一语言结构内发出的每一声音的内在性质，即声音的物理和声学性质，而是确定一个语言结构内声音的区分性，因为这些声音区分相关于意义区分，而且，这里所说的正是适切性原则。我们企图发现，通过内容区分所验证的形式区分，其区分结果就是适切的和不适切的特征。我想在此先进行一个说明，举出一个例子，并提出一个警告。

首先是关于词的意义的一个说明：在叙事分析中，我们不企图发现所谓的自足的所指、词汇学的所指，即该词通常意思上的意义。我们称"意义"(sens) 是任何类型的文本内的和文本外的一种相互关系，即叙事的某种特征，它指涉着为了读解叙事所必需的叙事之另一成分，或文化的另一场所：即一切类型的头语重复 (anaphore)、预先指涉 (cataphore)，简言之，"字词重复"(diaphore) (如果允许我使用这个词的话)，一切联系点、一切聚合体的和组合段的相关关系、一切意指作用现象以及配置现象。让我再重复一次，意义并不是一个充分的所指，像我们可从一部词典甚至于一部叙事词典中发现的那样。它基本上是一种相关关系，或者是一种相关关系中的词项，一个相关项 (corrélat)，或者是一种涵指关系。意义对我来说（这是我在研究中看待它的方式）基本上是一种引述 (citation)，即一种代码的出发点，也就是使我们能够假定一个代码、蕴涵一个代码的东西，即使这个代码（我将再讨论此概念）未曾或未能被加以重组。

接着是一个例子：对于叙事结构分析来说，至少对我而言（虽然对此不无争论），翻译问题不是系统地适切的。于是，在有关哥尼流和彼得所获异象的故事中，翻译问题只在某种限度内才与我们的分析有关：也就是只在翻译的差别关系到结构的改变时，即关系到一组功能的改变或一个片段的改变时。让我举一个例子，也许不算太严格：我们来看在《使徒行传》文本中的两段翻译。对于第一段，我要感谢埃德加·奥洛特（Edgar Haulotte）的可贵助益，他的有关《使徒行传》第 10 章第 2 节的翻译如下：

Dans sa piété (il s'agit de Corneille) et sa révérence envers Dieu, que toute sa maison partageait, il comblait de largesses le peuple juif, et il invoquait Dieu en tout temps.[1]

我开始根据（18 世纪）勒迈特·德·萨西（Lemaistre de Sacy）的文辞也颇典雅的旧译本来研究这段文本（不涉及任何翻译问题）。同一段落文字如下：

Il était religieux et craignant Dieu avec toute sa famille, il faisait beaucoup d'aumônes au peuple, et il priait Dieu incessamment.

我们可以说，这两段译文中几乎没有相同的词语，句法结构也完全不同。但是，就此例而言，这根本没有影响相关代码和功能的分配，因为此段的结构意义在两种翻译文本中完全相同。牵扯到的只是心理上的、性格上的，甚至更准确说，福音派教会类型的一个所指，因为福音书使用着某种完全编码的聚合体，它是一种三项对立关系：受割礼的/未受割礼的/畏惧上帝的。这些词项形成了第三范畴，它是中性的（如果可以使用这个语言学名词的话），而且正

---

[1] 参见文前中译文。——中译者注

位于此文本的中心：此处与讨论相适切的是聚合体，而不是被修饰的句子。

　　反之，如果我们在其他方面来比较，奥洛特神父的译本和萨西的译本就出现了结构性差异：在前一种译本中，天使没有在差遣他去寻找他以后说出哥尼流应当问彼得的话。在后一种译本中（第6节），有"他将告诉你你应当做什么"。在一者是项目的"欠缺"，在另一者是项目的"出现"。我坚持的事实是，两种译本的差别具有一种结构值，因为天使训示片段改变了。在旧译本，天使训示的内容被规定了，存在着一个在所宣布者（彼得的使命，一种言语使命）和将发生者之间协和一致的愿望：<u>彼得将有一发言</u>。我并不清楚此译本的起源，也对此并不关心。我所见的只是，萨西的译本将此信息的结构合理化了，而在另一译本中天使的训示却未被说明，它是空的，并因此强调了哥尼流的忠诚，后者可以说盲目地遣人去寻彼得却不悉原因。在奥洛特的译本中欠缺了前者具有的一种特征说明，它制造了某种停顿，增强和强调了叙事的停顿，而在萨西译本中则无此情况，该译文于是较少具有叙事性，从而增加了合理性。

　　最后提出一个提醒和一个<u>警告</u>：应该怀疑文本描述的<u>自然性</u>。在分析一个文本时，我们必须不断抵制表面上的印象、抵制所写者皆"自然如是"的感觉。然而，每一种陈述，不管多么琐碎平常，在信息沟通的心理检验中，都应该根据相关结构加以评估。在面对一个描述、一个句段时，我们应该时时想到，如果该特征未被描述或有不同的描述时，会发生什么。优秀的叙事分析家应该有一种<u>反文本</u>（contre-texte）想象力，一种对文本偏离的、对叙事上稀奇古怪内容的想象力。他应当对逻辑的、叙事的"畸形"具有敏感性。因此我们应当放心承受分析具有的那种往往相当平凡、枯燥并显而易见的特性。

(三) 多元性原则

叙事结构分析（至少我所设想的那一种）并不企图确定文本的"特定"意义，甚至并不企图确定文本的"某一"意义；它根本上不同于语史学类型的分析，因为它企图追溯我可称之为文本的几何学位置、意义位置、可能意义位置的东西。正如一种语言结构是字词的一种可能性（一种语言结构是一定数量字词的、实际上无限数量字词的可能位置），所以在叙事语言结构中，分析家想要确定的东西，是意义的可能位置，或者再一次说，是意义多元性或作为多元性的意义的可能位置。当我们说分析家探索或规定作为一种可能性的意义时，并不是指一种随意的倾向或选择。对我来说，无论如何并不存在有关自由决定可能性的真理条件问题，并不存在一种语史学的不可知论问题。我并不把<u>意义的可能性</u>看做一种某一<u>确定意义</u>之随意的、自由的前提。对我来说，意义不是一种可能性，不是<u>一种</u>可能的东西，它就是<u>可能性的存在本身</u>，此即多元性的存在（而不是一种或两种、多种可能性）。

在此条件下，结构分析不可能是一种解释方法；它并不企图解释文本，或为文本提出可能意义。它并不追随朝向文本真理、朝向其深层结构、朝向其隐秘处的一种"奥秘学式的"（anagogique）路径。因此它根本不同于所谓的文学批评，后者是一种马克思主义类型的或精神分析学类型的解释性批评。文本的结构分析不同于这些批评，因为它并不探讨文本的隐秘：对它来说，一切文本之根茎部分都显露在空气中。它无须挖掘这些根茎以便找出其中的<u>主根</u>。当然，如果在一文本中存在有一种意义，一种单义性（monosemie），如果存在有一种奥秘学过程（这正是我们研究的《使徒行传》文本的情况），我们将把此奥秘学性质看作一个文本代码，它与其他代码并列，并由该文本如是呈现。

(四) 运作配置 (distribution)

我偏爱"配置"这个词，而不喜欢更使人生畏的词：方法。因为我并不肯定我们是否具有一种方法；而在研究中存在有许多应该一提的运作配置法。在我看来（这是一种个人立场，并非是不可改变的），如果我们研究一个单个文本（在我所谈的比较研究之前，此比较研究正是古典结构分析的目标所在），我们应当预期有三种运作。

1. 文本切分（Découpage）

即材质性能所指的切分。在我看来，这种切分是完全任意性的。在研究的某一阶段，这种任意性并无任何不方便之处。它是一种形成文本架构的方式，可提供据以继续研究的陈述片段。但是，正是对于《新约》来说，以及对于整部《圣经》来说，这一工作已经完成，因为《圣经》已被切分为"节"（对《古兰经》来说即划分为"篇"）。节是极佳意义工作单元，因为它关系到对意义、对相关关系的拣选，章节的"筛孔"也大小适当。此外，我非常感兴趣的是了解节的切分来自何处，是否相关于"言语"的引述性质，即什么是圣经言语的引述性质与节之间的准确联系，即结构性联系。对于其他文本来说，我建议把我们研究的陈述片段称作"读解单位"(lexie)，即读解之单元。对我们来说，一个节就是一个读解单位。

2. 代码清单 (inventaire)

在文本内引述的代码。清单，集合，定位，或者如我刚才说的，"提取"(écrémage)。读解单位接着读解单位，节接着节，我们企图对意义（在我给予的意义上），对相互关系或对出现在此言语片段内的代码，制定清单。在我研究若干相关的节时，将再来谈这个问题。

3. 协调作用 (coordination)①

建立诸单元的、诸相关功能的协调关系，这些单元、功能往往是分离的、叠加的、混合的，或者甚至是编织在一起的。因为一个文本，正如字词的字源学所解释的，是一种肌理，一种诸相关项的织物，它们可以由于来自其他组合中的其他相关项之插入而彼此分离。存在有两种主要的相关关系类型：内在的和外在的。对于那些内在于文本的成分而言，可举下例：如果人们对我说，天使出现了，<u>出现</u>这个词项的相关项必然是<u>消失</u>。这是一种文本间的相关关系，因为<u>出现</u>和<u>消失</u>存在于同一叙事中。如果天使不消失的话，严格来说，这将是一个叙事纰漏。所以，我们必须注意<u>出现/消失</u>片段，因为它相关于可读解性（lisibilité）：某些成分的出现是<u>必需的</u>。还存在有外部的相关关系：话语的一个特征可以指涉区分性、超片段和作为整体性表达的"全体"，如果可以这样说的话，后者高于文本。一种陈述的特征可以指涉一个人物的整体特征，或者指涉一个场所的整体氛围，或者指涉一种奥秘学的意义，正如在我们的文

---

① 或译作协调关系。——中译者注

本例子中所见，它涉及将异教徒纳入教会的问题。一个特征甚至可以指涉其他文本：于是出现了文本间性（inter-textualité）这个最新概念，它是最近由克莉斯特娃提出的。[①] 文本间性意味着一种陈述的特征指涉着另一个文本（在该词的几乎无限的意义上）。因为不应该把一个文本的根源（它只相当于此"引述"现象的微型版）和这样一种"引述"混为一谈，此引述表达是一种对无限文本、人类的文化文本的无限制性的指涉。它特别适合于文学文本，后者是由极其多种多样的定式表达所编织的，因此在文学文本中引述对于先前的或周围文化的指涉现象是极常见的。在所谓文本间关系内，应当包括其后到来的文本：一个文本的诸根源不只是在其前，也可能是在其后。这就是由列维-斯特劳斯令人信服地采取的观点，他说弗洛伊德类型的俄狄浦斯神话属于俄狄浦斯神话；如果我们读索福克勒斯剧作，我们必须把索福克勒斯读解作一种对弗洛伊德的引述；而且把弗洛伊德读解为一种对索福克勒斯的引述。

二、出现在《使徒行传》文本内的结构问题

我们现在来看《使徒行传》文本第 10 章。我担心你们的失望将要开始，因为我们即将进入具体内容，而且因为，在这些主要原则之后，我们的分析成果可能看起来会减弱效力。我将不会像我也许应该做的那样去一步步地分析文本。我要求你们直接接受以下事实——我是一名研究者，我在从事叙事结构分析研究——我打算分

[①] J. Kristeva, *Sèmeiotikè. Recherches pour une sémanalyse*, Paris, Seuil, 1969.（"*Points*"丛书，1978）

析大约100、200或300个故事，由于某种原因，出现了有关哥尼流异象的故事。这就是我在做的工作，而且对此而言我并非特别擅长。这个工作通常要花费若干天时间：我会逐节、逐"读解单位"地来分析故事，而且我会收集一切意义、一切可能的代码，这会花费些时间，因为有关相关关系的想象不是直接易见的。一种相关关系需要加以探索和加工，所以这会花费些时间和耐心。所以我将不会在这里做这样的工作，而是使用《使徒行传》中的故事来提出（按我的观点）出现在此文本中的三个主要的结构问题。

（一）代码的问题

我说过，意义是代码的起点、代码的引述。如果把我们的文本与一个文学文本相比较（我不久前刚刚详细分析了巴尔扎克的一部小说），显然此处的代码没有如许繁多，而且内容比较贫乏。它们的丰富性或许在全部新约中会表现得会更充分些。我将企图确定代码，如我在最初几节（1到3节）中所见（我可能忘记了一些）的代码，而且我将把文本中具有的最重要的两个代码暂置不论。

（1）"在凯撒里亚有一个男子，名叫哥尼流，是个军官，隶属的军队叫做意大利部队。"在此句中，我看出4个代码。首先是公式"曾经有"，在文化上它指涉（我在此不根据圣经释经学而是以一种一般的方式来谈论）一个我将称之为<u>叙事代码</u>的代码：这个以"曾经有"开始的叙事，指涉一切叙事的开端。在这里让我们简短地谈一点题外话：话语的开端问题是<u>重要的</u>，对此，古代的和古典的修辞学，在聚合体水平上，已经清楚地认识和详细地讨论过。修辞学已经为话语的开端奠定了极其专门的规则。在我看来，这些规则联系于一种感觉：在人性中有一种天然的失语症，说话困难，也许没什么可说，而且因此要求一整套去发现应说什么的假定和规则：invenire quid dicas。开端是一个会出毛病的话语领域：言语的开始是一种困难的行动。它是沉默之解脱。在现实中没有理由说，从这里比从那里开始要更可取。语言是一个无限结构，而且我相信正是这种语言无限性的感觉，出现在一切言语开端定式中。在前荷马的远古时代，行吟诗人，演唱人，按照一种仪式化公式如此开始叙事："我从这一点开始我们的故事……"；他因此指出他意识到他的切入点的任意性。"开始"，就意指着完全任意地进入一种无限性过程中。所以叙事开端的研究是重要的，不过研究还未开始。我多次向学生建议把小说开始句作为论文课题：这是一个很好的主题。我的建议未被接受，但我知道这类研究已在德国开始，那里甚至有关于小说开端的一种出版物。从结构分析的角度看，有趣的是知道在开端处隐含的信息是什么，因为并无任何信息在这种话语位置之先。

（2）"在凯萨里亚……"这是一个地学（topographique）代码，相关于叙事中有关地点（lieux）的系统性组织。无疑存在有一种联想律（或然性规则），一个关于地方的叙事功能性：在这里我们看到一个聚合体，一个在凯萨里亚和雅法之间的意指性对立。两个城市之间的距离对应于一种时间的距离：一个典型的结构问题，因为这是一个按照某种尚待探讨的逻辑提出的有关相符性（concordance）、相伴性（concomitance）的问题，此逻辑初看起来属于"可能发生的"（vraisemblable）[①] 逻辑。这个"地学代码"应当在文本的其他地段发现。地学代码显然是一种文化代码：凯萨里亚和雅

[①] 或译"似乎为真的"。——中译者注

法，它们包含着一种读者方面的因素，也就是认为读者自然地应当具有这种知识。再者：如果我们在叙事语言结构中，包括了我们在现代读者情境中接受叙事的方式，我们就在此指涉着凯萨里亚一词的一切"东方性"含义，就指涉着我们纳入此词中的一切，如由于其后在拉辛或其他作家中所阅读到的一切。

相关于地学代码的另一讨论是：在第 9 节，我们看到这个代码的一个特征："彼得上房顶。"在此，地形引述，在叙事内具有一种非常有力的功能，因为它确定了如下事实的合理性：彼得没有听见哥尼流差使的到来，因此天使的声明是必要的："有三个男子在找你呢"①。地形特征成为一种叙事功能。我借此来提出一个重要的文学叙事的问题："房顶"主题既是地学代码中的一项，地学代码是一种文化代码中的一项，后者指涉一处居住地，在那里有带屋顶凉台的房子；"房顶"主题也是我称作"行动位"（actionnel）代码的一项，即有关行动之代码、行动系列之代码：在这里也就是天使的介入。再者，我们可以把此宣示与象征领域相联系，因为房顶是一高处，因此蕴涵着一种"上升"象征，如果升高与文本的其他项处于对比关系中的话。于是，关于房顶的描述对应着三种不同的代码：地形的，行动的，象征的。但是，某种意义上成为叙事特性的基本法则之一是，此三种代码以一种不可决定的方式呈现着：我们不可能决定是否存在有一种主代码，而且此不可决定性，在我看来，构成了此一叙事，因为它规定了故事讲述者的实行。"好好讲一故事"，按照古典可读解性，这就是使得一个代码可以永远作为

---

① 此句为所引中译本的第 19 节内的一个分句，其法译本中该分句直译是："有两个男子在找你"。The Jerusalem Bible 英文版此句直译为："有几个男人来看你。"——中译者注

另一代码的自然替代物而呈现，这样，一种代码造成另一种代码的自然化。换言之，对故事来说是必然的东西、使其处于话语机制内的东西，似乎是由现实、所指者、自然所决定的。

（3）"一个男子，名叫哥尼流……"（10—1）在此出现的代码，我将称之为<u>专有名词</u>（onomastique）<u>代码</u>，因为它是关于专有名词的代码。晚近研究使专有名词问题重新受到关注，而此问题从未真正被语言学家提出过。这些研究由雅克布森及列维-斯特劳斯所完成，后者在《结构人类学》（1958）中用了一章来讨论专有名词分类问题。在文本层次上，本研究将不会充分予以展开，而从一种叙事语法角度看，专有名词代码显然非常重要。

（4）"隶属的军队叫做意大利部队"（10—1）：此代码，是一种常见的<u>历史代码</u>，它包含着一种历史知识，或者，当涉及所指者同时代的读者时，还包含着政治的、社会的、行政的各种信息。这就是文化代码。

（5）"是正义而又畏惧上帝的人，全犹太国族都赞赏……"①（10—2）此处有我称之为<u>意素</u>（sémique）<u>代码</u>的代码。意素，在语言学中是一种所指单元，而不是能指单元。我把涵指的所指组合，称作意素代码（在此词目前的意义上）。如果我们以心理学方式读解此文本之涵指，它可能指"具有个性"之意（于是，关于哥尼流的具个性之所指，即指涉其心理性格），或者仅只是结构性的，如果我们按奥秘学的方式读解文本，"畏惧上帝"范畴并无一种心理值，而是在福音书的对话者分布中具有一种严格的关系值。

---

① 本句之法译本和相应中译本字句有异。此处照录中译本文句，仅作示意表达。——中译者注

（6）在此节中同样也有一个修辞学代码，因为它是建立在一种修辞学图式之上的，即涉及一种一般命题、一个所指：虔诚；正如古典修辞学所说，它由两个"例示"（exempla）所构成：慷慨和祷告。

（7）"他在异象中清楚看见……"（10—3）。在此我们有一个极其重要的代码之词项，对此我们以后会再谈，而且我暂时称之为行动位（actionnel）代码，或行动（action）系列之代码。在这里，行动是指"在异象中看见"。稍后我会再回到这个问题。

（8）"大约第九小时……"（10—3）这是时序代码；文本中有对它的若干引述。我将提出和在讨论地学代码时同样的论述：这个代码与或然性、与"似乎可能性"相联系。圣灵调节着两种异象的同步性：时序代码具有一种结构的重要性，因为从叙事观点看，两种异象必须相符。对于小说研究来说，这种时序代码显然非常重要。而且我们必须进而想起列维-斯特劳斯把时序作为有关历史时间问题的代码加以研究。

（9）"他在异象中清楚看见上帝的天使进来，对他说：'哥尼流！'……"（10—3）我把此处出现的代码，按照雅克布森的分类学称作接触①代码（此词来自希腊词 phasis：言语）。实际上，雅克布森区分了6种语言功能，其中陈述的接触功能或接触功能组，是人们在与对话者接触时加以肯定、主张或改变的。于是，存在有这样的语言特性，它们不像信息似的有内容，而是起着一种改变称呼的作用（最好的例子是电话中的"Hello"，它用于开始接触并往往用于维持接触：这就是接触代码的一个特性）。于是称呼特性来自

---

① phatique，或译"交际"。——中译者注

接触代码，它是一种被一般化了的称呼语。稍后，我们将把"这个已重复了三遍"这样的一种表达，纳入此代码内。因为我们可把此描述解释为一种有关在天使和彼得之间、在圣灵和彼得之间的重复性、坚持性、沟通性的特征，即接触代码的特征。

（10）稍后可能从句子"亚麻布……缒到地上来"（10—11）中，看到一种象征领域的引述（我倾向于说象征领域，而不说象征代码），即基于一种"上升"象征主义的能指之组织。象征意义显然是重要的：在叙事的层次上和通过一种能指的设定，此文本组织着关于一种违规（transgression）的陈述；而且，如果此违规应当按象征的方式加以分析，这是因为它是一种与人的身体相联系的违规方式。按此观点，这是一个杰出文本，因为文本中被研究和被推荐的两种违规方式，都是身体性的。一种相关于食物，另一种相关于割礼。而这两种违规，的确是身体性的也就是象征性的（在此词的精神分析学意义上）违规，在文本中被明确结合起来，因为食品违规，被用作一种朝向割礼排除法则的引导或者示范，如果可以这样说的话。此外，一种象征描述将不会保持我刚才在两种违规中间提出的等级结构。这种逻辑等级结构是由文本的类比所给予的，此结构就是文本本身想要赋予其叙事的意义。但是如果我们想要以象征方式"解释"该文本，我们就无须将食物违规置于宗教违规<u>之前</u>，我们就会企图辨析，在文本的奥秘学构造背后的一般违规之<u>形式</u>是什么。

（11）至于我刚才谈过的<u>奥秘学式</u>（anagogique）代码，这就是准确表达文本意义的一切特征所指涉的系统，因为此处文本表达着和宣布着其自身的意义——情况并非总是如此。在当前文学文本中不存在奥秘学式代码：文本不表达其深层意义、其隐在意义，而且此外这也因为情况是，批评家不可能掌握此类意义。有好几次，引述表明来自奥秘学式代码，像在彼得设法对自己说明他经历过的异象之可能意义时；或者是在耶路撒冷社区内关于意义的讨论，以及通过此意义而获得平息。因此，奥秘学的意义是文本所给予的：这就是将未受割礼者纳入教会。或许我们应当将涉及好客问题的一切特征，联系到此代码上：它们也属于此奥秘学式代码。

（12）最后一个重要代码是元语言代码：这个词指示着一种谈述另一种语言的语言。例如，如果我在写一本法语语法书，我就形成了一种元语言，因为我在说着的一种语言（langage，即我的语法）是有关于另一种语言结构（langue）（法语）的。所以元语言是谈论另一种语言的一种语言，或者其所指者是一种语言或一种话语。但是，此处重要的是，元语言片段是重要的和大量的：它们是构成文本的四五种"概述"（résumé）。一个概述是一个元语言的片段，即一个元语言代码的特征项——这里有一种叙事所指者，一种语言所指者——哥尼流的异象，彼得的异象，两种异象，基督的历史……存在有四种"叙事所指者"（récits référents）。于是，按照以下不同的接收者，出现了元语言的重复：

——使者向彼得概述给予哥尼流的命令；

——哥尼流向彼得概述其异象；

——彼得向哥尼流概述其异象；

——彼得向耶路撒冷社区概述这两个异象；

——最后，彼得向哥尼流概述基督的历史。

我将返回此代码。但是现在我想谈一下另外两个重要问题，它们对应着文本中两个特殊的或分离的代码。

（二）行动代码

此代码指：由出现在叙事中的行动者所承担或承受的行动组织；它是一种重要的代码，因为它涵括着文本中在我们看来似乎是真正而直接具有叙事性的一切，即所发生之事的关系，后者通常按照一种既是因果性也是时间性的逻辑来呈现。这个层次直接引起研究者的注意。普罗普建立了民间故事的主要"功能"，即我们在几乎一切俄国民间故事叙事中极少变异地发现的那种经常性、规则性的行动。他的图式（假定着大约 30 种行为的序列）由列维-斯特劳斯、格雷马斯和布雷蒙所采取并加以修正。我们可以说，今日叙事行为的"逻辑"，按照若干相关而不同的方式被理解着。普罗普把叙事行为序列看作非逻辑性的，对他来说，这是一种不变的、规则性的"无内容"序列。列维-斯特劳斯和格雷马斯假定，这些序列应该被赋予一种聚合体结构，并被重组为对立连续体。在此，例如，（字面上的）最初胜利与其（最后）失败相对立——一个中间项使它们在时间上中立化——这就是"对峙"（affrontement）。布雷蒙则企图重构一种行动替代逻辑，每一"情境"都在某种方式上是"可解决的"，而每一解决都产生着一种新替代者。我个人倾向于一种文化逻辑概念，它不诉诸任何心理材料，甚至于不诉诸人类学层次上的材料。对我来说，叙事行动序列具有一种只来自"已写出"者（déjà-écrit）内的，即简言之来自定式（stéréotype）表达内的，逻辑假象（apparence logique）。

这样说明之后，并以某种方式将其组织之后，让我们看我们的文本中出现的两个行动序列例子。

（1）一种问题/回答形态的初级序列，带有两个核心：彼得对使者提出的问题/使者的回答;彼得要求哥尼流给予说明的要求/哥尼流的回答。同样的图式可以复杂化而不失去其结构:扰乱人的信息/社区提出的启蒙要求/彼得给予的说明/社区的安心。我们可以注意,正是因为这些序列如此平常,它们才是令人感兴趣的;因为它们的平凡性证实了:所涉及的是一种几乎具有普遍性的限制,或者说,一种叙事语法规则。

(2) 一个发展的序列,带有若干核心——这就是寻求(哥尼流的使者寻求彼得)——出发/寻求/到达一个地点/询问/获得/带回。某些词项是可替代的(在其他叙事中):带回在别处可以被谴责、放弃所取代,诸如此类。

按照一种"逻辑—时间"结构所构成的行动序列,是按照一种复杂秩序呈现在全部叙事中的:同一序列的两词项,可被属于其他序列的词项之出现所分离。诸序列的这种交织形成了叙事织体(tresse)〔我们不要忘记在词源上文本(texte)意味着编织〕。在此,交织作用(entrelacs)相对简单:存在有某种叙事的简单性(simplisme),而且这种简单性源于诸序列的纯粹简单并置(它们不是错综复杂的)。再者,一个序列的词项其本身只能代表一个子序列(控制论学者将其称作一个"brique"①)。天使序列包含着四个词项:进入/被见/沟通/动身;这四个词项之一的"沟通",构成了一个其本身由诸第二词项(质问/要求/选择的理由/询问内容/实行)组成的秩序(命令)。在某种意义上,一个行动序列由一个词项在

---

① 一些巴尔特研究者和译者对作者用此词(直意为"砖")表示信息单位的想法,理解不一。法文词典中无此用法。一种看法是作者为英译者所误,英译者误用此词译 byte;另一种看法是作者特意用此词比喻信息过程中的子程序。本书德译本照录法文,本书英译本改译为 bit。——中译者注

另一个行动序列中代替它：问候/回答。这个序列片段代表着一定的意义（"我也是一个男人"）。

这些表述形成了这样一种分析运作的略图，对此，一种叙事行动位层次必须遵行之。这样的分析往往是徒劳无功的，因为诸序列呈现了一种予人以显然性之印象，而其认定似乎平淡无奇。我们也应始终明确，此平淡性，在构成我们的叙事之正常性时，要求对一种重要现象进行研究，对此我们所知甚少：为什么一则叙事是可读解的？其限度为何？如何、为何一个故事在我们看来是具有意义的？在面对正常序列时（如此处叙事的序列），我们须永远想到逻辑上荒谬的序列的可能性，不管是由于其荒诞还是由于其欠缺一个词项：这样就出现了可读解语法。

(三) 元语言代码

我从《使徒行传》这段文本中引出的最后问题，相关于我所谓的元语言代码。如我说过的，当一种语言谈论另一种语言时，元语言就出现了。这就是概述（résumé）的情况，概述是一种元语言行为，因为它是以另一段话语为所指者的一段话语。但是，在我们的文本中，存在有四个"文本间概述"，而且还有一个在文本外的概述，因为它指涉着全部福音书，即指涉基督生平。

——哥尼流的异象，被哥尼流的使者对彼得以及哥尼流本人对彼得重复着，概述着；

——彼得的异象被彼得对哥尼流重复着；

——这两个异象被彼得对耶路撒冷社区重复着；

——最后，基督的故事，可以说，被彼得对哥尼流和对哥尼流的朋友概述着。

1. 概述 (résumé)

如果，在面对文本时，我位于一般研究角度，我将按照叙事之概述、按照叙事的元语言结构所组织的问题框架，来对其进行分类。从语言学说，概述是一种无字母的引述，一种内容之引述（不是形式之引述），一种指涉另一陈述之陈述，但是其指称不再是直意的，而是指涉着一种结构化活动。有趣的是，一个概述组织着一种在先的语言，而后者本身已经是被组织了的。在此，所指者已经是一个叙事（而不是"现实"）：彼得对耶路撒冷社区所概述的只是表面上的现实；实际上，它是我们按照一种零叙事（récit zéro）已经知道的，零叙事即文本实行者的叙事，似乎即是《路加福音》。因此，从有关概述问题的观点看，我们关心的是理解：在初次叙事（récit princeps）、零叙事及其所指者（即所谓叙事的真实质料）之间，是否确实存在间隙。是否确实存在着一种前叙事（pré-récit），它或许是现实，即绝对的所指者；然后是一个叙事，它或许是路加的故事；然后是一切参与者的叙事，可将其计数为叙事 1, 2, 3, 4 等等？实际上，从《使徒行传》的叙事，从《路加福音》的叙事，到假定的现实，我们今日应该说存在有一个文本对另一个文本的关系。正是在此存在有一个重要意识形态问题，它也许较少在研究领域被提出，而更多在关心写作实践的群体中被提出。它是一有关"最后所指"的问题：一个文本是否某种意义上有一最后所指？而且在将文本之结构移除后，我们是否在某一点上达到最后所指，达到在现实主义小说中的"现实"呢？

德里达的哲学研究以一种革命的方式讨论了这个最后所指的问题，假定着在此世界上归根结底除了一种"写作的写作"之外别无他物：一种写作最终永远指涉着另一写作，而且记号的境界在某种意义上是无限广的。因此,通过假定一个最后所指来描述意义系统,就是采取违背意义本身性质的一种立场。这一思考今日既非在我关注之内,也非在我能力之内。然而你们使我在此专注的这个领域,即圣经,是一个特别相关于此问题的领域,因为一方面,从神学上说,其中的确假定着一个最后所指:形而上学的问题或者神学的语义学定义的问题,正在于假定此"最终所指"。而另一方面,圣经概念本身,圣经被称作 écriture(写作)一事,会使我们对此问题的理解更加模糊,似乎实际上,也是在神学上,所谓基础,最初就是指写作,而且永远是一种写作。

2. 催化（catalyse）

无论如何,通过诸概述使能指移除的问题,对于一种现代文学理论来说是非常重要的,这些概述似乎像在镜子中似的相互辉映。我们的文本,在此类移除中、在概述中,极其丰富,这些概述就像是在镜中相互反射,彼此形成层次。在此存在着一种尚未充分研究过的有趣的结构问题:这就是所谓催化问题。在叙事中存在有若干必要性层次;概述表明人们可以移除或增加的是什么:因为一种故事总是坚守着其概述,即我们可以"填充"此故事,由此产生了催化一词。我们可以说无概述的故事,"整体（intégral）故事",乃是一种概述态（état résumé）的催化阶段（étape catalytique）。在空结构和实结构之间存在有一种填充关系,而且此一运动关系应当加以研究,因为它说明了结构的作用。在一定的层次上,一种叙事有如一个句子。原则上一个句子可被无限催化。我不记得哪位美国语言学家（乔姆斯基或其学派中某人）说过这样富有哲学意味的话:"我们说来说去只在说一个句子,这个句子直到死亡时才被截止……"句子的结构是这样的，你可以永远增加字词、形容词、附属子句，或者其他主句，但永远不能改变该句子的结构。最后，如果我们今日能够如此重视语言，正因为语言，如同现在所描述的，给我们提供了这样一个对象的例子，它既是有结构的，又是无限的：在语言中存在有一种无限（在此词的数学意义上）结构的经验。而且此句子是"你可无限填充一个句子"之例子本身；而且如果你终止了你的句子，如果你结束了它们［这将永远构成一个修辞学的大问题（正如句段、结句等表示终止的标志概念所证实的）］，这只能是由于长度、记忆、疲劳等偶然性的压力，而永远不可能是由于结构的关系：没有结构的法则会迫使你终止该句子，而且你可以从结构上无限地开启它。概述的问题是同样的，当然也是在叙事的层次上。概述证明，一个故事在某种意义上是无限的：你可以无限地填充它，那么为什么要在此特定时刻停止呢？这正是叙事分析允许我们去探讨的问题之一。

3. 图示结构（diagrammatique）

再者，就我们的文本而言，概述和其多重性表达（对于文本的一小段有 5 种概述）的脱节意味着，对于每一概述来说，存在一个新的"目的环路"。换言之，使概述多重化，意味着使信息的"目的地"多重化。《使徒行传》中这段文本，在结构上，而且我也将简单地说，在现象学上，似乎是有关信息在其中实行紧凑多重化、分散化、散播化、曲折化的特优场所。

在上述四个连续层次上情况亦然。例如，天使对哥尼流的命令，似乎被表达为：一种给予的命令，一种被执行的命令，关于该执行的叙事。信息受者显然是相互替换的：圣灵与彼得沟通，并与哥尼流沟通，彼得与哥尼流沟通，哥尼流与彼得沟通，然后彼得与耶路撒冷社区沟通，最后与我们读者沟通。可以说，多数叙事是关于一种追求的叙事，在此追求中，一个主体欲求着或探求着一个客体（关于奇迹的叙事即如此）。按我的意见，此文本的结构起源性正在此，其根源不是追求，而是沟通，是"传递使命"（trans-mission）：叙事的人物不是行动者，而是传递之执行者、沟通和扩散的执行者。重要的是：我们以具体的方式以及所谓"技术的"方式看到，此文本呈现了我所说的一种相对于内容而言的图示结构。一种图示即一比例性类比〔此类比也是同义叠用的（pléonastique）的，因为希腊文 analogia 意味着比例〕；它不是一种"比喻性复制"（我们举人口学、社会学、经济学中的图示例子就足以对此说明），而是一种雅克布森所说明的形式：在语言活动中，图示是重要的，因为语言时时刻刻产生着图示比喻（figure）；它不可能按照一种完全的模仿作用（mimésis），以一种形式来直接复制内容，因为在语言形式和其内容之间不存在可比性；但是可能的是产生图示比喻。雅克布森为此提出了一个著名例子："诗学图示"（因为诗歌是图示的场所）是艾森豪威尔将军作为总统候选人时的竞选口号："I like Ike"。这是一个图示表达，因为字词 Ike 是被涵括在字词 like 的感情之内的。在句子"I like Ike"和内容之间存在有一种图示关系，即艾森豪威尔将军被涵括在其选民的感情之内。

这种图示结构可在我们的文本中见到，因为对于文本的内容来说——而且不是我们发明了内容，因为，让我重复一下，我们关心的是一种我称之为奥秘学的文本，它为自己提供着意义——此内容正是洗礼散播之可能性条件。而且图示即叙事通过概述的多重化而形成的散播。换言之，围绕着无限的、通俗化的沟通概念，存在有一种图示曲折化作用（réfraction diagrammatique）。归根结底，叙事借助图示化使其行动一事，即相关于此无限性观念。在如此窄小空间内的同一情节，将有四种概述之事实构成了一种有关恩爱无限性的图示形象。这种"无限性"理论，由一个使此概述之"无限性"被实行的叙事所给予。因此，文本的"主题"是信息的思想本身：对于结构分析而言，此文本以此信息为其主题，后者就是指语言的运作和沟通的运作。此外这是一个圣灵降临节的主题（文本中对此有提示）。其主题就是信息和语言的沟通和扩散。我们看到，从结构上说，哥尼流应该询问彼得的内容并没有说出来：天使没有对哥尼流说为什么他要差遣使者去寻找彼得。而且现在我们了解，我在开头时提到的这种欠缺之结构性意义是什么：实际上，这是因为信息即其形式本身，即其目的（destination）。最后，哥尼流应该问询彼得的不是真正的内容，而是与彼得的沟通。因此，信息的内容就成了信息本身；信息的目的，即未受割礼者，也就是信息的内容本身。

这些说明，看起来无疑是一种相对于文本的退却。我的辩解理由是，研究的目的本身不是对一个文本的说明或解释，而是对此文本的发问（以及其他），目的是建立一种一般叙事语言结构。虽然面临着讨论此唯一性文本的必要，我却既不能展开一般叙事结构分析，也不能为此文本进行详细的结构剖解：我在追求一种折中目的，并愿意承担这样一种决定所带来的失望。我进而进行细部的分析，将一个文本的结构资料略加勾勒，但如欲发现其全部意义，就必须将此资料和其他工作结合起来，并将此文本投入世界上的无穷无尽的叙事全体中去。

与天使摔跤
——《创世记》第 32 章 第 23~33 节的文本分析*

原文摘录：

23. 他夜间起来，带着两个妻子，两个使女，并 11 个儿子，渡过了雅博渡口，

24. 先打发他们过河，又打发所有人都过去，

25. 只剩下雅各一人。有一个人来和他摔跤，直到黎明。

---

* 载于：*Analyse structurale et Exégèse biblique*，1972. Labor et Fides，日内瓦。录自：*la Bible de Jérusalem*（Desclée de Brower）。

本段中译文仍录自前《圣经》版本，两版中此段文字的节序号有 1 位之差。即作者引用版中此段为第 23 节到第 33 节，所引中译本中此段为第 22 节到 32 节。译文中出现的节号为作者引用版的，对照相应《圣经》中译文时，应前推一位。——中译者注

26. 那人见自己胜不过他，就将他的大腿窝摸了一把，雅各的大腿窝正在摔跤的时候就扭了。

27. 那人说："黎明了，容我去吧！"雅各说："你不给我祝福，我就不容你去。"

28. 那人说："你名叫什么？"他说："我名叫雅各。"

29. 那人说："你的名不要再叫雅各，要叫以色列；因为你与上帝与人较力，都得了胜。"

30. 雅各问他说："请将你的名告诉我。"那人说："何必问我的名？"于是在那里给雅各祝福。

31. 雅各便给那地方起名叫毗努伊勒（就是上帝之面的意思），意思说："我面对面见了上帝，我的性命仍得保全。"

32. 日头刚出来的时候，雅各经过毗努伊勒，他的大腿就瘸了。

33. 故此，以色列人不吃大腿窝的筋，直到今日，因为那人摸了雅各大腿窝的筋。

充作我们分析之导引的说明——或提醒——实际上大部分是否定性的。首先，我必须承认，对于叙事结构分析，我将不会提供任何有关其原则、展望和问题的预先论述：这种分析肯定不是一种科学，甚至不是一种学科（它尚未被教授），而是存在于正在诞生的符号学领域内，它是一门正在开始被清楚了解的研究领域，以至于人们冒着予人啰唆的印象，会在每一新的分析开始时，提出一种预备说明。① 此外，此处提出的结构分析并未采用一种纯粹的方法。

---

① 关于此主题，参见上文（即本书第三篇起。——中译者注）。

当然我将基本上涉及关心叙事研究的一切符号学家所共同遵循的原则，而且，甚至于在结尾，我将指出我们的文本何以保持了一种相当古典的、甚至标准的结构分析。这种正统研究（从叙事结构分析角度看）将会更为合理，因为我们在此研究的是一种神话叙事，它可能经由一种口头传统而进入"写作"①。但是我将偶尔也允许我自己（而且或许不时私下里）朝向一种我比较驾轻就熟的分析方式，即文本分析〔"文本的"在此指目前的文本（texte）理论，即被理解作一种"意指性生产"，而不是指一种作为文字持有者的语史学（philologique）对象〕。文本分析企图在其区分过程中来"处理"文本——区分并不意味着存在于其不可表达的个性中，因为这种区分是被"织入"已知代码中的。对此分析，文本被纳入一种<u>开放</u>的网络内，此网络是语言的无限性，其本身的结构是无封闭性的。文本分析企图表达的，不再是有关文本<u>来自</u>何处的问题（历史批评），甚至于不再是它如何制作的问题（结构分析），而是它如何被分解、被探测、被散播的问题：它按照何种被编码的渠道<u>行进着</u>。最后，为了防止任何失望而提出的一个警告是：在以下分析中，并不存在结构的或文本的分析和圣经释经学之间的方法论冲突：对于释经学我根本无能为力。② 我将限于分析《创世记》第 32 章内的文本（传统上称作"雅各和天使摔跤"），似乎我处于一种研究的最初阶段（情况确实如此）：我在此提出的不是一个"结果"，甚至于不是一

---

① écriture，其开头字母大写时即法文"圣经"。——中译者注
② 我想向让·亚历山大（Jean Alexandre）表示感谢，他的释经学的、语言学的、社会历史学的学识，以及他的开放心态，均有助于我理解此处分析的文本；他的许多观点将出现在此分析中。只是担心曲解了他的意思，我才没有在每一场合对此加以确认。

种"方法"（方法一词将太过于雄心勃勃，它也会包含着一种我并未持有的文本"科学"观），而只是一种"处理方式"（manière de procéder）。

(一) 序列分析 (séquentielle)

结构分析一般包括三种分析类型——或三种分析对象——，或者换言之，包括三种任务：(1) 对叙事中出现的人物之心理的、传记的、性格的社会特性，进行编列和分类（年龄，性别，外部性质，社会处境或阶层等等）；从结构上说，这是指号 (indices) 之例（无穷无尽的种种描述和表现，用作传递一种所指——例如"焦虑"、"恩惠"、"权力"——对此，分析家用其元语言为之命名，并理解元语言词项可能明显地并不在文本中直接表现，即并不直接使用"焦虑"、"恩惠"等词；此处情况就是如此）。如果我们在叙事和（语言的）句子之间建立一种同态关系，指号就对应着形容词、修饰语（épithète）（不要忘记，此词本来是修辞学的一个修辞格）：我们可将此称之为指号分析。(2) 对人物的功能进行编列和分类：他们如何按照其叙事状态、作为一种经常性行动的主体的性质而行动：发送者，寻找者，被派遣者，等等；在句子的层次上，它对应着现在分词：这是行动位 (actantielle) 分析，格雷马斯第一次为其提出了一种理论。(3) 对行动进行编列和分类：这是动词的层次；这些叙事行动，如我们所知，被组织在序列内、系列内，它们显然是按照一种伪逻辑图示（这种逻辑是纯经验的、文化的，被容许取自古代经验，而并无说明理由）：这是序列分析。

我们将对文本进行实际上是简略的指号分析。演示的格斗被读解为雅各力量（在此英雄实录的其他片段中被证实的）的指号。此指号引导向一种奥秘学式的意义，它代表上帝选民（不可征服的）的力量。行动位分析在此也是可能成立的，但是因为我们的文本基本上由表面上偶然的诸行动所组成，对此片段最好直接进行一种序列的（或行动位的）分析，而仅只在末尾对行动位增加一些说明。我们将把文本（我希望这不至于扭曲此文本）划分为三个序列：(1) 渡越；(2) 格斗；(3) 命名或改变。

1. 渡越（第 23～25 节）

让我们马上给出此片段的序列图示。这是一个双重图示，或者至少可以说，"斜视的"图式（我们将马上看到要点之所在）：

```
I  动身          集合          渡越
   23            23            23


II 集合        使渡越        单独留下
   24           24            25
```

我们立即注意到，从结构上说，动身是一个简单的<u>开始运作项</u>（opérateur de début）。我们可以简略地说，对于<u>动身</u>，我们要理解的不仅是雅各上路，而且也是<u>话语上路</u>。叙事、话语、文本的开端都是最敏感的处所：<u>何处开始？</u> <u>已说者必须从未说者拉开</u>：由此产生了一整套关于起始标志的修辞学。但是，最重要的是，两个序列（或子序列）似乎处于重复态（这或许在那个时代的话语中习以为常：一则信息被给予和重复着。但是我们的任务是读解，而不是对文本进行历史的、语史学的判定：我们不是在读解文本的"真理"，而是读解其"生产作用"——后者不是其"决定作用"）。此外，矛盾的是（因为通常重复性用于对一则信息进行同态分析、阐明和确定），当我们在两千年的亚里士多德理性主义之后读解它时（因为亚氏是古典叙事的主要理论家），两个子序列的重复性创造了一种摩擦，一种可读解性方面的不协调性。序列图示实际上可以按两种方式读解：a. 雅各自己越过渡口——必要时须多次来回——，因此，摔跤发生在河流左岸（他从北方来），在他肯定渡河之后；在此情况下使人渡河应当被读解为：自己渡河。b. 雅各使人渡河而自己未渡河；他于渡河前在雅博的右岸摔跤，处于后卫的位置。我们不必期待真正的解释（我们的犹豫在释经学家的眼中或许看起来有些可笑）；我们宁可承受两种不同的读解性压力：a. 如果雅各在渡过雅博河前独自留下，我们就被引导去对此片段进行一种"民间故事性的"读解；的确，在这里神话的指涉占优势，这意味着一种斗争考验（例如，与龙或河神）被强加予英雄身上，在其克服困难之前，也就是，以便（pour que）他作为胜利者而能够克服困难。b. 反之，如果雅各（和他的部族）渡过了河。他一人留在河的右岸（此岸所属的国度，正是他想要去的），渡河就不具有结构的目的性（finalité）。另一方面，它获得了一种宗教的目的性：如果雅各是单独一人，这不再是为了调节和达成渡河，而是为了标志其孤独性〔这是熟知的上帝选民的差异性（ecart）〕。一种历史环境在此提高了两种解释的未决定性：雅各的问题是返回家园，进入迦南土地；穿越约旦，在当时比渡过雅博要更合理。简言之，我们面对着跨越一个中立位置。此跨越是"强型"的，如果雅各必须使自己战胜地方神祇；跨越是无所谓的，如果重要的是作为雅各标志的孤独性的话。不过或许在此存在有两种故事踪迹的混合，或者至少是两个叙事机制（instances narratives）的混合：其一，较具"古风性"（在此词的简单风格性的意思上），它使得渡河本身成为一种考验；其二，较具"现实性"，通过提及他穿越的地方（并未牵扯到其神话价值）来对雅各的旅行给出地理的说明。

如果我们将其后发生的事情，即格斗和命名，联系到这两个序列上，两种读解将在它的两个版本的每一个上面进行至终结。让我们再用图示法表达如下：

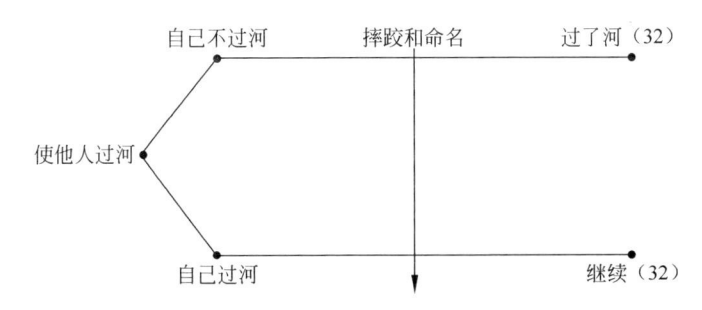

```
           自己不过河 ●    摔跤和命名    ● 过了河（32）
                    ╲          │        ╱
                     ╲         │       ╱
使他人过河 ●           ●─────── │ ──────●
                     ╱         ▼       ╲
                    ╱                   ╲
           自己过河 ●                     ● 继续（32）
```

如果格斗将"不过河"和"过了河"分离（民间故事性、神话性读解），名字的变化就对应着一切词源学的神话传说中的意图。反之，如果格斗仅只是在（沉思、选择之）不动性的一个位置和一种持续运动之间停止，名字的改变就具有一种精神再生的（"洗礼"的）价值。我们可以将所说一切概括如下，在第一个片段中，同时存在着序列的可读性和文化的含混性。神学家无疑为此未决性而烦恼；释经学家会承认它，希望某种事实的或论辩的成分能使其结束此未决性；如果我可以根据自己的印象进行判断的话，应该说文本分析家偏好两种可理解性之间的这种摩擦作用（friction）。

2. 格斗（第 25～30 节）

对于这第二个片段，我们必须再次从一种读解的困惑开始（我没有说一种怀疑）——我们知道，文本分析是基于<u>读解</u>而不是基于文本的客观结构的，后者则更为结构分析家所关心。这种困惑必然与指涉摔跤比赛双方的代词的可交换性有关：语言洁癖者会称之为混乱（embrouillé）的一种风格，但其含混性对于希伯来文句法无疑并未造成任何困难。谁是"某一个"呢？"他不能胜过他"（26节）中的"他"和"他曾说"（27）中的"他"相同吗？无疑，一切最后会被阐明，但要求一种三段论式的回溯的推理：你打败了上帝。但是，对你说话的他就是你打败的那个人。所以对你说话的他就是上帝。双方的同一性是间接的，可读解性是<u>曲折的</u>（由此有时产生了接近于误解的评论，例如"他和上帝的天使摔跤，而且战胜之，由此确信上帝在他这一边"）。

从结构上说，这种意义含混性，即使后来才会加以阐明，并不是没有意义的——在我们看来（我再次指出，这是指当代读者），这并不是对一种粗糙的、远古的风格表达之笨拙有所犹豫——因为它相关于格斗的一种矛盾结构（相对于神话中格斗的定式化表达而言的矛盾性）。为了按照其结构的细腻性领会此矛盾性，让我们来想象一下对此片段的一种意见性的〔endoxale，而不再是 paradoxale（矛盾性的）〕读解。与 B 摔跤，但不设法打败他；于是 A，为了取胜不顾一切，依赖一种特殊技术，或者是不合法的甚至被禁止的卑鄙伎俩（如在摔跤竞技中使用的"击前臂"阴招），或者是此攻击法并非不合法，却假定有一种秘密的知识，一种"窍门"（像是 Jarnac 现代拳击中的"一击"）；这样的一击，在叙事逻辑中一般说是决定性的，导致使用它的摔跤者获得胜利，此一攻击策略在结构上成为其对象的标志，不可能与其无效性一致：在叙事中的上帝的名义下，它<u>必须</u>成功。但是，在此发生的却正相反：这一决定性攻击策略失败了。运用它的 A 并不是胜利者：这是一种结构性的矛盾。于是这个片段采取了出乎意外的路径：

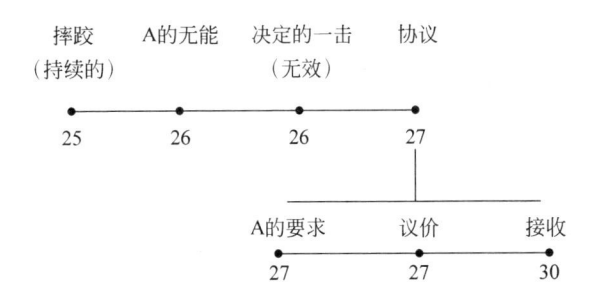

```
    摔跤      A的无能   决定的一击    协议
   （持续的）            （无效）
    ●────────●──────────●──────────●
    25        26         26         27
                                    │
              A的要求     议价       接收
                27        27         30
```

我们将注意到，A（从结构观点看，究竟是<u>某人</u>，<u>一个人</u>，<u>上帝</u>还是<u>天使</u>，并不重要），严格来说，并未被击败，而是<u>受挫</u>；因为此受挫被视为失败，就必须增加一种<u>时间限制</u>：到天亮（"黎明了"，27节）；此说明从第25节开始（"直到黎明"），但是这次是在一种神话结构的明显环境里：夜间格斗主题由于下述事实而在结构上变得合理，即在一定时刻，事先预见的（如太阳升起，如摔跤的延后）格斗规则将不再有效：结构的作用将终止，超自然的作用亦然（魔鬼在黎明消失）。因此我们看到，在一种"正规的"格斗中此序列确立了出乎意外的读解性，一种逻辑的突然性：兼具知识、秘密、特殊击法之人，却被击败了。换言之，序列本身，尽管完全是行动性的、完全是传奇性的，其作用却是使格斗双方失去平衡，不仅是通过一方对另一方的意外胜利，而且尤其是（让我们注意此突然的形式的微妙性）通过此胜利的非逻辑的、<u>颠倒的</u>特性。换言之（而且我们在此发现了一种语言学家熟悉的、显然是结构的词项），格斗，如其在其意外的结果内被颠倒的，<u>标志着格斗者之一</u>：较弱者打败了较强者，<u>以交换</u>（在胯骨上的）所标志者。

我们有可能（但是在此我们多少离开了纯结构分析而接近了文本分析，后者是一种不含意义<u>障碍</u>的观点）通过一种人种学类型的内容，来充实此（"不平衡"之）标志的图示。我们会再一次记起，这个片段的结构意义是：一种平衡之结构（最初的格斗）——此情境对于任何标志作用都是必需的：例如，伊纳爵教派（Ignacienne）苦行法的功用在于，对造成神意标志、选择、选举的意志不重视，但它为格斗一方的不应得的胜利所困扰：出现了一种标志的翻转，一种反标志（contre-marque）。于是我们回到了熟悉的图示：传统上，兄弟的继承线原则上是平衡的（他们相对于父母处于同一层次上）；平分法，由于长子优先法，通常是不平衡的：最长者是有标志的；但是在雅各的故事里，出现了一种标志的逆转，出现了一种反标志：是幼子取代长子（《创世记》第 27 章，第 36 节），拉着长兄的脚后跟把时间拖回：是最年幼的雅各标志着自身。雅各刚在与上帝的格斗中被标志着，我们可以在某种意义上说 A（上帝）是长兄的替代者，长兄再一次被幼弟打败：与以扫的冲突被<u>移位</u>了（每一象征都是一移位；如果"与天使的格斗"是象征性的，这是因为它将某物移位了。）此说明——抱歉我对此说明准备不足——无疑会在此扩大对此标志逆转的解释：不论是把它置于一种历史经济领域——以扫是以东人的同地人名者。在以东人和以色列人之间存在经济联系。或者此处所比喻者，是对此联盟的颠覆，一种新利益联盟的开始？——还是被置入象征领域（在<u>象征</u>一词的精神分析学意义上）——《旧约》似乎是一个父亲比敌对兄弟角色更少的世界：长兄被逐出，以便偏向于幼弟。弗洛伊德在关于敌对兄弟的神话中指出，起始的<u>最小差异</u>主题：击打胯骨，击打此单薄的腱部，难道不是一种<u>最小差异</u>吗？不论情况如何，在此世界上，上帝标志了幼子，他充当着一种反天性（contre-nature）：其（结构的）功能也就构成了一个<u>反标志</u>。

为了结束这段有关格斗和标志的极其丰富的片段，我想提出一个符号学的分析。我们刚才看到,在也许是体现着兄弟二元性的格斗者二元性中,幼弟的标志化,是由一种预期力量对比关系的逆转和由一种作为身体记号的跛行(跛行必然使我们想起俄狄浦斯故事中的肿足和跛足人)所造成的。但是,此标志是一种意义的创造者。在语言的音位学表示中,聚合体的"等价性"被一个特征的出现所瓦解,以有利于一个有标志的成分,此特征始终是与其相关的和对立的词项所欠缺的——上帝(或叙事)通过标志雅各(以色列),以导致一种意义的奥秘学式的发展——他创造了一种新"语言结构"功能的形式条件,借其实现的以色列选择就是"信息"。上帝是一名财政官吏,雅各在这里是此新语言中的一个"词素"(morphème)。

3. 命名或改变(第 28~33 节)

最后一个句子的对象是名字的交换,即一种新地位、新权力的促生;命名显然与祝福相联系:祝福(接受一个下跪恳求者的致敬)和命名是君主的行为。出现过两次命名:

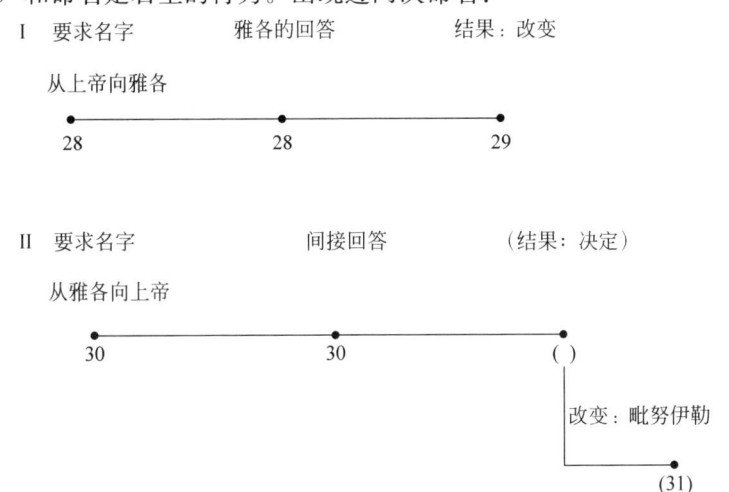

```
I  要求名字        雅各的回答        结果:改变
   从上帝向雅各
   ●────────────────●────────────────●
   28              28              29


II 要求名字        间接回答         (结果:决定)
   从雅各向上帝
   ●────────────────●────────────────●
   30              30              ( )
                                    │
                                    改变:毗努伊勒
                                       (31)
```

改变与名字有关；但是，实际上，整个片段都起着一种多重踪迹创造的作用：在雅各的身体上，在兄弟的地位上，在雅各的名字上，在地点的名字上，在饮食中（一种饮食禁忌的创造：整个故事也可至少解释为一种禁忌的神话基础）。我们分析的这三个片段是同态性的：在这所有三个片段中存在有一个跨越（passage）的问题：地点的跨越，传承次序的跨越，名字的跨越，饮食礼仪的跨越，这一切都是非常接近于一种语言活动，接近于一种意义规则的违背。

这就是我们的片段的序列（或行动）分析。显然，我们企图留在结构的层次上，即指示一种行动的诸词项之系统的相关关系层次上。如果我们提到了某些可能的意义，这并不是为了讨论这些意义的或然性，而是为了指出结构如何"散播"内容——每一读解都可独立处理这些内容。我们的对象不是语史学的或历史的文献，或有待发现的一种真理的守护者，而是"容量"（volume），或文本的意涵（signifiance）。①

(二) 结构分析

在部分地或许已被（普罗普、列维-斯特劳斯、格雷马斯、布雷蒙）构成的叙事结构分析之后，我想，在结束时——我应再谦虚些——使我们的文本再与两种结构分析实验结合起来，以便指出这

---

① 对于此借取自克莉斯特娃的自制词，作者曾解释说，它是"以感觉方式产生的意义"，即强调所指的不存在，或类似于"纯能指"，也就是所谓所指的绝对开放性。——中译者注

些实验的重要性所在——虽然我自己的研究方向与他们的有所不同①——这就是格雷马斯的行动位分析和普罗普的功能分析。

1. 行动位分析

格雷马斯设想的行动位框架②——对其应用时，如作者本人所说，宜于慎重和灵活——把人物、叙事行动者（acteur），分配入6个行动位（actant）的形式类中，行动位由他们按照他们的地位，而不是按照他们在心理学上之所是来定义（行动位可以把若干人物结合起来，同样的，一个人物可以把若干行动位结合起来；一个人物也可以由一种无生命的实体来代表）。与天使摔跤构成了一个熟悉的神话叙事片段：一种障碍的克服，考验。在此片段层次上（因为，对于雅各的全部行为来说，这可能不同），行动位被填充如下：雅各是主体（要求、寻求、行动的主体）；（这同一个要求、寻求、行动的）客体是跨越被防守的、被禁止的地方，河流，雅博渡口；把寻求游戏（即渡河）投入循环的发送者，显然是上帝；接受者仍然是雅各（此处在同一人物身上出现两个行动位）；反对者（某一个或几个人阻碍主体的寻求活动）是上帝本人（在神话的意义上他警卫着此跨越）；助者（支持主体的一个或几个人）是雅各，他凭靠传说的己力（如我们已见的指号特征）帮助自己。

我们将马上看到此一公式的这种矛盾性，或者至少是其混乱的特征：主体等同于接受者一事过于平凡；主体是其本人的助者一事

---

① 我自己关于巴尔扎克的小说《萨拉辛》（*Sarrasine*）的研究［*S／Z*, Seuil，1970（"*Points*"丛书，1976）］，与其说是文本分析，不如说是结构分析。

② 特别参见格雷马斯的《结构语义学》（*Sémantique structurale*），巴黎，Larousse，1966；及《意义论》（*Du sens*），巴黎，Seuil，1970。

过于少见；这种情况经常发生在"唯意志论的"叙事和小说中；但是发送者是反对者一事极其少见；只有一种类型的叙事可以实行此矛盾的公式：讲述讹诈情节的叙事；当然，如果反对者仅只是此游戏的（临时性）掌握者，就没有任何特殊之处了：反对者的角色正是要维护英雄企图克服的客体的所有权：有如在守护一次跨越的巨龙的例子；但是在此，正如在任何讹诈事例中一样，同时守卫该河流的上帝，给予着标志和特权。我们看到，我们的文本的行动位公式远远不是协调一致的：在结构上它是相当大胆的——它很好地对应着由上帝的失败所比喻的"乖异"。

2. 功能分析

我们知道，普罗普是第一位[①]通过划分诸功能[②]或诸叙事行动提出了民间故事结构的人；按照普罗普，功能是稳定的成分，它们的数量是有限的（30个左右），它们的连接永远相同，即使某些功能偶尔会从某些叙事中消失。但是，情况是——我们将马上看到——我们的文本非常完美地肯定着普罗普所揭示的行动位公式的一个部分：这位作者不可能想象出他的发现未来将获得更可信的应用。

在（例如由普罗普分析的）民间故事的一个预备性部分里，必然产生一种英雄的缺位；而这正是出现在雅各故事里的情况：以撒遣雅各远离自己的土地去拉班处（《创世记》第28章，第2、5节）。

[①] Vladimir Propp, *Morphologie du conte*, Paris, Seuil, 1970.

[②] "功能"一词不幸总是含混不清；我们最初用其定义行动位分析，后来按人物在行动（行动即其"功能"）中的作用对其加以判断；按照普罗普术语，存在着从人物向行动本身的改变，行动按其与相邻行动的联系来理解。

我们的片段实际上开始于普罗普的叙事功能表的第 15 位；因此我们将把它以下列方式编码，在每一阶段显示普罗普公式和创世记叙事之间令人印象深刻的平行关系：

普罗普和民间故事	创世记
15. 从一地向另一地的转移（乘鸟、马、船等等）	从北方动身，离开了阿拉米人和拉班家，雅各回到父亲家（第 29 章，第 1 节，雅各动身）
16. 英雄与敌人格斗	这是我们的格斗序列（第 32 章，第 25～28 节）
17. 为英雄标志（通常是身体上的一个标志，但在有些场合仅只是宝石、戒指等礼物）	雅各在胯骨上的标记
18. 英雄的胜利，敌人的失败	雅各的胜利
19. 灾难或某种欠缺的取消：灾难或欠缺在英雄的最初欠缺中被假定：去除此欠缺	在成功渡过毗努伊勒之后（第 32 章，第 32 节），雅各到达迦南的示剑城（第 33 章，第 18 节）

还可看到其他平行的方面。普罗普的功能 14，英雄接受一种魔术对象；对于雅各来说，这件护符当然是他哄骗自己的盲父赐予他的祝福（《创世记》第 27 章）。再者，普罗普的功能 29 演示着英雄的变形（例如，野兽变形为一位英俊绅士）；这个变形似乎出现在名字的改变中（《创世记》，第 32 章，第 29 节），而且它包含着再生。当然，此叙事模型赋予上帝以敌人的角色（他的结构作用：与一种心理学作用无关）：在我们的《创世记》片段中可以读到一种民间故事的真正定式：跨越困难的渡口由地方敌对的神灵守卫着。与故事的另一种类比是，在两种情况下人物的动机（他们的行动理

由）并没有指明：描述的省略并不是一种风格现象，而是叙事作用的一种结构的、适切的特征。结构分析，在此词的严格意义上，因此得出结论说，和天使摔跤是一个真正的童话故事——因为，按照普罗普的理论，一切童话故事都属于同样的结构，即他所描述的那种结构。

我们看到，对我们的片段进行的所谓结构探索是非常可能的，甚至是必要的。但是，在结尾时我将说，在此著名段落中我最重视的不是此"民间故事"模式，而是可读解性之摩擦、断裂及非连续性，是逃脱着明确逻辑表达的诸叙事实体之并置——我们在此处理（至少对我来说这是一种读解的趣味）一种换喻蒙太奇——诸主题（跨越，格斗，命名，饮食礼仪）被结合起来却未被"展开"。叙事的这种突变、这种连词省略，在《何西阿书》中清楚表达出来："他在腹中抓住哥哥的脚跟，壮年的时候与上帝较力，与天使较力，并且得胜。"（《何西阿书》第12章，第3～4节）我们看到，换喻逻辑即无意识逻辑。因此，或许是在此方向上我们应当持续我们的研究，即，让我重复说，文本的读解，它的散播而不是它的真理。当然，这样我们就冒着弱化此片段的经济历史领域（在种族交换和权力问题层次上这个问题肯定存在）的风险；但是它也强化了文本的象征性探索（这并不必然属于一种宗教学领域）。这个问题，至少是我所提出的问题，实际上并未把文本归约为任何一种可能的所指（历史的、经济的、民间故事的或者宣教的所指），而是维持着它的意义开放性。

爱伦·坡一则故事的文本分析[*]

一、文本分析

叙事结构分析实际上尚处于自己的发展之中。我们的一切研究都具有同样的科学根源：符号学，或者说意指作用科学。但是它们已经因彼此的分歧性而互相批评（此为幸事），按照批评性观点，每一种努力都具有符号学的科学性，即具有其自身的话语。这种（构造性的）分歧性，却能够在两种主要

---

[*] In *Sémiotique narrative et textuelle*,
présenté par Claude Chabrol,
Librairie larousse, 1973.

倾向下结合起来：按照第一种，面对着世界上一切叙事，分析研究试图建立一种显然是形式性的<u>叙事模式</u>，一种叙事结构或叙事语法，由其出发（由于此发现），每一特殊叙事都可根据差异性加以分析；按照第二种，叙事直接包含在（至少当其有可能时）"文本"概念之下，文本是一个空间，运作中的意指作用过程，可称之为"意涵"（signifiance）（我们将回过来定义此词），我们不将其视之为一种结束的、封闭的"产物"，而是视之为一种展开中的"生产作用"，它与其他文本、其他代码"相连接"〔这就是<u>文本间体</u>（l'intertexuel）〕，这样的连接，在社会上、在历史上，不是按照一种决定论方式，而是按照一种引述的（citationnelles）方式形成的。因此，在某种意义上，我们应该区分结构分析和文本分析①，虽然我们无意于宣称二者是对立的：严格来说的结构分析，特别适用于口头叙事（或者神话）；我们将在下面试图进行的文本分析，则特别适用于书写叙事。

　　文本分析不企图<u>描述</u>一部作品的结构；它无关于记录一个结构，而宁肯说是致力于产生一种文本运动的结构化作用（历史上看，结构化作用，在不同读者之间是不断改变的），停留在作品的意指容量（volume）内，作品的<u>意涵</u>（signifiance）之内。文本分析不企图了解文本是被什么决定的（即作为因果关系项而被聚集的），而是宁可探索文本是如何瓦解和扩散。因此我们将取一段叙事文本，一则叙事，并将对其读解，在必要时不避缓慢，并须不时停顿下来（<u>审慎</u>是我们工作的重要特点之一），但我们不企图为

---

　　① 在我的专著《S／Z》〔Paris，Seuil，1970（"*Points*"丛书，1976）〕中，我试图对一个完整叙事进行文本分析。

文本的一切意义，尽管是<u>不求严格地</u>，加以标记和分类（这将是不可能的，因为文本是无限开放的：每一读者，每一主体，每一种科学都不可能使文本读解完结），而是探索意义因之有可能的形式，即代码。我们将标记意义的<u>渠道</u>。我们的目的不是去发现"意义本身"（*le sens*），甚至也不是去发现文本的<u>一种</u>意义，我们的研究不属于一种解释学类型的文学批评（后者的目的在于按照所假定隐藏着的真理来解释文本），例如，像是马克思主义批评或精神分析学批评。我们的目的在于最终能够设想、想象、激活文本的多元性，其意义过程的开放性。因此，这种研究的运作显然并不限于对文本进行学院派的处理（虽然表面上也是注重方法论的），甚至也不限于一般文学；它涉及一种理论，一种实践，一种选择，它们都牵扯在人与记号的斗争过程中。

为了对一则叙事进行文本分析，我们将遵照一定数量的运作程序（我们是指运作的基本规则，而不是说方法论原则："方法"这个词太过含混，特别是在意识形态上有争议，因为"方法"一词往往假定着一种实证主义的结果）。我们将这些程序归约为四种简明表述的步骤，可以说宁肯让理论在文本本身内流动。暂时我们只论说那些为了使我们选择的故事分析尽快<u>开始</u>所必需的一切。

现在把我提出研究的文本切割为连续的和（一般说）很短的片段（一个句子，句子的一个部分，至多是三个或四个句子的组合）；我们将从"1"起为这些片段编序号（10 页篇幅内有 150 个片段）。这些片段是读解单位，因此我建议称其为读解单位（lexies）[①]。一

[①] 对于 lexie 概念的更细致分析，正如对下面关于运作程序的细致分析，我应该向读者推荐《S／Z》。

个读解单位显然是一个文本能指。但是由于我们此处的目的不是研究能指（我们的研究不是风格学的），而是研究意义，这种分隔方式并无理论基础（我们是在话语中，而不是在语言结构中，因此不必关注在能指和所指之间存在有一种容易看到的同态关系；我们不知道一者如何对应于他者，因此我们应该接受对能指的切分而并不同时受所指之隐在切分的引导）。简言之，把叙事文本切分为读解单位是纯经验性的，出于一种方便的考虑：读解单位是一种任意性产物，这只是一个片段，在其内我们发现意义的区分。这就是外科医生所说的"操作场"：有用的读解单位是这样一个片段，在其内只出现着一种、两种、三种意义〔在文本片段的容量（volume）内相叠加〕。

对于每一个读解单位，我们都将看到它所引生的意义。对于意义，我们显然不将其理解作像词典里和语法里那样的词义或词组意义，简言之，法语知识足以对此加以阐明。我们所理解的是读解单位的涵指作用、第二种意义。这种涵指意义可能是联想（association）意义（例如对一个人物的身体描写，可长达若干句子，它却只有一个涵指的所指，如人物的"焦虑"，虽然这个词并未出现在直指的层面上）。它们也可能是关系意义，来自文本中两个有时很遥远的地点间的关联（此处开始的行动可能很靠后才会完成、才会在彼处结束）。如果我可以这样说，我们的读解单位将是最精细的"筛孔"，借其之助我们可"拣选"出意义、涵指。

我们的分析将是逐步进行的：我们将一步一步地穿过文本，至少假定如此，因为篇幅关系，我在此将只能给出两个分析片段。这就是说，我们不打算处理文本中（修辞学上）大量的问题；我们将不构造一个文本地图，而且我们将不追溯其主题学；简言之，我们将不对文本加以说明，除非"说明"一词被赋予词源学的意思，除非我们有必要展开文本，将其分出层次。我们将使我们的分析方法类似于一种读解；简言之，这种读解，某种意义上，将被慢动作摄影。这种处理方式在理论上是重要的：它意味着我们并不企图重组文本的结构，而是追随其结构化过程，而且把读解的结构化作用看作比布局（composition，这是一个修辞学的、古典的概念）的结构化作用更重要。

最后，我们并不过分担心在我们的说明中"忘记"了意义。在某种意义上，意义的忘却参与着读解：我们关心的是指出意义的开始，而不是终结（归根结底，意义不就是开始吗？）对文本加以确定的，不是一种内在的、封闭的、应加考虑的结构，而是文本朝向其他文本、其他代码、其他记号的通道（débouché）。形成文本的，是文本间的关系。我们（通过其他科学）开始看到，研究应该逐渐熟悉两种观念的结合，它们长久以来却被视为矛盾的：结构观念和组合无限性观念。现在，我们则必须接受这两种假定的协调一致，因为人们对其已更为了解的语言，既是无限的，又是结构化的。

我相信，这些说明对于我们开始文本分析已经足够了（当然应该永远关注文本研究的迫切性，但不要忘记，不论研究多有必要，文本导致的快乐才是我们应予遵循的原则）。我们选择的文本是爱伦·坡的一则短篇故事，文本取自波德莱尔的如下翻译：La Vérité sur le cas de M. Valdemar。[①] 我的选择——至少是其有意识的部分，因为也许实际上是我的无意识在做出选择——源于两种专门考虑：

---

① 参见波德莱尔译：*Histoires extraordinaires*，Paris，NRF；Livre de poche，1969，pp. 329～345.

我需要一则非常短的文本，以便能够充分掌握一个具有密集象征性能指的表层（读解单位系列），这样，所分析的文本可以超越细节含义地连续触及我们：谁会不为这样一种文本所触动呢，当死亡成为其所宣布的"主题"时？

我应坦率补充说，在分析一个文本的意指过程中，我们将审慎地避免考虑某些问题。我们将不讨论作家爱伦·坡本人，也不讨论他所属的文学史。我们将不考虑我们的研究是根据译本进行的事实：我们将如其本然地看待我们所阅读的文本，而不关心了解在一所大学里它是美国文学的研究者领域，而不是法国文学或哲学研究者的领域。这并不必然意味着这些问题将不进入我们的分析，反之，它们将在直意上穿过（passeront）分析：分析是文本的一次穿越（traversée）；这些问题可被确定为文化引述，作为代码的出发点，而不是被视为一种决定作用。

最后要说的话则具有某种"驱魔术"性质，我们所分析的文本，既不是抒情性的，也不是政治性的，既不谈论爱情、社会，也不谈论死亡。这就是说，我们需要取消一种特殊的审核（censure）：这种审核联系于不祥之兆（sinistre）。我们这样做时是本着如下信念，任何审核都反映着其他事物：在一切宗教之外谈论死亡，就等于既取消了宗教禁忌，又取消了理性主义禁忌。

二、读解单位分析 1～17

(1) 瓦尔德马案的真实

(2) 不论不寻常的瓦尔德马案例如何引起讨论，这却肯定不会成为令我们感到惊异的理由。如果它不如此的话，倒是会成为一个奇迹——特别是在目前情况下。

（3）由于有关各方使事件保守秘密的愿望，至少在目前，或者直到我们有机会进一步研究前，以及由于为此我们所做的努力所导致的

（4）一个被篡改、被夸大的故事流入了社会，并且成为很多不愉快错误报道的根源，以及很自然地，成为大量不信任的根源。

（5）现在，我应该做的是，尽我自己理解之可能地，提出事实。

（6）简言之，情况如下：

（7）过去三年来，我的注意不断集中于催眠术；

（8）而且，大约9个月前，我突然发现，在迄今为止所做的一系列实验中

（9）出现了一种非常突出而又最不可解释的疏漏：

（10）——在临终之前（in articulo mortis），还没有任何人被催眠过。

（11）仍然须待了解的是，

（12）首先，是否在这样的条件下病人身上存在着接受催眠影响的可能性；

（13）其次，如果确实存在，它是否会被此一可能性所削弱或增强；

（14）再次，在何种程度上，或者在多长时间内，死亡的入侵可能为此过程所制止。

（15）还存在有其他待确定的问题，

（16）但是上述这些问题是最能激发我好奇心的，

（17）——特别是最后的问题，由于其结果具有极其重要的性质。

(1)"瓦尔德马案的真实"①

标题的功能还没有被严格研究过,至少从结构的观点看。可以马上指出的是,社会出于商业动机需要把文本类比为一种产品,一种商品,它需要标志的"运作项"(opérateur);标题的功能是标志文本的开端,即把文本构成一个商品。于是,每个标题都具有若干同时存在的意义,其中至少有两个是:其一,它所表达者,联系于紧接其后者的偶然性;其二,对于一个文学作品(即实际上,一个商品)将出现的宣告(annonce)本身。换言之,标题永远有两种功能:说明词(énonciatrice)和指示词(déictique)。

a. 宣布真理即假定存在有一个疑迷(énigma)。疑迷的设定(在能指的层次上)导致以下诸项:词真实;词案子(它是特殊的,所以是有标志的,所以是意指性的,因此其意义是必须被找到的);定冠词 la(只存在一种真实,所以全部文本作品要穿过此窄门);标题所蕴涵的预指(cataphorique)形式:后继者将实现所宣布者,疑迷的解答已经被宣布了;我们应该注意英文标题为"The facts in the case..."——爱伦·坡寻求的所指属于一种经验层次,法文译者(波德莱尔)寻求的所指属于解释学层次——于是,这个真实指涉着精确事实,但也可能指涉其意义。尽管如此,我们将把这个读解单位的第一个意义符码化为:疑迷,设定(疑迷是一个代码的一般名称,它的设定仅只是其组成项目之一)。

b. 我们可以说出真理而不对其宣布,不使其与一单词相关。如果我们说出我们打算说的,如果我们把语言分为两层,一者在某种

---

① 此文标题中的"真实",在爱伦·坡原著中为"facts",而在波德莱尔的译文中为"vérité",后者意思复杂,特别有"真理"之意。因此在这里,此词主要兼有事实和真理二义。——中译者注

意义上位于另一者之上端，我们实际上就在依赖一种元语言。于是在此就出现了元语言代码。

c. 这种元语言的宣布具有一种起兴（apéritive）功能：即使读者"增加胃口"［此程序属于"悬念"（suspense）一类］。叙事是一种商品，在对其提出之前，先出现一"叫卖"阶段（boniment）。此叫卖阶段，即"起兴剂"，为叙事代码（叙事修辞学）的一个名词。

d. 专有名词必须永远慎重研究，因为它可以说为能指之首；其涵指是丰富的、社会性的和象征性的。我们在名字瓦尔德马中可以至少读出两个涵指意义：其一，一种社会—种族代码的出现：这是一个日耳曼名字吗？还是斯拉夫名字？无论如何不是盎格鲁—撒克逊名字；在此隐约提出的这个小疑迷，将在"19"（瓦尔德马是一个波兰人）中解答；其二，"瓦尔德马"是"海谷"；大洋之深渊；海底深处，一个爱伦•坡所喜爱的主题：深渊指涉那种远在自然、水底和地下之外的东西。所以，从分析的观点看，存在有两个代码的踪迹：一个社会—种族代码和一个（或唯一一个）象征代码（我们将稍后回来讨论这些代码）。

e. 说"瓦尔德马先生［M（onsieur）］"和说"瓦尔德马"不同。在很多故事里，波兰人只使用名字（Ligeia, Eleonora, Morella）。这个先生的出现带来一种社会现实的意义、历史实在的意义：主人公被社会化了，他属于一个特定社会，在其内，他被赋予一个公民身份。因此应该说是：社会代码。

（2）"不论不寻常的瓦尔德马案例如何引起讨论，这却肯定不会成为令我们感到惊异的理由。如果它不如此的话，倒是会成为一个奇迹——特别是在目前情况下。"

a. 这个句子（以及紧接着的几个句子）具有引起读者预期的明显功能，而且，这就是为什么它们看起来并不重要的缘故：我们想要的是对在标题中设定的疑迷（"真理"）之解答，但是甚至于有关这个疑迷的说明也被延迟了。所以我们必须编码：在疑迷的设定中的延迟。

b. 在（1）c中的同样涵指：读者的胃口应当被刺激（叙事代码）。

c. 不寻常一词是含混的：它指某种离开常规的东西，但不一定是不同于自然（如果此例仍然是"医学的"话）的东西，它也可以指超自然的东西，指成为一种"违规"（指爱伦·坡讲述故事的"荒诞性"——就是"不寻常性"）。此词的含混性在此很重要：它指涉一个可怕的故事（在自然的限度之外），并隐含着一种科学的借口（alibi，由"讨论"这个科学词所蕴涵的）。这种结合实际上是文化性的：奇异和科学的混合，在19世纪爱伦·坡所属的那个时期达到其兴盛的高峰：人们关心于对超自然现象进行科学研究（催眠术，灵异论，心灵感应术，等等）。超自然现象假定着唯理主义的、科学的借口；这是那个实证主义时代的<u>心灵呼吁</u>：是否我们可能<u>科学地</u>相信灵魂不朽呢！这种文化代码，我们此处出于简单化的理由，称之为一种科学代码，它将在整篇叙事中具有极大的重要性。

（3）"由于有关各方使事件保守秘密的愿望，至少在目前，或者直到我们有机会进一步研究前，以及由于为此我们所做的努力所导致的"

a. 由"研究"一词加以继续的同一科学代码（也是一个侦探学词：我们知道在19世纪后半叶的侦探小说的成功正是从爱伦·坡开始的：在意识形态上和结构上，重要的事情是侦探学疑迷代码和科学代码——科学话语——的结合，它证明结构分析可很好地与意识形态分析合作）。

b. 此秘密的动机未被陈述；它们可能来自同时出现在我们的读解中的两个不同代码（读解也是指默默想象未说出的东西是什么）：其一，科学道义学代码：爱伦·坡和医生们，出于职业的慎重，不情愿把一种尚无科学说明的现象公之于众；其二，象征代码：存在着对"死而复活"（mort vivante）的禁忌：人们不谈此主题乃因其可怕。应当马上指出（虽然我们接下来必须坚持重返这个概念），这两种代码是<u>不可决定的</u>（我们不可能选择其一，反对另一），而且正是这个不可决定性本身构成着叙事的优秀性。

c. 从叙事<u>行动</u>观点看（这是我们遇到的第一个叙事行动），一个序列在此开始了：实际上，"使隐藏"在逻辑上（或伪逻辑上）涵指着某种继续的运作（如揭示）之意。所以我们必须在此设定一个行动序列的第一个词项：<u>使隐藏</u>；稍后将发现以后发生之事。

（4）"一个被篡改、被夸大的故事流入了社会，并且成为很多不愉快错误报道的根源，以及很自然地，成为大量不信任的根源。"

a. 要求真理，即疑迷，已被设定两次（由字词"真理"和由"不寻常案子"短语）。在此疑迷被第三次设定了（以结构方式设定一个疑迷，就意味着：<u>存在有一个疑迷</u>），通过提出它所引起的错误：此处设定的错误，以回溯的方式，借助头语重复法，证明了标题（"……的真实"）。在疑迷设定上体现的重复（多次重复着说：存在着一个疑迷），具有一种起兴剂[①]价值：它关系于激动读者的效

[①] 或译催化剂。——中译者注

果，以及为叙事商品找到消费者。

b. 在此作为行动序列的"隐藏"中，第二个词项出现了：这就是秘密的效果，歪曲，错误意见，谴责神秘性。

（5）"现在，我应该做的是，尽我自己理解之可能地，提出事实。"

a. 对"事实"的强调假定着两种代码的复杂性，在它们之间，正如在（3）b中那样，不可能决定：其一，法律，科学伦理学，征服了科学家，<u>事实</u>的研究者；"事实/谣传"的对立是一个古老的神话主题；在一个虚构故事中引述的<u>事实</u>（而且以斜体强调的方式）具有其结构的功能［因为这一人为观念的实在（réelle）意义不会蒙骗任何人］以证实故事，不是通过使人相信故事真的发生过，而是使人接受关于实在（réel）的话语，而不是关于寓言的话语。于是，<u>事实</u>被纳入一个聚合体中，在此聚合体中它与<u>神秘化</u>对立（爱伦·坡在一封信中承认，瓦尔德马故事是一个纯虚构：<u>一个纯哄骗</u>）。于是，组织一种事实指涉（référence au fait）的代码，即我们已知道的科学代码。其二，然而，对于"事实"的任何程度浮夸性的依赖，也可被视为主体与象征界发生困难的征兆；对于"只有事实"（Fait tout seul）的咄咄逼人的强调，对于所指者（referent）胜利的坚持，就是在怀疑意指作用，就是在肢解其象征补充界的实在（réel），这就是针对使事实<u>移位</u>之能指的审核行为，这就是拒绝<u>另一场景</u>：无意识场景。叙事者（在我们看来，这只是一种叙事虚构）通过否定了象征补充界来假定一种"想象的"（imaginaire）<u>角色</u>，即科学家角色；读解单位的所指，于是就是陈述作用主体的<u>非象征化</u>（asymbolisme）：这个我自以为是非象征性的；否定象征界，显然属于象征代码本身。

b. 行动序列"隐藏"展开了：第三个词项表达了对改正（4）b中之歪曲的必要性；这种改正相当于<u>希望揭露</u>（所隐藏者）。这个关于"隐藏"的叙事序列显然构成了一种对于叙事的激动效果；在某种意义上，它证明了叙事，并因此强调了其<u>价值</u>〔其<u>交换值</u>（valant pour）〕，使其成为一个商品：叙事者说，我在讲故事，以交换对一"反错误"（contre erreur）的要求，以交换真理（我们生活在这样一种文明内，在其中真理是一种价值，即一种商品）。始终重要的是，设法确定一个叙事的<u>交换值</u>：与故事有关的是什么？在《一千零一夜》中，每个故事都交换有（vaut pour）一天的寿命。在这里我们被告知瓦尔德马的故事交换着（vaut pour）① 真理（首先被呈现为一种反歪曲）。

c. <u>我</u>首次明显出现——它已经出现在"我们的努力"短语中的<u>我们</u>里〔在（3）中〕。陈述作用实际上包含着三个<u>我</u>，即三个想象界②角色（说<u>我</u>，即进入想象界）：其一，一个叙事者<u>我</u>，艺术家，其动机就是寻求效果；与此<u>我</u>对应的是<u>你</u>，它是文学读者的<u>你</u>，读者就是阅读"伟大作家爱伦·坡的荒诞小说"者。其二，一个见证人<u>我</u>，他被赋予能力来见证一个科学实验；所对应的<u>你</u>，是一个科学家审定团的、严肃公共舆论的、科学读者的<u>你</u>。其三，作为行动者的<u>我</u>，将要催眠瓦尔德马的实验家；在此，<u>你</u>就是瓦尔德马自

---

① vaut pour 短语直意为"意味着"，而 vaut 原意为"评价，估价"，vaut pour 也就是"为……估价"，可转译为"相当于"，也就含有"交换价值"之意。——中译者注

② 或译"形象界"，此处作者援引拉康概念，此词兼具"形象"和"想象"二义。——中译者注

己。在后两种情况里，想象界角色的动机是"真理"。我们在此提出的一个代码的三个词项，我将也许暂时地称作<u>沟通代码</u>。在这三种角色中无疑存在有另一种语言，即无意识语言，它既不<u>在</u>科学<u>中</u>，也不<u>在</u>文学中说出；但是在直意上是<u>禁止</u>之语言的这种语言，<u>不说我</u>：此处带有其三个人称的语法，从来也不直接是无意识的语法。

(6) "简言之，情况如下："

a. 宣布"情况如下"，来自元语言（以及来自修辞学代码）；这是标志着故事中的一个故事开始的界标。

b. "简言之"带有相互混合的、不可决定的三个涵指：其一，"别担心，这不会拖太久"：在叙事代码中这就是接触（phatique）样式（由雅克布森规定），其功能是引起注意，维持接触。其二，"这将很短，因为我将严格依据事实"；这是科学代码，它容许表达科学家的"禁欲主义"，事实机制超越话语机制。其三，以简洁发言为傲，某种意义上，就是宣称反对言语，就是对话语的<u>补充</u>，即对象征界的设限；它表达着非象征化代码。

(7) "过去三年来，我的注意不断集中于催眠术；"

a. 在任何叙事中，<u>时序代码</u>应该仔细研究；在此代码中（<u>过去三年来</u>），两种价值结合了起来。第一种可以说是素朴的；我们注意实验的时间成分之一应该被执行：它的准备时间；第二种不具有故事性的、运作性的功能［如接换（commutation）测试所显示的；如果叙事者说<u>7</u>年而不是<u>3</u>年，这将不会对故事产生影响］；所以这完全是我们曾经说过的<u>实际效果</u>（effect de réel）：数字以强调方式涵指着关于事实的真理：具准确性的东西就被认为是实在的（实则是一种虚幻，因为存在有熟知的数字妄想）。我们注意到，在语言学上字词最后是一个"转换项"（shifter），一个置换词（embrayeur）：它指涉陈述者在时间中的位置；因此它强化着后继证词的出现。

b. 在此开始了一个长行动序列，或至少是一个词项丰富的序列；其对象是一个实验的开端（我们接受着实验科学的"借口"）；从结构上说，这个开端不是实验本身；它是一个实验规划。这个序列实际上代表着疑迷的表达法（formulation），它已被设定过多次（"出现了一个疑迷"），但它还未被表达过。为了不致增加对此分析说明的负担，我们将分别地为此"规划"编码，假定着：整个序列间接地代表着此疑迷代码的一个词项。在"规划"序列中，我们在此有了第一个项目：催眠术实验的科学领域的设定。

c. 对催眠术的指示来自一种文化代码，它在 19 世纪这一时期被特别强调。在梅斯梅尔（Mesmer）① ［英语中的"magnetism"（磁学，催眠术）可被称作"Mesmerism"（催眠术）］和发现磁场可以激发梦游症的阿尔芒·德·皮塞居尔（Armand de Puységur）侯爵之后，磁学家和磁学学会的数量在法国（1820 年左右）猛增；在 1829 年，实现了在催眠状态下无痛切除肿瘤的案例；在 1845 年，我们的故事发生的年度，布雷德（Braid）在曼彻斯特，通过使病人凝视光亮物体而产生神经疲乏的经验，编制了催眠术治疗法；1850 年，在加尔各答的 Mesmeric 医院，完成了无痛分娩。我们知道，其后沙尔科（Charcot）把催眠状态分类，并使催眠与歇斯底里联系

---

① 19 世纪德国磁疗法医师。——中译者注

起来（1882），但是后来，歇斯底里作为临床学实体从医院消失了（从那时以来，人们终止了对它的研究）。1845年这一年标志着科学幻想的巅峰：催眠术的一种生理学实在性被承认了（虽然指出瓦尔德马"神经质"的爱伦·坡可能使人以为主体具有歇斯底里倾向）。

d. 从主题上说，磁气学涵指着（至少在此时期）一种<u>流动</u>（fluide）观念：存在有某种东西，它从一个主体<u>过渡</u>到另一个主体；在叙事者和瓦尔德马之间存在有一种相互言说（entre-dit）[一种禁止（interdct）]：这就是沟通代码。

(8) "而且，大约9个月前，我突然发现，在迄今为止所做的一系列实验中"

a. 时序代码（9个月）与在（7）a 中的论述相同。

b. 这里有"规划"序列的第二个词项：在（7）b 中选择的一个领域：磁疗学；现在它被切分；一个特殊问题被分离出来。

(9) "出现了一种非常突出而最不可解释的疏漏："

a. "规划"的结构继续被陈述着：出现了第三个词项：实验，它还未被实行——因此，对于任何关心研究的科学家，实验都必须实行。

b. 此一实验的间隙，不是简单的"省略"（oubli），或者至少说，这种省略是强意指性的：它简直就是死亡的省略；存在有一种禁忌（它将在最深的恐怖中被消除）；此涵指作用属于象征代码。

(10) "——在临终之前（in articulo mortis），还没有任何人被催眠过。"

a. "规划"序列的第四个词项是此间隙的内容（在修辞学代码中，在间隙的断定和其定义之间，显然预先存在有一种关系：宣布/说明）。

b. 拉丁文（在临终之前），法律的和医学的语言，产生了一种科学性效果（科学代码），但由于一种委婉表示法的中介作用（用一种少有人知的语言来说人们不敢用通常语言表达的事物），它也指示着一种禁忌（象征代码）。显然，在"死亡"中，本质上为禁忌的东西是：过渡、阈限和"赴死"（mourir）。生命和死亡是被相对分类的状态，此外它们也进入聚合体的对立中，被赋予始终相互和谐的意义。但是，两种状态的转移，或者更准确说，实际上，其"侵占"，阻碍着意义，产生着恐怖：存在着相对于某种对照法、某种分类法的"违规"。

(11) "仍然须待了解的是，"

"规划"的细节被宣布了（修辞学代码和"规划"行动序列）。

(12) "首先，是否在这样的条件下病人身上存在着接受催眠影响的可能性；"

a. 在"规划"序列中，这是在（11）中所完成的宣布的第一次表达；应该予以说明的一个首要问题。

b. 这个"问题一"本身为一个有组织的序列（或"规划"的子序列）定标题；我们在此看到它的第一个项目：问题的表达；其对象就是磁学沟通的存在本身：它存在吗，有还是无？〔肯定的回答将在（78）中给出；使此问题与其回答相分离的甚长文本距离，是叙事结构所特有的：它责成甚至迫使人们仔细构造序列，其中每一个序列都是与周围序列相编织的一条线索。]

(13)"其次，如果确实存在，它是否会被此一可能性所削弱或增强;"

　　a. 在"规划"序列中，第二个问题在此出现（应当注意，"问题二"通过一种蕴涵逻辑与"问题一"相连：如果是……那么；如果否，整个故事将瓦解；替代者，<u>按照话语机制，因此为假</u>）。

　　b. "规划"的第二个序列：这是"问题二"，第一个问题相关于此现象的存在；第二个问题相关于其度量（这一切都是很"科学的"）；对问题的回答将在（82）中给出；接受性增加了："在对此病人的这种实验中，我以前从未完全成功过……但是令我惊奇的是……"

(14)"再次，在何种程度上，或者在多长时间内，死亡的入侵可能为此过程所制止。"

　　a. 这是"问题三"，由"规划"所设定。

　　b. 这个问题三，像其他问题一样，也是被表达（formulé）的——这个表达方式（formulation）将在（17）中以夸张的方式重复；此表达方式蕴涵着两个子问题：其一，催眠状态能使生命侵入死亡到何种地步？回答将在（110）给出：直到包括进语言为止。其二，要多久？对此问题将不给予直接回答：生命侵入死亡（被催眠的尸体的复活）在7个月后将终止，但是它将受到实验者的人为干预。所以我们可以假定：直到无限长，或者至少在研究期限内无限地长。

(15)"还存在有其他待确定的问题，"

　　"规划"，在一般的形式下，提到了与所研究的实验相关的其他可能问题。这个句子相当于<u>诸如此类</u>。瓦莱里曾经说过，在自然中不存在<u>诸如此类</u>；我们可以补充说：在无意识中也不存在。实际上，<u>诸如此类</u>仅属于<u>似是而非</u>（semblant）话语：一方面，它起着一种有关伟大实验规划的科学游戏的作用，它是一种伪实在（pseudo-réel）的运作；另一方面，在掩盖、逃避其他问题时，它强化了预先陈述的问题的意义：一种"强象征界"被宣布存在，其他的，在话语机制下，只不过是一种借口。

（16）"但是上述这些问题是最能激发我好奇心的，"

在"规划"内，出现了对此三个问题的一种总提示（"提示"或"概述"，像"宣布"一样，是修辞学代码的词项）。

（17）——"特别是最后的问题，由于其结果具有极其重要的性质。"

a. 对"问题三"特别加以强调（这是修辞学代码的词项）。

b. 再次出现两个不可决定的代码：其一，在科学上，关键是一种生物学资料的后退程序："死亡"；其二，在象征学上，这是意义的违背，它使"生命"对立于"死亡"。

三、读解单位 18～102 的行动位分析

在我们于爱伦·坡这个故事开头时遇到的、至少是所发现的一切涵指作用中，有一些可被定义为叙事行动序列的渐进式（progressf）词项。在本文末尾，我们将回到此分析所阐明的不同代码上来，因此也包括行动位代码。在我们完成此理论陈述之前，我们可以把这些行

动序列加以分离和使用，以便较省力地（但在我们的论述中使其保持住一种结构的意义）来论述故事系列。实际上，人们会理解，我们不可能细致地分析（即使在并不彻底的程度上：文本分析不会是，也不想是，如此彻底的）爱伦·坡的故事全体：它实在太长了；但是我们在有关作品高潮点的若干读解单位上（读解单位103～110）再来继续此文本分析。为了把已分析过的片段和我们将分析的片段，在可理解性层次上联系起来，我们指出在读解单位18～102之间开始和发展（但不必须结束）的主要行动位序列就足够了。因为篇幅限制，我们遗憾地不可能录载两个片段之间的爱伦·坡的文本，也不可能列举中间的读解单位；我们只给出这些行动位序列（甚至于也不可能逐项地注意细节），而牺牲另一些数量更大的和肯定更有趣的代码，主要因为这些序列，按其定义构成了故事的轶事类（anecdotique）骨架（对于时序代码，我将有些例外处理，即通过开始和结束的记述，指出在每一序列开端位于其中的叙事时刻）。

a. 规划：此序列大部分开始于和发展于所分析的片段内。由计划中的实验提出的问题是已知的。序列继续着，并结束于实验所必需的主体的（病人的）选择：这将是瓦尔德马先生（规划的设定是成于叙事时刻之前9个月）。

b. 磁气感应（或者宁可说"磁感可能性"，如果容许使用这个笨拙的新词的话）：在选择瓦尔德马先生作为实验主体之前，P先生测试过他的磁感可接受性；后者存在，但结果令人失望：瓦尔德马先生的服从中包含着抵制。此序列在决定实验之前，列举了该测验的词项，而且其时序状况未加说明。

c. 医学死亡：行动位序列一般被延长了，与其他序列缠结在一起。在向我们报道瓦尔德马健康恶化和医生提出死亡预告时，叙事开始了一段很长的序列，它贯穿着故事，并只以最后的读解单位(150)结束，随之是瓦尔德马尸体的液化。这些片段非常多，彼此常被截断，但<u>在科学上</u>是合乎逻辑的：健康恶化，诊断，死亡判决，恶化，临终，坏死（死亡的<u>生理学记号</u>）——在序列的这一时刻，我们的第二个文本分析将放入——分解，液化。

d. 合约：P建议为瓦尔德马催眠，当他接近死亡边缘时（因为他知道注定如此了），并获得瓦尔德马同意。在主体和实验者之间有一合约：条件，建议，接受，协议，决定进行实验，在医生们面前正式签约（最后一点被构成为一个子序列）。

e. 昏厥（在叙事时刻之前的7个月，某个周六，7点55分）：瓦尔德马的最后时刻到来，而且实验者被病人本身告知，P按照规划和合约，<u>在临终之前</u>开始催眠。这个序列可称之为<u>昏厥</u>；除其他词项外，它包括：磁化过程，主体的抗拒，昏厥状态记号，实验者的证实，医生的证实（这个片段的行动占据3个小时：时间是10点55分）。

f. 发问Ⅰ（周日，晨3点）：P在催眠状态下发问瓦尔德马四次；由被催眠主体给予的回答来确定每一发问序列是适当的。对于第一次发问，回答是：对——<u>现在入睡</u>（发问序列通常包括问题的宣布、问题、延迟或抗拒回答以及回答）。

g. 发问Ⅱ：这次发问紧跟在第一次发问之后。瓦尔德马于是回答：<u>我要死了</u>。

h. 发问Ⅲ：实验者再次发问将死的、受催眠的瓦尔德马（你还在睡吗？）；后者回答是把前两个已做的回答连接起来：仍在睡——将死了。

i. 发问Ⅳ：P企图第四次发问瓦尔德马；他重复他的问题（瓦

尔德马将从读解单位 105 开始回答，见下面）。

我们于是到达叙事的这样一点，在此我们将按照一个个读解单位重复文本分析。在发问Ⅲ和下面分析的开始之间，插入一个重要的叙事项"医学死亡"：这是瓦尔德马的坏死（mortification）（101～102）。瓦尔德马在催眠状态下，从医学角度看，从此开始已经死亡。我们最近从器官移植例子知道，死亡诊断可被加以质疑：今日将需要通过脑电图测试来判定。为了证实瓦尔德马的死亡，P 收集了（在 101 和 102）在当时与科学证实病人死亡有关的一切临床学记号：眼睛翻白，尸体肤色，热斑消退，脱垂，上下颚松动，舌头发黑，一般的可怖形象会逼使守护者离开床榻（我们再一次注意到诸代码的编织：所有这些医学记号也均成为恐怖的成分；或者宁可说，恐怖永远是在科学的借口下被给予的：科学代码和象征代码是以一种不可决定的方式同时实现的）。

瓦尔德马一死，叙事就必须结束：主人公的死亡（除了在宗教复活的例子之中）使故事终结。因此，轶事的复活（从读解单位 103 起）同时呈现为一个叙事的必要性（对于文本的继续来说）和逻辑的荒谬性。这种荒谬性是补充之荒谬性：为了有叙事的补充就必须有生命的补充：叙事再一次等值于生命。

四、读解单位 103～110 的文本分析

（103）"我现在感觉达到此故事的这样一点，在此每一被震惊的读者将完全拒绝相信。但是我的任务是继续下去。"

a. 我们知道一个未来话语的宣布就是叙事代码的（以及元语言代码的）一项；我们同样知道这个涵指具有的"起兴力"值。

b. 讲述事实的任务，不考虑情景的不愉快性，属于科学伦理学代码。

c. 对"不可置信"之"实在"的应诺，属于被视为商品的叙事之领域；它提升了叙事的"价格"；所以我们在此，在一般沟通代码内，具有一个子代码，即交换代码，而每一叙事都是此子代码的一项。

（104）"瓦尔德马已不再有些微生命迹象；并且在判定他已死亡时，我们考虑让他接受护理人的照顾，"

在"医学死亡"的长序列中，我们指出，在（101）中记下了坏死：死亡在此被确认；在（101）中瓦尔德马的死亡状态被描述了〔通过一串指号标记（indices）〕；它是借助一种元语言被肯定的。

（105）"当发现舌头上有强烈颤动时。它可能持续了一分钟。在此阶段结束时。"

a. 时序代码（"一分钟"）具有两个效果：实在性说明的效果——参见（7）a——和一种戏剧性效果：声音费力的升高，呼喊的产生令人想起生死搏斗：生命企图使自己摆脱死亡的陷阱，它斗争着（或者宁可说，是死亡未能使自己脱离生命：让我们不要忘记，瓦尔德马死了：他无须保持生命，而是要保持死亡）。

b. 在我们到达此刻之前不久，P（第四次）对瓦尔德马发问；而且在他回答之前，他在临床学意义上已经死了。但是发问Ⅳ序列还未结束（在此处我们说的补充插入了）：舌头的运动表明，瓦尔德马将要说话了。所以我们必须这样构造此序列：问题（100）/（医学死亡）/回答的努力（此序列将继续）。

c. 显然存在有一种关于舌头的象征主义。舌头是言语（"切舌"即截断语言，像我们在惩罚诽谤者的象征仪式上看到的）；再者，舌头具有某种内脏的（内部的）东西，并同时具有某种接触或交际的（phallique）东西。这种一般的象征主义在此被如下事实所强化，运动中的舌头与由医学死亡造成的发黑的、肿胀的舌头，形成（聚合体的）对立（101）。所以，与言语同一的是内脏的生命，而言语本身则以沟通器官的形式被偶像化，此器官开始在一种"前性昂奋"（préorgasm）阶段中颤动：颤动继续了大约一分钟，表达着性昂奋的欲望；这是欲望为达到某种事物的运动。

（106）"从肿胀的、不动的上下颚发出一个声音，"

a. 序列发问 IV 逐渐继续，伴随着一般词项"回答"的大量细节。当然，延迟回答是叙事语法中常见的；但它们一般具有一种心理值；在此，延迟（以及牵扯的细节）是纯生理性的：它是声音的升高，在慢动作中被拍摄和记录下来。

b. 声音来自舌头（105），上下颚只是门户；它不会来自牙齿：准备发出的声音不是牙齿的、外部的、文化的（一种发音的牙齿机能的强调，是一种"尊贵"的记号），而是内部的、内脏的、肌肉的。文化使清晰、多骨、尊贵、洁净（牙齿）有了价值；死人的声音发自黏液的、内部的肌肉糊，发自深处。从结构上说，我们在此有一个象征代码的词项。

（107）"——我企图对此加以描述，不是疯了吗？的确有两三个形容词可认为是部分地适合于此。例如，我可以说，那个声音是沙哑的、破碎的和空洞的；但是此恐怖整体则是无法形容的，理由很简单，人类的耳朵里从来没听到过这样的声音。"

a. 元语言代码在此出现，通过关于进行一段话语的困难性之论述；由此出现了对纯元语言词项的使用：<u>形容词</u>、<u>定义</u>、<u>描述</u>。

b. 此"声音"的象征主义在此展开：它具有两个特征：内部的（空洞的）和不连续的（沙哑的、破碎的）；它准备着一种逻辑性矛盾（超自然性的保证）的到来：<u>在破碎的和黏液的之间的对立</u>（108），虽然内部性赋予着一种距离感（108）。

（108）"存在有两个细节，然而——我那时认为，现在仍然认为——这些细节可能正被理解为那个语调的特征，并适合于传达某种非人间的奇特性观念。首先，声音似乎从遥远之处，从地下的某个深穴里，进入到我们的耳朵— 至少进入到我的耳朵——其次，我感觉到（我的确害怕自己听不懂它），它像是某种黏液性的或胶质的东西达到了我的触觉。

"我同时说过'声响'（son）和'声音'（voix）。我想说，声响导自一种清晰的——甚至是惊异地、可怖地清晰的——音节效果"。

a. 我们看到若干元语言（修辞学）代码词项：宣布（<u>两个特征</u>），概述（<u>我说过</u>），以及演说式的警告（<u>我的确害怕自己听不懂它</u>）。

b. "声音"的象征域扩展了，通过重复读解单位 107 中的<u>几乎</u>（à peu près）：其一，<u>远的</u>（绝对距离）：声音是远的，<u>因为/因而</u>生死距离是（可能是）完全的（这个<u>因为</u>包含着属于现实的、属于纸页后之物的一种动机；这个<u>因而</u>指涉着话语的要求，它企图继续，企图作为话语而持存；通过记下<u>因为/因而</u>我们接受了两种机制的交替性，现实机制和话语机制，我们证实了一切写作的结构二重性）。（生死之间的）距离被断定为<u>最好加以否定</u>：它容许违规，

"侵入",后者的描述正是故事的对象。其二,<u>地下</u>:"声音"的主题学一般来说是双重性的,矛盾的:有时它是轻飘飘的现象,飞离开生命,有时它是沉甸甸的、深层的现象,来自下方:它是被捆缚着像石头似的下沉着;这是一个古老的神话主题:地狱之神的声音,超越坟墓的声音(颇似此处的情况)。其三,不连续性建立了语言,所以在听到一种胶质的、黏稠的语言时,出现了一种超自然的效果。此描述有双重价值:一方面它强调着与语言结构相反的这种语言的奇异性;另一方面,它增加了不适、发音困难:破碎性、胶质性、黏稠性(可参考死人在从催眠状态苏醒时眼皮化脓的现象)。其四,清晰的音节效果把死人的将发出的语言,构成为一种充实的、完全的、成熟的语言,构成为一种语言的本质,而不是构成一种含混不清、大致近似、结结巴巴的语言,一种由非语言阻挠的次要语言;由此产生了恐怖和恐怖效果:在死亡和语言之间存在着一种难以弥合的矛盾;生命的对立面在此不是死亡(死亡是一种定式),而是语言:关于瓦尔德马是死是活,并不可决定;所肯定的是他在说话,而我们也不可能使其言语或相关于死亡,或相关于生命。

c. 我们可以注意属于时序代码的一种手法——<u>我当时认为而现在仍然认为</u>——在此我们看到三种时态的并存:历史时间,故事时间(<u>我曾认为</u>);写作时间(<u>我仍然认为</u>);阅读时间(被写作的"现在时"吸引后,我们在阅读的时刻,自己也这样以为)。这一切共同产生了一种<u>实际效果</u>。

(109)"瓦尔德马说话了,<u>显然</u>为了回答几分钟前我向他提出的问题。我问他,你们会记得,他是否仍然要一直睡下去。"

a. 发问Ⅳ仍然有效：在此问题被记起（参见 100），回答被宣布了。

b. 被施以催眠术的死人的言语就是对（14）设定的"问题三"的回答：催眠术可以阻止死亡到什么程度或有多长久？在这里，对此问题的回答是：直到言语出现。

（110）"他现在说：——是，——不，——我睡着，——而现在，——现在，我死了。"

从结构观点看，这个读解单位是简单的：它是作为对发问Ⅳ的"回答"（"我死了"）的词项。但是，在故事的结构（在一个行动位序列中读解单位的出现）之外，句子（我死了）的涵指极为丰富，无穷无尽。肯定存在有大量神话故事，其中有死人说话的情节；但是它是为了说："我现在活着"。在此存在有一个真正唯一例子的叙事语法，作为言语的不可能言语——我死了——的运作。让我们对这些涵指意义中的一些加以说明：

其一，我们已经确立了（生命对死亡的）"侵入"主题；侵入是一种聚合体的障碍，一种意义的障碍；在生/死聚合体中，其中的斜线通常读作"反对"（versus）；但完全可以把它读作"在……之上"（sur），按此理解，侵入可由之产生，聚合体则会被破坏；此处正是这种情况；出现了一个空间被另一个空间的不适当的侵蚀。有趣的是，侵入在此出现在语言层次上。有关死人可以在死后继续活动的观念是非常普通的；民间谚语说："死人抓着活人"。关于悔恨或死后复仇的重要神话对此描述甚多。福内雷（Forneret）的滑稽故事对此多有表现："死亡教导着不可救药者如何生活"；但是在这里死人的行动是纯语言活动，更过分的是，这个语言没有任何用途，它无意于对活人有影响，它除了自身以外什么也没说，它同语反复地指示着自己；在说"我死了"时，这个声音只是在说"我在说话"；它像是一种语法的例子，后者仅只指涉着语言；话语的无用性是此荒谬性的成分之一：它肯定着一个<u>不在己位</u>上者之本质〔<u>移位性</u>（déplacé）正是象征性之形式〕。

其二，此陈述作用的另一种荒谬性是，隐喻返回其直意状态。事实上，说出句子"我死了"本来平常不过——这是妇女购物累了一下午后对她的理发师等等所说的一类话。此隐喻返回其直意一事，<u>正是对此隐喻来说</u>，是不可能的：句子"我死了"，在直意上，已被排除于可能性之外（然而直意上的"我在睡觉"，在催眠入睡情况下是可能的）。

其三，我们也关心语言的（而不再是话语的或陈述的）一种荒谬性。在语言的一切可能陈述的理想全体中，第一人称"我"和谓语"死了"的并置，正是绝对不可能的：这是故事要去占据的语言之空白盲点。所说的恰恰是此不可能性：这个句子不是描述性的，也不是断定性的：它所提供的信息除了它自己的发话之外别无所有：在某种意义上可以说，它是一个执行式（performatif），却是无论奥斯丁还是本维尼斯特在他们的分析中都未曾预见到的（我们记得，执行式是其所陈述者只指涉其言语行为的一种陈述样式：<u>我宣布战争</u>；执行式必定永远为第一人称，否则它就会滑向断定式：<u>他宣布战争</u>）；在此不适当的语句执行着一种不可能性。

其四，从严格语义学观点看，句子"我死了"同时表达着两个对立事物（生与死）：这是一种 énantiosème 表达①，但是它本身仍

---

① 即同时既指自身又指其对立面的表达式。——中译者注

然是独一无二的：能指表达着一个与言语行为矛盾的所指（死亡）。但是我们应该再继续问：这并不是一个在精神分析学意义上的简单否定，"我死了"于是意味着"我没有死"，而宁肯说是一种"肯定—否定式"："我死了以及我没死"；这是对这一违规的替代法，一种前所未闻的范畴的发明：<u>真—伪式</u>，<u>是—否式</u>；<u>死—生式</u>被设想为一种不可分的、不可结合的、非辩证的<u>整体</u>，因为对立中并不包含第三项；它不是一个两面实体，而是一个单一的和新的词项。

其五，对于"我死了"这个问句，一种精神分析学的思考仍然是可能的。我们说过，这个句子达到对其直意性的一次荒谬返回。这意味着，作为首要的被压制者，直接侵入了语言；这种返回是彻底创伤性的（traumatique），有如"爆发"（exlosion）形象后来所指示的（147："<u>'死了！''死了！'的呼喊从舌头里直接进出，而不是从主体的舌头里进出……</u>"）："我死了"这个言语是一个"被爆发的"（expolsé）禁忌。但是，如果象征界是神经官能症的领域，这意味着象征界所排除的直意之返回，展开了通往精神病的领域：在故事的这一点上，一切象征都终止其作用了，一切神经官能症也终止其作用了，通过能指的特异排除作用，精神病进入了文本：爱伦·坡的<u>不同寻常性</u>，的确是疯癫精神病的不同寻常性。

还存在有其他论述，特别是德里达的论述。① 我使自己限于可从一种结构分析引出的论述，企图指出，前所未闻的句子"我死了"，根本不是不容置信的"所陈述者"（énoncé），而是，让我们更为彻底地说，<u>不可能的陈述作用</u>（énonciation impossible）。

---

① 参见《声音和音位》（*La Voix et le Phénomène*），4版，60~61页，巴黎，PUF，1983。

在进入方法论总结之前，我想在纯轶事水平上，提醒读者注意故事的结尾：瓦尔德马在 7 个月的催眠状态下一直死亡着；在医生们的同意下，P 于是决定唤醒他；此一过渡是成功的，而且瓦尔德马的脸颊有了颜色；但是当企图通过强化此过渡而将主体唤醒时，"死了！死了！"的叫声从舌头里迸发出来，而且他整个身体瘫软了，崩溃了，在实验者的手上腐坏了，留下的仅只是一个"<u>化为液体的可怕物质——一种可怖的腐坏作用</u>"。

五、方法论总结

充作这些分析片段的一个总结的论述，将不必然是"理论性的"；理论不必然是抽象的、思辨的：分析本身，虽然相关于一个偶然的文本，已经是理论的，其意义是它研究着（这是其目的）一种正在形成中的语言。这是说——或者这是提醒——我们还没有进行文本的说明：我们只企图把叙事理解作它在构成之中（它同时包含着结构和运动，系统和无限性）。我们的结构化将不超出读解所自发达到的东西。因此，作为结尾，没有关于获得爱伦·坡故事的结构，更无关于一切故事的结构，而只是以一种更自由、更无拘束的方式返回文本的展开，返回我们所识认的主代码。

"代码"这个词本身，在此不是按照此词严格的科学的意义来理解的。代码只是联想的领域，一种超文本的描述之组织，强加予一种结构概念；代码机制，对我们来说，基本上是文化的：这些代码肯定是已经看到的、已经读解的、已经完成的某些类型：代码是<u>已经完成者</u>之形式，它构成着关于世界之写作。

虽然一切代码事实上是文化的，在我们所遇到的代码中，存在有我们特别称之为<u>文化代码</u>者：这就是知识代码，或者宁可说人类知识代码，公共意见代码。文化代码，有如它是由书籍、由教育，以及在更一般、更扩大的方式上，由全部社会性渠道所传递；这个代码有关于作为由社会建立的规则系统的知识。我们遇到了这些文化代码（或者此一般文化代码的几个子代码）中的一部分：这个科学代码（在我们的故事中）是以实验原则和医学伦理学原则为基础的；修辞学代码收集了一切社会说话（dire）规则——符码化的叙事形式，符码化的话语形式（宣布，概述，等等）——元语言陈述作用（话语说着自身）属于此代码；时序代码，一个今日我们看起来自然的，甚至于客观的"日期推定"（datation），实际上是一种相当具有文化性的实践——这是正常的，因为它蕴涵着某种关于时间的意识形态（"历史的"时间与"神话的时间"不一样），因此，时序标记构成了一种强文化代码（为了戏剧化目的、为了科学假象、为了实际效果而切分时间的一种历史方式）；社会历史代码，在陈述作用中，使我们也可能动员一切我们有关自己时代、自己社会、自己国家的天赋（infus）知识（我们记得，前面所谈瓦尔德马先生——而不说瓦尔德马一事——在此获得说明）。无须操心这样的事实：我们可以构成某种极其平凡的描述以作为一种代码：正相反，由于其平凡性，由于其显然无关紧要性，我们才能使其成为一个代码，如我们为其定义的那样：一套如此老旧的规则被我们视作自然特征；但是，叙事要是离开了它们，就会立即成为<u>不可读解的</u>。

沟通代码也可被称作一种"目的代码"。沟通应按一种限定的意思来理解；它不包括出现在文本中的一切意指作用（signification），更少包括其<u>意涵</u>（signifiance）；它只指示一种关系，它在文本中作为<u>地址</u>被陈述（"接触"代码即为其例，它用于强调叙事者和读者之间的关系），或者作为交换（叙事交换真理，交换生命）。简言之，沟通在此应当扩展到一种经济学的意义上去（沟通，商品的流通）。

象征场（在此，"场"的意思比代码更松散）当然非常宽广；特别因为我们在此以最大可能的一般意义理解来"象征"，不过多考虑它的任何习常涵指；我们指涉的意义接近于精神分析学的意义：简言之，象征是这样的语言特征，它使身体移位，并使你"模糊感到"陈述作用以外的其他意义，如同我们认为在读解的那样；在爱伦·坡的故事里，"象征架构"（armature）显然是对死亡禁忌的违背，对分类学的扰乱，波德莱尔将其翻译为生命对死亡的侵入（而不是通常说的死亡对生命的侵入）；故事的微妙性，部分地来自如下事实：陈述作用似乎来自一种非象征的叙事者，他扮演着客观科学家的角色，只与事实相联系而远离了象征（象征则必然返回故事）。

我们称作行动代码的东西支持着叙事的轶事性架构；行动，或指示着行动的陈述作用，被组织为序列；序列有一种近似性身份（我们不可能严格地或不可争辩地决定其轮廓）；序列以两种方式表明自身的合理性：因为我们自发地被引导去赋予其一个一般性的名字（例如一定数目的描述，健康不佳、恶化，焦虑，身体坏死，身体的液体化，这一切都自然地聚集在一个定式化概念里，即"医学死亡"）。而且，因为行动位序列的诸项通过一种逻辑的表象彼此连接在一起（从一项到另一项，因为它们通过叙事彼此相接），我们因此要说，构成行动位序列的逻辑，从一种科学观点看，其科学性是很不纯粹的；它只是一种逻辑假象，它不是来自形式逻辑法则，而是来自我们的推理和观察之习惯：这是一种信仰的、文化的逻辑（对我们似乎"合乎逻辑的"是，一种结果严重的诊断，应当跟随着一种关于健康恶化的确认）。再者，这种逻辑等同于时序：在后到来者，在我们看来似乎是被造成的。时间性和因果性，虽然在叙事里它们从来不是纯粹的，在我们看来似乎确立了一种自然性、可理解性、轶事可读解性；例如，它们使我们能够对轶事加以概述〔正如古人所说的论证（argument），这个词既是逻辑的又是叙事的〕。

最后一个代码（从开始）穿过我们的故事：疑迷代码。我们没有机会观察它的运作，因为我们只分析了爱伦·坡这个故事中的很小一部分。疑迷代码收集着词项，通过这些词项的缠结，我们设定了一个疑迷，而且在构成着叙事作用的刺激的若干"延迟"之后，答案被揭示出来。疑迷（或解释学）代码的项目被清楚区分开来；例如我们应该区分疑迷的设定（任何一种描述，其意义是"有一个疑迷"）和疑迷的表述方式（formulation）（问题在其偶然性中被说明）；在我们的故事中，疑迷是在其标题中被设定的（"真理"被宣布了，但是我们尚不知道问题是什么），一开始就被表述了（与所设计的实验相联系的问题之科学说明），而且，甚至一开始，它就被延迟了；每一叙事显然都关心于延迟所设定的疑迷的解答，因为其解答将标志着它本身作为叙事的死亡；我们看到，叙事者用了整整一段文本来延迟案件的说明，其借口是出于科学的谨慎。至于疑迷的解决，在此并不属于一种数学层次；简言之，它即是回答开头提出了问题（也就是真理问题）的全部叙事（但是这个真理可被压缩为两点："我死了"的发话活动和尸体在其从催眠态苏醒时的突然液化）；在此，真理不是一种揭示（revelation）的对象，而是一种医学诱导法（revulsion）的对象。

这些就是超越着我们所分析的片段的代码。我们特意不将它们进一步组织化，我们不打算按照一种逻辑的或符号学的图式在每一代码内分配这些词项；这是因为，对我们来说，代码仅只是已读者的出发点，文本间关系的起始：代码的松散的（effiloché）特性并非必须与结构相矛盾（似乎像生命、想象、直观、无序等概念与结构、合理性等相矛盾那样），而是，正相反（这是文本分析的基本肯定），一种结构化的组成部分。正是这种文本的松散性，把"结构"（结构分析本身的对象）和"结构化"（我们此处企图进行的文本分析的对象）加以区分。

我们刚才使用的文本隐喻不是偶然提出的。文本分析实际上需要把文本表示为一种织体（此外，这也是其语源学之意义），表示为不同声音的、很多代码的编织体，它们既是相互交织的又是未完成的。一个叙事不是一种表格式的空间，一种平面结构，它是一种"容量"（volume），一种"立体声"（爱森斯坦不断强调他的导演对位法观念，从而暗示着一种电影和文本之间的同一性）：存在有一种书写叙事的听觉场；意义的存在样式（或许除了行动位序列以外）不是一种发展，而是一种爆发（eclat）：要求接触和沟通，设定合约，交换，指涉的迸发，知识的闪光，更为钝重的、更为尖锐的、来自"其他场景"的、象征场景的冲动，行动的不连续性，此行动与同一序列相联系，但以一种松散方式，不停地被截断。

所有这些"容量"都是向前伸展的（直到叙事末尾），在两种结构倾向影响下，同样刺激着读者的耐心：其一，歪曲：一个序列或一个代码的项目是分开的，诸异质性成分相互编织在一起；一种序列似乎被抛弃了（例如瓦尔德马的健康恶化），但是后来，有时很靠后，又被继续着；一种预期被创造出来；我们现在甚至可以把序列定义为：那样一种浮动的微结构，它不是构造着一种逻辑对象，而是构造着一种预期及其解决。其二，不可逆性：尽管在古典的、可读的叙事中（如爱伦·坡的故事）存在着结构化作用的浮动特性，可以看到存在有两种代码，它们维持着一种有向量的（vectorisé）秩序，行动位代码（建立在一种"逻辑—时间"秩序内）以及疑迷代码（问题以其解决为最后终结）；一种叙事的不可逆性因此被创造出来了。显然正是在这一点上产生了现代的颠覆性：先锋派（为了保持这个常用词）企图使文本成为充分可逆转的，以排除"逻辑—时间"残余，攻击经验主义（行为逻辑，行动位代码）和真理（疑迷代码）。

但是我们不应夸张现代文本和古典叙事之间的距离。我们看到，在爱伦·坡的故事中，同一句子不断指涉两个同时出现的代码，我们不可能辨别哪一个是"真的"（例如，科学代码和象征代码）：叙事的身份，一旦达到一个文本的质量，就会强制我们面临着代码的不可决定性。我们将以谁的名义作决定，以作者的吗？但是叙事只给我们提供一个说话者，一个施行者，他陷入自己的生产过程中。又以哪一种批评学派的名义呢？一切都是靠不住的，随历史而逝的。（这并非意味着它们是无用的：每一学派都参与着此文本的容量，但只为了一种声音）不可决定性不是一种弱点，而是一种叙事作用的结构条件：不存在陈述作用的统一决定性，在一个句子中，存在着几个代码，几种声音，而其中没有哪一个享有特权。写作正是其始源性的丧失，此动机的丧失有利于一种非决定性的（或多元决定性的）容量；这个容量正是一种意涵（signifiance）。写作正出现于言语终止处，即开始于我们不再分辨谁在说话时，开始于我们只能确定说话开始了时。

附 论

罗兰·巴尔特：
当代西方文学思想的一面镜子

李幼蒸

对于告别了神学和形而上学的"后尼采主义"西方思想界而言，如果用"虚无主义"表示其人生观倾向，则可用"怀疑主义"表示其认识论倾向。传统上，怀疑主义是西方哲学史上的一个主要流派，现代以来成为文学理论的主要思想倾向之一。罗兰·巴尔特则可称为20世纪文学理论世界中最主要的怀疑主义代表，足以反映二战后西方文学思想的主要趋向。以下从几个不同层面对此加以阐释。

1. 伦理和选择

罗兰·巴尔特和保罗·萨特两人可以代表二战后法国两大"文学理论思潮"形态：文学哲学和文学符号学。这两种相反的"文学认识论"，均相关于近现代以至当代的两大西方文学和美学潮流：存在主义的道德文学观和结构主义的唯美文学观。一方面，巴尔特缩小了文学的范围，将通俗文学排除于文学"主体"之外；另一方面，他又扩大了"文学"外延，把批评和理论一同归入文学范畴，以强调"文学性"并不只体现于"故事文本"和"抒情文本"之中。巴尔特曾将近代西方文学视为无所不包的思想活动，申言"从中可获取一切知识"。1975年的一次访谈中，在被问及"30年来，文学是否似乎已从世界上消失了"时，他回答说，因为"文学不再能掌握历史现实，文学从再现系统转变为象征游戏系统。历史上第一次我们看到：文学已为世界所淹没"。他在此所指的"文学"，主要是以19世纪现实主义小说为代表的文学传统，其内容和形式相互贴合而可成为人类思想的重要表达形态。但是19世纪小说形态，自20世纪以来，一方面已为表达范围迅速缩小的主观主义小说所取代，另一方面则蜕化为不再属于"文学"主体而归入了作为大众文化消费商品的通俗小说（包括其现代媒体变形：电影电视）。然而在二战结束后被解放的法国，和英美"高级文学"的校园生存形态不同，其文学，特别是小说文学，一度重新成为社会文化活动的主流，并提出了有关"文学是什么"这类社会性大主题。主要由萨特和加缪发起的这场有关文学使命的争论，无疑是由二战期间法国知识分子所遭受的特殊刺激所引发，因此容易赢得受屈辱一代法国知识分子的共鸣。在疗养院读书6年后返回巴黎社会的巴尔特，也开始卷入"抵抗运动"文学家之间的理论论战中去。文学或小说文学，应该"干预"社会和政治问题吗？这个问题的提出也有一般性和特殊性两个方面：客观上，20世纪小说和小说家已经没有知识条件来面对社会政治问题的解决了；主观上，已经受现代派文艺一百年洗礼的文学家个人又有什么伦理学的理由来"参与"社会政治问题的解决呢？另外一个超越二战历史情境的现代文艺思想的"内部张力"则是，东西欧洲现代派文艺一直具有一种双重混合性：社会政治方向和反社会的个人主观方向的共在。于是，二战的外在历史遭遇和现代文学思想史的内在张力，共同成为萨特和巴尔特文学思想分歧的共同背景。简言之，关于文学和道德之间关系的争论，一方面涉及作家选择道德实践的理由，另一方面也牵扯到作家道德实践能力的问题。

在结构主义论述中，尽管同样充斥着意识形态因素，但其主要实践方式——文本意义分析——内在地相关于人类一切文本遗产解读中的共同认识论和方法论问题，也相关于人文社会科学的整体情境，从而蕴涵着较普遍的学术思想意义。此处所说的过去和未来，不是指其现实社会文化影响力，而是指其内在的精神性和知识性激发力。作为结构主义文学理论主要代表的巴尔特，一方面揭示文学家"社会参与"决定的内在逻辑矛盾，另一方面提出了一种脱离社会实践的文学伦理观：所谓"对语言形式之责任"。后者也是与20世纪西方文艺形式主义的一般倾向一致的。

我们可以说，二战政治经历和存在主义思想，二者共同形成了战后法国左翼知识分子的充满矛盾的道德观：放弃（神学的和逻辑的）超越性"绝对命令"之后，人们企图在"存在论的虚无主义"和"介入论的道德承诺"之间探索一种"合理的"个人信仰基础。萨特和加缪于是成为战后法国文化政治运动的领袖。在疗养院读书期间受到两人思想影响的巴尔特一开始也把此张力关系作为个人思考社会和文学实践方向的框架。加缪的荒谬人生观比萨特的存在主义更能符合巴尔特的认识论虚无主义。所不同的是，巴尔特不是把虚无和荒谬作为思考的对象，而是将其作为思考的边界。结果，巴尔特虽然同情和接受萨特和加缪有关"生存荒谬情境"的观点，却本能地拒绝任何相关的具体实践选择（政治）。这种二元分离的伦理学选择态度和策略，贯穿着巴尔特一生，其中亦充满着另一种矛盾生活态度：自言厕身于左派自由主义阵营（其特点是批评社会现状），却从不介入后者的具体政治实践（所批评的对象日益趋于抽象）。晚年（1977）在一次访谈中，巴尔特说，他与一些左翼文人的立场"非常接近"，但"我必须与他们保持审慎的距离。我想这是由于风格的缘故。不是指写作的风格，而是指一般风格"。用风格作为区分个人实践方向的理由，与其说是一种解释，不如说是一种回避，但却可反映巴尔特内心深处的一种当代信奉尼采者所共同具有的伦理学虚无主义。不过由于此虚无主义是以理性语言表现的，其理论话语遂对读者提供了一种较高的"可理解性"价值。

2. 意义和批评

巴尔特被公认为一名杰出的文学理论家，他也自视为一名"理论性批评家"，但其文学理论思维的特点是"非哲学基础性的"，也就是"符号学式的"。他曾说，如果"理论的"应当即是哲学的，他的理论实践不妨也称作是"准（para-）理论性的"。这是他愿意自称为符号学家的理由之一。在他看来，符号学是不同于哲学的一种新型理论思维形态。在1978年的一次访谈中，他说，自己从未受过哲学训练，但其思维仍然具有某种"哲学化"的特点，即属于理论化一类；他进一步阐明，他的思想方式，"与其说是形而上学的不如说是伦理学的"。我们可以看到，巴尔特将历史理论和伦理学，与历史哲学和道德哲学作出的区隔，具有重要的认识论意义（巴尔特少谈各种哲学名词，其深意在此）。

巴尔特在20世纪50年代从事媒体文化评论的前符号学时期，以其对消费社会和大众文化中的象征和记号现象进行"去神秘化"的文本意义解析而引人注目，其目的在于揭示出"资产阶级"和"小资产阶级"文化意识形态现象的深层意义或二级意义。文化意识形态作品（电影、戏剧、时装、广告、运动、娱乐等等）被其形容为"神话"，即视为消费社会中具有"欺骗性"、"误导性"的文化操纵之产物和效果。早期巴尔特的符号学实践大量针对文化意识形态意义层次的揭露，岂非也显示了另一种社会"介入观"实践？此时谁能够说巴尔特不关心社会公义和理想呢？但是巴尔特的意识形态符号学实践止于此"神话揭示"活动，并只将其视为一般文化意义分析工作的实验场（巴尔特往往喜欢用"历险"一词，以强调"思想实验"的不可预测性），而绝不进而转入其他社会性行动领域。无论对其伦理学立场的考察，还是对其文化批判立场的考察来说，我们正可从此似是而非之自白，体察其思想内部之矛盾和张力。

巴尔特的"文学思想实践"主要停留在"文本"意义构成的分析层次上（兼及具体文本解读和一般文本分析原则）。其最初的动机是批评和揭示所批评的论说之内在矛盾，结果在此层次上的纯属理智性活动，却强调着一种"中性"性质（巴尔特用"中性"代表他的非社会介入观，我们则不妨也用其指其推理方式本身的"不介入"性质）。虽然巴尔特自己绝非可以免除意识形态偏见，但他的不少分析、批评、主张都在相当程度上"体现着"一种准科学性的分析方法，从而使其最终成为一名符号学家。这也是巴尔特思想对我们的最大价值所在：他以其天才创造力为我们提供了大量分析和解读典籍文本的分析经验，这对于我们有关传统典籍现代化研究目标来说，比任何西方哲学方法都更直接、更有效。因此，在我们说巴尔特是当代西方思想的一面镜子时,首先即指他的分析方法"反映着"一种战后新理论分析方向,这是一种跨学科思想方式,它来自语言学、社会学、历史学、哲学、精神分析学等众多领域。而另一方面,不可讳言,他往往只是从不同学术思想来源凭直观和记忆随意摘取相关理论工具,而此思考方式的创造性价值在于:他可恰到好处地针对特定课题对象,自行配置一套相应理论手段,以完成具体课题的意义分析工作。

3. 小说和思想

巴尔特作为"文学思想家",其含义有广狭两方面。首先,他是专门意义上的文学家,即文学研究者和散文作家;其次,由于他从事有关文学的一般形式和条件的理论探索,所以其工作涉及人类普遍文学实践的结构和功能问题。巴尔特对小说形式,特别是19世纪小说形式有着特殊兴趣,其中含有一种超越文学而涉及一般思想方式的方面。19世纪"小说"是现代综合思想形态的原型,其中涉及在常识的水平上对诸现代学科知识的综合运用(跨学科)和模仿生活的叙事话语的编织。当20世纪以来小说不再能履行此职能之后,如何在文学中继续进行综合性知识运用,就成为现代文学理论的课题之一。巴尔特于是把此"跨学科"知识吸取方式也贯彻到文学理论分析(包括小说分析)实践之中。就思想综合性推进的必要来说,古典小说和现代文学理论遂有着一脉相承的关联,巴尔特正是因此之故才同时维持着两种精神活动:古典小说赏析和现代理论分析。巴尔特对当代法国实验派的"反故事"小说的推崇,实乃对传统小说形式之未来价值的否定。在他看来,文学必须"干预"社会生活的理由欠缺伦理学上的正当性,而且文学干预社会的方法多可证明其无效，结果今日现实主义小说往往事与愿违，达不到有效解说的目的（至于小说作品作为文学外的鼓动工具现象，则与文学本身无关）。巴尔特往往从后者入手批评"介入文学"，以显示社会派小说的理路似是而非。小说的抱负和其社会声名往往外在于小说家的主观意图。另一方面，在现代社会和学术发展的条件下，严肃小说的确难以再成为社会性道德实践的有效工具；文学的观察分析能力和时代知识的要求全不相称。这一历史客观事实却成为巴尔特构想另一类文学秉性的借口或渠道。巴尔特表现其文学怀疑主义和唯美主义的新文学实践形式，仍然是文本批评分析。巴尔特屡次谈到文学的"死亡"，即传统小说的死亡。因为现代以来很少有严肃知识分子会再重视小说故事情节了。他自己就承认极难亲自构拟人物和情节。巴尔特说："我知道小说已经死亡，但我喜爱小说性话语。""小说性"被看做一种话语形式。他关心的是小说式话语、小说式经验本身，也就是人类叙事话语本身，而非用小说所表达的思想内容本身。巴尔特的"小说哲学"（有关现实主义小说的消亡和新小说的未来等）暗示着文学世界本身的消亡。他在各种先锋派作品表面之间游荡却难以实际投入；他的文学理论批评实践，也间接地反映着文学世界本身的萎缩状态。最后，小说这种对他来说既重要又可疑的文学形式，竟然成为他进入法兰西学院后的主要"解析"对象。实际上，巴尔特在法兰西学院的小说讲题系列，成为他的文学乌托邦和社会逃避主义的最后实验场。

4. 权势和压制

巴尔特和萨特的文学实践立场虽然表面上相反，但两人都是资本拜金主义和等级权势制度的强烈批判者。萨特所批判的是社会制度本身并提出某种政治改良方案,巴尔特的批判针对着西方文化、文学和学术性权势制度及由其决定的文学表达方式。如前所述,萨特的社会政治介入观不免导致后来易于察觉的判断失误,巴尔特的文化语言性批判反因其对象的抽象性和稳定性而获得了学术上的普遍性价值。巴尔特的文学"伦理学"在社会实践方面的逃避主义(不是指其实践学的怯懦,而是指其人生观和社会观的游移不定),使其权势批判只停留在抽象层次上。这种一个世纪以来对"资产阶级文化意识形态"普遍存在的批判态度,实际上反映着西方现代主义和先锋派文艺对唯物质主义工商社会及其唯娱乐文化方向的普遍反感。不过西方左翼知识分子的共同秉性均表现为观念的理想主义和实践的浪漫主义之混合存在,人生理想的高远和社会改进的无方,遂成为其通病。西方左翼知识分子亦为当代西方各种社会文化理论的主要创造者之一,而其共同倾向是反对不当权势之压制并憧憬正义理想。但是由于其"理论知识"普遍忽略了"现实构造"的多元化、多层化特点,以至于往往在权势的"当"与"不当"之间没有适当的判断标准,反而因此导致他们社会性理论论述易于发生某种"现实失焦症":在理论和实践两方面脱离客观现实。而其正面效果则是:为理论性思考标志出难点和有效边界。结果,巴尔特在抽象层次上的反权势、反教条、反制度的意义分析活动,却可为世人提供一种具有普遍性的认知对象:有关权势压制制度和其对文化思想操纵方式之间的意义关系分析。

巴尔特的大量符号学的、去神秘化的文本分析实践,都在于揭示此种被操纵的意识形态文本的意义构造和功能。实际上,巴尔特对资本拜金主义的批判态度,根本上源于一种反权势立场,这是他对马克思主义产生同情的根源之一。但他从未有兴趣从社会学和政治学角度对此进一步探索。虽然和其他结构主义者一样，他也是有关各种学术机构化、制度化的权势现象批评者，包括所谓学院派的文学批评（拉辛论战）的批评者。作为符号学家，其更根本的反思对象则是制约思想方式的文学和学术语言结构本身。巴尔特从事有关语言学、语义学、修辞学、风格学等各种类型的结构主义实践，其中都包含着对制约思想方式的文本内在意义机制的批评。这一态度是和心理、意识、思想等内容面的传统型解释说明方式相对立的。而由于其怀疑主义实践论，巴尔特对"权威"的批评也就日益从社会性层面转移到语言学层面和学术性层面。其批评之目的，实为摆脱传统权威对作家和学者思维形式创新所加予的拘束和限制。从政治性权威向学术性权威的转移，是和他从社会性意识形态关切向理论性意识形态关切之转变一致的。结果，唯美主义也成为反权威的一种方式，如其晚年着重宣扬的"文本欢娱"观等。这个和写作常常并称的难免空洞的概念，最后成为巴尔特现实逃避主义的最后媒介。文学为了写作本身，写作为了欢娱本身！所谓享乐主义不过是巴尔特用此身体感官性传统名词象征地表示的一种口实，用以避免对思想之实质进行更为透彻的分析。这样他就企图将文学实践还原为文学的物质性过程（写作）及其感官性效果（快乐）了，用传统上作为贬义词的感官主义暗示着对正统思维的一种"反抗"，以至于进而从感官享受过渡到更极端的"身体性目标"：如晚年提出了所谓"慵懒观"的正当性。身体的放纵和身体的慵懒，都是避免积极生存方向选择的借口。这只不过是巴尔特表面上回归享乐主义的灰暗心理之反映。

5. 理论和科学

巴尔特将他人的理论和方法视作自己分析的工具之零件，其独创性表现在如何拆解和搭配这些现成理论工具，以使其创造性地应用于各种不同研究课题。巴尔特被称作理论家，是指他的注重理论分析的态度和进行理论分析的实践，而非指其重视独立的理论体系建设。巴尔特在不同时期对采纳不同理论资源时表现的某种随意性，有时不免遭受专家诟病，但批评者有时忽略了他在一次分析工作中维持理论运作统一性的创造性表现。至于在不同课题和不同阶段内理论主题偏好的变动性，并未妨碍他在具体课题中完成文本意义分析的目的。一方面，文本意义分析成为人文科学话语现代化重整的必要步骤，另一方面，意义分析工作要求着人文科学各学科朝向跨学科乃至跨文化方向的继续发展。巴尔特的理论实践经验进一步反映着人类知识特别是伦理学知识的根本性变革的必要。在此意义上，无论是尼采的怀疑主义还是结构主义的怀疑主义都应该看做是朝向人类理性主义思考方向的重要精神推动力量。因为真理的动因之一即怀疑主义。

在巴尔特的"理论工具库"中，符号学当然是最主要的部分。巴尔特是所谓法国"最早一位"符号学家、最早一部《符号学原理》的作者以及高级学术机构内一位"文学符号学"讲座教授。作为现代意义学的基本学科，符号学当然是他文学理论研究中最直接相关的一种。他对任何现成符号学活动中的体制化、教条化（符号学作为元科学）的反对，反映了他绝非有兴趣在学术界追求某种所谓新兴学科符号学的创建。巴尔特企图超越学院派的"科学批评"而朝向自己的所谓"解释性批评"，不过，后者的批评"可靠性"却是以其文学分析论域的缩小为代价的。

6. 古典和前卫

巴尔特是文学唯美实验主义的倡导者，兼及创作和理论两个层面，其实践方式本身则成为西方先锋派、现代主义、后现代主义诸不同现代美学倾向的汇聚场，从而反映着西方文艺从古典时代向现代、向未来变迁过程中的面面观。巴尔特是将西方理性怀疑主义和反理性唯美主义并存于心并使之交互作用的文学思想家。由于其唯美主义是通过文本分析方式表达的，所涉及的唯美主义一般情境，表现出更深刻、更内在的理论认知价值。因此，巴尔特的理智性文学文本分析，是我们体察和了解现代西方非理性主义文艺作品特色的一面镜子。无论是其理论性分析还是其美学性品鉴，都表现出一种作品"内在主义"的思考倾向，这种思想方式的内在一致性，使其学术价值超出许多当代西方理论修养更为深厚的哲学美学家。受过古典语言和古典文学正规训练的巴尔特，首先是一位希腊罗马古典文学的专家，其次也是法国近代古典文学的研究者，最后更是法国民族文学思想的特殊爱好者（正是这一点使他不至于成为德国形而上学的俘虏：萨特和德里达的黑格尔主义和海德格尔主义、利科的康德主义和胡塞尔主义。但巴尔特也因此并不很熟悉英美现代派文学作品）。

我们应该注意另一种矛盾现象：巴尔特理智上对先锋派作品和东方哲理诗的推崇与他在感情上对法国古典文学的真正"喜爱"（米什莱和福楼拜）之间的对比。先锋派或现代派都是相对于传统和历史的"革命性"或"革新性"尝试，其"新颖性"主要体现于形式方面的变革。先锋派批评家在其中支持的主要是其摆脱传统的力度和方向；新的形式成为求新者（不满现状者）的一种精神"寄托"。先锋派作品的无内容性、"空的能指"，即巴尔特所说的不朝向所指的"能指的运作艺术"。巴尔特毕生在现代派文艺和古典文学之间的同时性交叉体验和实验,"客观上"反映了先锋派文艺的"否定性价值",实际上超过了其"肯定性价值",也就是说,"先锋派"之所以是一种实验艺术,主要代表着文艺家对"现状"的不满、逃避和解脱的努力。作家和理论家遂生存于已完成的传统历史之稳定性和待完成的未来历史之尝试性的张力之中。20世纪各种现代派文艺作品所包含的否定性方面远超过其肯定性方面,这就是何以其形式如此变动不居的原因之一。

7. 欲望和写作

巴尔特说,今日"不再有诗人,也不再有小说家,留下的只是写作"(《批评与真实》)。"写作"后来成为巴尔特最喜爱的一个文学理论"范畴",不过它也是一个最空洞的范畴(以至于激怒许多批评其偏爱"术语"的学人)。按其写作论,写作者不能按其思想的社会性价值或作用来规定,而只应按其对写作"话语"的意识来规定。他说,传统的小资产阶级将话语作为"工具",新批评则将其视为"记号或真理本身"。这一论证方式从空到空,难怪使大学教授(皮卡尔)不快。巴尔特执意强调的是文学话语不通向所象征的外在世界,而是通过符号学方式朝向语言本身。作为理论分析的对象,"写作"范畴也许是明确的,而作为文学实践的目标,"写作"却绝非明确的。巴尔特不强调写作内容的"正当性",而强调其"形式"的正当性。那么这种作为新文学观念的"文学形式之伦理学"究竟是什么意思呢?中性、零度、白色、不介入等脱离社会内容的写作方式,固然与各种现代派文艺理念相合,但为什么这就是正当的呢?巴尔特人生观的这一自我主义特点,导致他自始至终采取"中性"或"零度"的反文学介入观，而他在其一生中三次社会冲突尖锐时期（法西斯占领时期、战后反资本主义运动时期，和1968年社会大动荡时期）采取的脱离具体社会实践而最终将压制自由的根源说成是（资产阶级）语言结构本身的结论，无疑是一种伦理学逃避主义的表现。不妨说，相对于文学政治道德学，巴尔特试图为自己建立一种"文学（写作）的（反）伦理学"。

实际上，由于现代历史和社会的根本改变，巴尔特和其同时代人，获得了外在于历史的理由和条件，可不必参与各种人为的社会性实践（它们为各种隐蔽的意识形态力量所推动和操纵），而得以逻辑上合理地"实验"其"中性"而"快乐"的生存方式：所谓实践一种"写作伦理学"。而巴尔特说，他心目中想写的东西，其实常常是一些老旧的东西和古老的故事，并不一定是先锋派作品（他的枕边书永远只是古典类书籍）。所谓"写作"范畴因此不是相关于内容的，而是相关于形式的。他说："写作是提问题的艺术，而不是回答或解决问题的艺术。"巴尔特在法兰西学院四年中的最后阶段，本其"文本欢娱"哲学而陷入了一种极端唯美主义实践。他不仅在其最后一部作品中返回到最初一部作品中的写作主题，而且在其中返回自己最初曾热衷的"纪德自我主义"。这种伦理学的自我主义，结果以消除伦理选择主体的存在为目的，此主体的剩余部分遂成为被动的"美感享乐主义者"。伊壁鸠鲁主义式的享乐主义，遂成为躲避道德问题的借口。1977年在回答访问者的"你有一种道德观否"的问题时，他刻意加以回避问题本身而答称：这是"一种感情关系的道德，但我不能进一步说明，因为我有许多别的东西要说"。因此，巴尔特和众多当代西方的反主体论者，实质上是在进行着一种放弃伦理选择权的"选择"。巴尔特类型的反主体观，结果反而从反面使伦理主体的作用更加凸显。而巴尔特的文学理论思想之所以比大多数纯学者或哲学理论家的论述更重要，正因为他是能够从文学的理论和实践这两方面来思考和表现此一伦理危机情境的。此外，巴尔特理论话语的时代适切性，还表现在他的超越（18世纪）启蒙主义和超越（19世纪）现实主义的潜在思想前提上，因为这使他不必把启蒙时代不可回避的宗教问题和政治问题纳入自己的理论思辨构架之内，从而使自己的伦理学情境较为单纯。对于我们来说，巴尔特伦理思想中的虚无主义之本质，因轮廓更为清晰也就更具有普遍意义。

巴尔特对启蒙主义时代的负面评价，凸显了他和相当多当代西方知识分子对历史、政治、社会、文化错综复杂关系认知的简单化态度。一方面正是这种态度为其反介入伦理观提供了运作上合理的边界，另一方面也客观地反映了他这位对"历史形式"进行分析的思想家本人，未曾有机会亲历和深入较复杂的"历史内容"过程。当他揶揄伏尔泰积极进取的道德"快乐感"是来自君主专制时代历史之偶然时，这只不过反映着处于民主时代的西方知识分子伦理经验的单薄和肤浅；而主体意识本来是深植于人类伦理学情境本身的。在启蒙时代和19世纪，西方知识分子生存于丰满真实的历史社会张力场内而必须面对个人的伦理学选择；20世纪社会和知识条件的革命性演变使得知识分子脱离了此社会性选择张力场。其结果是，一者进行不适切的社会性反应；另一者拒绝进行社会性反应。理论知识和实践知识，遂陷入持久而普遍的结构性分裂之中。

时代思想的混乱和丧母之痛使得巴尔特陷入空前忧郁心境，但终于在辞世前完成了自己向学院和读者应许的一部"小说"作品，实为一部关于小说和文学的论述。巴尔特为文学赏鉴和文学分析而生,而非为故事编织而生;毕生以各种叙事文本为研究对象,却从不曾自行制作(文学的或历史的)叙事。小说是他的分析对象,一如电影是麦茨的分析对象,他们不是也不需是故事编写者。但重要的是:巴尔特确曾把自己"写小说"之意愿,当作一种计划加以期待、准备甚至宣布,并把最后一部作品定名为意义含混的"小说的准备"。是就一般小说理论而言,还是针对自己的小说写作意愿而言?巴尔特对听众抱歉道,即使期待中的小说不是由自己直接完成的,所勾勒的理念轮廓也可供其他作家参照。1977年曾经主持Cerisy巴尔特研讨会并与作者熟识的研究专家安托万·孔帕尼翁(Antoine Compagnon)在不久前回顾说,在《小说的准备》原稿手迹上,他吃惊地看出巴尔特写稿时流露出来的深刻的忧郁和不安,这部作品似乎像是作者对自身死亡准备的一部分。巴尔特对此死亡意象的演示,表现出一个现代"无永生之念者"与其死亡预期的关系,从而凸显了反人本主义伦理学的内在困境。因此,巴尔特远不只是学者理论家,其内心蕴涵着(不合时宜的)诗学怀乡病,而其表面的主张不过是另一种生存愿望的变相表白。这种向往文学乌托邦境界的分析性表达,遂可成为我们再次反思人类一般伦理学情境和文学伦理学情境的一面镜子。巴尔特在《小说的准备》中援引但丁、渴望"新生",实则正在积极地奔向自身的死亡,以使其最终达成一种美学虚无主义实践。

8. 文学和理性

德里达在其《论书写学》中说:"理性这个词应当抛弃"。但是我们应该注意到有关现代西方"理性"的多元表达。作为理论家的巴尔特,正是以其推理的精细而成为现代人文科学意义论中不可多得的思想家的；对象的非理性性格和方法的理性性格应当加以区别。另外当然也有一个作为唯美主义"非理性"作家的巴尔特，此时他可跻身于福楼拜和马拉美以来的前卫作家行列。重要的是，在将理性的"巴尔特分析"对比于非理性的"巴尔特美感"时，二者的交互作用所产生的一种特殊的"可理解性"，遂成为特别具有解释学潜力的一种独特智慧。巴尔特自身文学唯美主义追求（古典诗人原型）和怀疑主义理性思辨（古典哲学家原型）的二重身份，使其文学思想具有一种特殊价值。巴尔特的文学探索相当于美学认识论问题的提出，而并非其解决。换言之，巴尔特是以对先锋派文艺的"肯定句式"来提出一种实质上是"疑问的"句式。因此，读赏古典和探索前卫，虽然存于一心，却属于两类精神过程。在此意义上，一个世纪以来的现代派、先锋派、前卫派文艺，代表着现代西方文化精神的动荡不安，其严重性和难以解脱性，也源于两种内外不同的冲力：唯物质主义的科技工商社会之永恒精神压力和传统价值信仰基础在理性面前的解体。对于20世纪人类历史的这一全新局势而言，巴尔特的这面文学怀疑主义之镜，对其作出了最深刻的"反映"。

L'aventure Sémiologique/Roland Barthes
© Editions du Seuil, 1985
All rights reserved.

图书在版编目（CIP）数据

符号学历险/（法）巴尔特著；李幼蒸译．
北京：中国人民大学出版社，2008
（罗兰·巴尔特文集）
ISBN 978-7-300-08832-7

Ⅰ. 符⋯
Ⅱ. ①巴⋯ ②李⋯
Ⅲ. 符号学-研究
Ⅳ. H0

中国版本图书馆 CIP 数据核字（2008）第 200052 号

本书的出版经由法国外交部资助
罗兰·巴尔特文集

符号学历险

[法] 罗兰·巴尔特　著
李幼蒸　译

出版发行	中国人民大学出版社		
社　　址	北京中关村大街31号	邮政编码	100080
电　　话	010-62511242（总编室）		010-62511770（质管部）
	010-82501766（邮购部）		010-62514148（门市部）
	010-62515195（发行公司）		010-62515275（盗版举报）
网　　址	http://www.crup.com.cn		
经　　销	新华书店		
印　　刷	北京玺诚印务有限公司		
规　　格	148 mm×210 mm　32 开本	版　次	2008年1月第1版
印　　张	11 插页 3	印　次	2019年9月第4次印刷
字　　数	254 000	定　价	39.80 元

版权所有　侵权必究　印装差错　负责调换